MMS

现代管理

Modern Management

U0807278

第四辑

上海市现代管理研究中心 主编

上海人民出版社

编　委　会

目　录

面向「十五五」

制度视角下的中国式科技现代化及其启示

赵 超 杨 奎*

［摘 要］ 面对世界百年未有之大变局，科技创新在中国式现代化进程中发挥越来越重要的作用，党的二十届三中全会提出要把深化科技体制改革纳入进一步全面深化改革中。本文探讨了科学技术与中国式现代化之间的复杂关系，指出科学技术及科技治理体系在中国国情下的发展与中国社会现代化的作用相互影响、彼此交叠，构成了一种反身性的关系。本文依据中国科技治理体系的特征，从制度角度描述了中国式科技现代化不同发展阶段，并基于历史和理论分析阐明中国式科技现代化道路对于未来“十五五”规划的启示。

［关键词］ 中国式科技现代化 科技治理体系 制度视角 协同创新

* 赵超，中国科学院科技战略咨询研究院创新副研究员，中国科学学与科技政策研究会科学社会专业委员会副秘书长，中国社会学会科学社会学专业委员会副秘书长；杨奎，南开大学博士研究生。

一、引 言

当今世界正在经历百年未有之大变局。中国式现代化发展遭遇新的复杂情况:中美之间的国际竞争日趋激烈,高科技封锁日益严重,国内产业进入升级阶段等等。面对这些挑战,中国共产党二十大报告提出“坚持创新在我国现代化建设全局中的核心地位”。习近平总书记在2024年召开的全国科技大会、国家科学技术奖励大会以及两院院士大会上强调:“中国式现代化要靠科技现代化作支撑。”显然,无论是在中美博弈的国际竞争中占得先机,建设现代化产业体系、推动经济高质量发展,还是促进共同富裕、提升国家治理能力,科技创新都将发挥关键作用。

从历史上看,1949年新中国成立之时,中国是一个落后的农业国。中国共产党清楚地意识到科学技术进步是实现中国“社会主义工业化目标”的重要动力。从20世纪50年代号召“向科学进军”,在改革开放时期提出了“科学技术是第一生产力”的口号都反映出党和政府一贯重视科学技术的战略价值。不仅如此,中国共产党结合中国国情,因地制宜地摸索出一套科技体制,在不同时期完成阶段性目标,不仅在许多关键领域达到了国际先进水平,而且还借助科学技术产业化,建立起完整的工业体系,走出了一条中国式科技现代化的道路。那么,如何理解中国式科技现代化?这条道路分别经历过哪些阶段?随着“十四五”步入尾声,即将开始“十五五”的科技规划,考察中国式科技现代化进程对当下的规划和未来经济发展又有什么启示?本文就上述问题进行初步探讨。本文首先回顾了有关科学技术、科学治理体系相关的文献。其次,本文从理论上阐述科学技术在发展过程中并非技术中立性,而是与各自的社会经济文化背景密切相关,因此,科技发展在后发国家中与社会文化形成了反身性关系。再次,本文依据科技治理体系的演进过程,描述中国式科技现代化的三个不同阶段;最后,基于历史和理论分析,本文论述了中国式科技现代化对“十五五”规划的启示。

二、文献回顾:作为一种社会事实的中国式科技现代化

中国学界普遍将科学技术视为中国社会现代化转型的推动因素。相关研究广泛见诸科学技术史以及科技政策等研究领域。有的从技术全球化的维度来考察近代以来中国社会的现代化转型进程(吕乃基,2004);有的从历史与战略视角来分析科技革命对中国现代化进程的推动作用及互动机制(张柏春等,2017);还有的以世界创新体系的发展演变和比较来针对新形势下科技发展提出治理对策(敦帅等,2022)。这些研究大多认为科学技术不仅是实现现代化的重要手段,其本身也是现代化目的,是现代化过程中的重要内涵。

随着中国科学技术的迅猛发展,中国科技现代化的进程也引起诸多关注。有的学者指出科技发展在中国非常成功,仅用了半个多世纪的时间就从落伍国变为科技强国,走出了一条与西方发达国家的科技发展路径并不相同的中国式科技现代化道路(胡鞍钢,2023)。大多数学者认为中国科技发展的成功很大程度上源于政府在促进科学事业进步过程中扮演的独特角色。不少学者采用"举国体制"以及"新型举国体制"等概念进行理论总结。有的介绍了"科技创新举国体制"的提出背景、内涵(樊春良,2010);还有的从政策、国家和现实视角来呈现"举国体制"向"新型举国体制"合理演变历程的讨论(包炜杰,2021)。

近年来,治理领域的研究越来越多,比如学术治理(Lewis, 2013)、知识治理(Stehr, 2004)、科学治理(Fuller, 2000)和研究治理(Molas-Gallart, 2012)等。在治理理论研究基础上,有的学者开始从治理角度来探讨中国科技治理体系的内涵和架构(樊春良,2022),也有的学者则通过分析吸纳多元社会主体参与到科学技术的治理过程,发现科技治理体系有助于国家与社会的"共治"(赵万里,2018)。但是既有的科技治理理论大多数停留在思辨层面上,往往忽视不同国家或社会的制度情境,也较少考虑参与社会治理的多元主体如何同特殊的文化土壤对接的问题。因此,涉及社会现代化的"社会"在科技政策领域更多地被"政策"概念所替换,对于科学与社会关系的关注也集中简化为对于政策影响科学治理的研究(张成岗、李佩,2020)。

因此,不少学者借助科学技术与社会(STS)相关理论提出中国科技发展需要关注科技治理实践中的两个方面:一是强调科学技术在应用于社会时所产生的各种不可预知的社会后果,尤其是各种社会风险,例如对技术对于组织的影响(邱泽奇,2017)、基因与生物技术(Salter & Salter, 2017)、大数据算法与人工智能的社会风险(Stilgoe, 2017)等;二是强调重大科学技术问题的决策过程中公众参与的必要性(Sismondo, 2010)。由于科学技术与社会研究者更侧重于将重点聚焦于技术本身,以及将技术作为影响当代社会的独立自变量,所以对于技术治理本身受国家特殊制度以及社会结构影响研究相对较少。当然,也有围绕科技创新的政策体系问题以及科技体制改革的研究(李正风、武晨箫,2019),但其主要关注和解决的是"科技如何促进发展"的问题,属于科技治理目标以及治理体系评价范畴,而非科技治理体系本身。

总之,目前围绕中国科技发展的研究主要集中在科技政策、科技管理等领域,较少涉及科学技术治理体系本身,这需要学术界进一步探究中国式科技现代化中科技治理体系的制度演进过程。

三、科技治理的制度模型:二元论还是反身性?

一般而言,制度研究多采用新制度主义的研究路径,而新制度主义又分为理性选择制度主义、历史制度主义和社会学制度主义等不同研究取向(Hall & Taylor, 2010)。鉴于中国的科技治理体系并不仅仅是单一、具体的组织制度,而是一套长期的、整体的制度系统,因而更适于借鉴历史制度主义的制度变迁视角,即结合历史和文化情境进行考察和分析中国科技治理体系发展的特殊性。

从科学史角度来看,科学体制的形成实际上是科学共同体的内部文化对外向社会普及的结果,其文化雏形最初来自由科学家们自发组织的无形学院(Invisible College)。所谓无形学院,最早只是一种非正式的、民间的科学活动团体,由一群希望可以自由交流、传播科学知识的知识分子构成,他们定期在不同的地点集会、讨论科学问题和分享科学发现,并没有太多限制。随着无形学院活动的扩大化和惯例化,其组织形式逐渐被社会承认并成为皇家学会的基础,而皇家学会的建立,也让这种逐渐有形的、正式的、官方的组织形式不断在社会中转移和扩散，从而演变成了更为成熟化和规范化的组织。这种模式一般先发生在原发科技现代化国家，如英、法、德、意等国。他们地处近代科学文化的兴起之所，经历了从17世纪科学萌芽到最后完成各自科学的体制化的全部发展过程。基本上，他们都遵循先内部兴起科学，后在社会发展出了各种科学技术的次序。换言之，西方发达国家的科学体制由从本土文化中逐渐产生的，才赢得了相对独立的地位，使得科学与社会的关系呈现出“二元性”。因此，在西方科技发达历史中，科学和社会通常被规定为两个相对独立的范畴。科学因具有完全的内部同一性，更重于识察和探索真理，而社会则因为其处于多元与市场互动中，提高了科学讨论的兴趣。因此，科学和社会的二元性构成了探讨二者关系的基础。二元论强调科学与社会的分离性，认为科学作为客观知识体系应独立于社会价值与常识，这一特征实际上也恰好证实了默顿（Robert Merton）的观点。他在《十七世纪英格兰的科学、技术与社会》中明确强调了社会文化因素对科学的影响：“科学的重大的和持续不断的发展只能发生在一定类型的社会里，该社会为这种发展提供了文化和物质两方面的条件”（默顿，2000：14—15）。

相比之下，作为后发现代化国家，自主性的科学并没有建立起来。科学同社会之间并没有呈现原发现代化国家那样的“二元性”。科学并非从社会的襁褓中独立诞生。相反，作为一种外来的知识形态，科学在后发国家基本上是直接移植的结果，且面对本土制度传统的异质性衍变出新的文化内涵。换言之，科技要与后发国家的社会发展相适应，不仅要求社会对其倾注更多的资源，同时其成长也面临着该社会更多的影响和干预。比如当前的全球科学中心美国在20世纪30年代的科技水平尚且落后于先发国家的法国和德国。只是到第二次世界大战后，由于各国普遍重视科学技术，美国才开始干预并逐渐主导了科学研究活动，通过引进德国、意大利等欧洲国家的技术人才等措施，把科学融入经济、教育和社会等多元领域。在国家不同政策的激励以及市场需求的牵引下，加上美国崇尚开放、包容的社会环境土壤，科学研究的组织类型逐渐丰富，各种大型的科学共同体也快速形成，从而确立了“大科学”模式，并反过来影响了世界其他各国的科学研究方式，最终崛起为科技强国。

从美国模式可以看出,后发的赶超模式属于反身性的制度模式,其采用的是建构主义立场。即科学与社会之间存在着一种动态互构关系,科学知识影响社会行动,社会也会干预和调节科学研究,反过来影响着科学自身发展。

四、从治理体系角度看中国式科技现代化的发展阶段

虽然,中国的科学事业早在民国时期就开始起步(樊春良,2024),但是直到新中国成立后才真正对科学技术进行系统规划、组织和治理。1949年后,中国的科技事业一直是在国家制度体系的框架内成长起来的。国家机关、各级政府部门一直设有专门的职能机构,对科学技术活动进行规范管理(中华人民共和国科学技术部,2019)。对于中国的科学技术事业来说,国家制度体系并非外在于科学技术、而是构成了一种内生性变量,通过政策的调整、制度的变革来不断影响和塑造科学技术的形态特征,因此,中国科技治理体系的演变很大程度上决定了中国式科技现代化的特征和发展路径。大体上说,中国式科技现代化经历了国家主导、学科主导和国家引导、社会参与等三个阶段发展。

(一)国家主导的科研治理体系

从新中国成立直到1978年改革开放,中国初步建立起国家主导的科技治理体系。1949年新中国成立时,中国有187个千疮百孔的、在高等学校和工业部门的科研机构和691名有一定成就的自然科学家、全国科学技术人员不足5万人,有30多个专门研究机构,但有的已名存实亡(段治文,2012),国家实力落后,科技基础薄弱。中国共产党领导人意识到工业作为科学器物文化在提升国力方面的重要作用,确定了将中国建设为工业化和现代化的社会主义国家的发展目标。为了改变落后的面貌以及经济建设、国防建设的需要,1955年党的全国代表大会上首次提出了“向科学进军”的号召,同时,国家作为科技治理活动的首要主体,也作为科技投资、科技研究以及科技成果应用的唯一承担者,主导了我国第一个科学技术发展远景规划。自此之后,全国的科技

力量开始有计划地投入到与国家目标一致的科学研究中(李庆,2023)。这一时期的科学工作者不能全凭个人兴趣来选择科研方向,而是按照国家的任务安排和目标从事科研。因此,科研机构的自主性并不大。

该时期的治理体系具有鲜明的文化特征,即主要以国家科技管理体系为主导、科技研发体系为辅助,科技应用体系为参考,从而形成一种国家主导的科技治理文化。这种以根据国家的战略需求来制定和实施科学发展规划的治理文化,不仅为新中国的科学技术发展本身做出了贡献,其组织制度的模式和治理结构也为以后的科技治理体系奠定了基础。不过,国家主导的科技治理文化在科学技术普及方式方面较为单向,容易将有限的资源集中投入到某些能快速出成果的方向上,导致原始性、基础性、前瞻性的科技创新受到阻碍,反而会影响科研效果。

(二) 学科主导的治理体系

从 1978 年开始改革开放到 2000 年前后,中国的科技治理体系进入了学科主导的治理体系阶段。改革开放后,"科学技术是第一生产力"的思想观念深入人心,掌握科学技术的科学家和科技工作者的社会地位也越来越高,中国的经济体制和科技体制也开始进入改革期。国家逐渐意识到科学研究对于提升生产力的重要性,通过设立国家自然科学基金会和其他科学技术基金会来大力支持相应的研究,在制定新时期科技规划的时候也开始沿用这一思路(陈正洪,2009),通过在北京召开全国编制科技长远规划动员会议,邀请了科学家和工程技术专家参加,成立科技长期规划办公室和专业规划组,通过与国际的知名科学人士与工程技术专家举行座谈等方式,从中了解国际科学发展趋势和一些国家发展中的经验。这一时期的科学发展规划贯彻了以学科优先发展为导向而非以任务为导向的开放治理原则。规划的实施使我国在很多领域实现了跨越,科学技术自身的规模和条件也得到很大改善,大大促进了经济效率和国家实力的提升。

该时期的治理体系的文化内涵也发生了变化:主要以科技研发体系为主导,国家科技管理体系为辅助、科技应用体系为参考。科学发展规划主要围绕经济建设开展,是一种学科导向的治理策略,并经由科技研发体系自下而上向科技管理体系普及,再由科技管理体系自下而上向科技应用体系普及,从而形成一种学科自治的科学文化。这种以根据学科自身需求来制定和实施科学发展规划的治理文化,取得了不少科技成就,但是,就治理的普及方式而言,虽然形成了国家和科学的双向互动却仍有局限,在研究能力不足的情况下,同样容易将资源集中投入到某些能快速出成果的方向上,最能体现创新能力的基础研究领域反而得不到提升,进而偏离了科技治理的最初目标。

(三) 国家引导、社会参与的治理体系

从2000年至今,我国进入了国家引导、社会参与的科技治理体系阶段。全面建设小康社会奋斗目标提出后,科技活动的规模日益扩大,除了原有的国家战略科技力量、地方科研机构、大学之外,企业逐步成为科学研发的主要力量,以市场为主导的科技资源配置格局正在形成。同时,中国融入国际社会的速度加快,亟须抓住未来科技发展的新机遇。由于科技发展的不确定性增加,技术预见难度加大,新时期的治理文化更为注重科学性和前瞻性。2003年国家在制定发展规划之初,确立了"三个紧密结合"(必须与经济社会发展紧密结合,必须与国家安全紧密结合,必须与可持续发展紧密结合)的规划原则。随后通过召开战略研究论坛方式邀请了国内近百名科技、经济、社会、企业等各方面知名专家共同商讨。此外,还组织部分专题组专家与国外科技官员和专家交流,开设专题网站,在网上和报刊上开设讨论专栏,广泛吸纳包括科技领军企业在内的社会各界对新时期国家中长期科技规划的意见和建议,最后才形成最终方案。

这次规划的制定重视引导社会各界广泛参与跨学科、跨领域的交流,反映出新时期科技治理体系的特点:即主要以国家科技管理体系、科技研发体系为主导,以科技应用体系为辅助,结合世界形势下任务与学科的双重优势,通过自上而下和自下而上整体化和规范化互动来对科学进行探索性规划。

总之,中国共产党领导的科技现代化事业在发展科技治理体系时,始终考虑到了科学与社会关系方面的协调,使得西方科学在中国的社会变迁中,完成了科学文化在治理体系中的再生产。从科技治理角度来看,中国式科技现代化经历了三个历史阶段,每个历史阶段对科技创

新和治理都有不同程度的侧重。在早期,中国式科技现代化采取了任务导向的科技规划模式,它是一种科技管理体系为主、科技研发体系为辅的国家主导体系。随着科技和社会的发展,国家主导的科技治理体系又演变为学科导向的科技规划模式,形成了以科技研发体系为主、科技管理体系为辅的学科自治体系,最近再发展为以问题为导向的科技规划模式,创造了联合社会各界参与的科技治理体系,促进了现代化的科技治理体系的完善。在这个过程中,中国逐步建立起一套由国家系统指导和规划科学的制度安排,形成了不同于大多数西方国家的独特的"科学—国家"关系。

五、面向"十五五":中国式科技现代化的制度展望

随着科学发展和社会经济环境的变化,科技发展和科技革命的机制发生了巨大变化。工业时代由政府或者大企业单一主体主导科技发展机制逐渐被信息技术革命时代多个主体协同创新的机制所取代(埃茨科维兹,2016)。在这一背景下,2024 年 7 月,党的二十届三中全会高瞻远瞩地提出要把深化科技体制改革纳入进一步全面深化改革中,通过完善国家实验室体系,优化国家科研机构、统筹各类科创平台建设,加强创新资源统筹和力量组织等措施来"推动科技创新和产业创新融合发展"。目前,"十四五"规划全面完成,"十五五"规划正在全面展开。经历了七十多年的中国式科技现代化既取得了长足进展,也积累了不少经验,给了我们许多启示,有助于我们在"十五五"规划中进一步从制度上完善中国科技体制。

首先,中国式科技现代化的核心特征在于坚持党的集中统一领导。正如上述研究表明,中国通过顶层设计统筹科技资源、优化战略布局,在新中国成立初期能够有效完成科技发展规划,解决一系列重大难题。未来则需要进一步完善科技决策机制,构建国家主导、社会共治的全方位治理模式,建立以信任为前提的科研经费管理制度,释放科研人员创新活力。

其次,中国式科技现代化的关键举措在于深化新型举国体制。上述研究同样表明,举国体制是中国作为后发国家在反身性模式下的制

度创新,而新型举国体制更能发挥中国特色社会主义制度的显著优势。在前沿领域,不仅需要强化国家战略科技力量的综合实力和政策保障,同时还要引导市场驱动的科技创新,发挥全社会的科研难题的攻关潜力。建立覆盖基础研究、应用开发、产业化的全周期支持体系。完善知识产权保护制度,探索科技成果转化收益分配机制,激发企业创新主体地位。

再者,中国式科技现代化的根本路径在于持续推进教育、科技、人才一体化,构筑全球人才高地。科技竞争本质是人才竞争。无论是新中国成立初期为了向科学进军而努力科研攻关的科学家或支撑国家工业化建设的人民群众,中国科技现代化的归根结底是需由人来推动的。需要全面完善人在基础教育阶段的科学素质培养,同时,有选择地培养战略科学家,在后期的人才发展层面,建立分类评价体系,为青年人才提供良好的科研环境。同时加强国际人才引进和交流的制度创新,吸引全球顶尖科研团队。

同时,中国式科技现代化也绝非闭门造车的现代化,要不断扩大交流,提升全球科技影响力。科技交流在我国科技治理体系的不同时期发挥着重要作用。未来可深度参与国际大科学计划,牵头制定人工智能、生物安全等领域的国际标准。通过设立各种科技创新行动基金和计划,推动技术转移与联合研发,建立跨国技术共享平台,倡导"科技向善"价值观,为解决气候变化、公共卫生等全球性问题贡献中国方案。

最后,要在中国式科技现代化的进程中实现中国科学从跟跑、并跑到领跑的飞跃,不仅需要大力推进战略科技创新,而且需要持续加强科技文化建设,营造科技创新的良好环境,从而提高全民科学文化素质,进一步激发全社会的创新活力。同时,由于科技发展迅速,给人们带来巨大福祉的同时,也产生了环境、资源、信息、伦理等一些负面效应,消除和规避科学技术发展带来的风险挑战需要公众的理解、支持和参与,弘扬科学精神、传播科学文化仍然任重道远。

参考文献

包炜杰:《从"举国体制"到"新型举国体制":历史与逻辑》,《社会主义研究》2021 年第 5 期。

陈正洪:《1986 年中长期科技规划与转型期经济发展》,《当代中国史研究》2009 年第 6 期。

段治文:《中国近现代科技思潮的兴起与变迁:1840—2000》,浙江大学出版社 2012 年版。

敦帅、陈强、贾婷:《新形势下科技创新治理体系现代化的理论体系构建研究》,《科学学与科学技术管理》2022 年第 3 期。

樊春良:《国家科技治理体系的理论构架与政策蕴含》,《科学学与科学技术管理》2022 年第 3 期。

樊春良:《"科技创新举国体制"是什么?》,《民主与科学》2010 年第 4 期。

樊春良:《新中国科技现代化之路探析》,《中国科学院院刊》2024 年第 10 期。

[美]亨利·埃茨科维兹:《三螺旋创新模式:亨利·埃茨科维兹文选》,陈劲译,清华大学出版社 2016 年版。

李庆:《1950—1970 年代中国科学家精神研究》,武汉大学博士论文,2023 年。

李正风、武晨箫:《中国科技创新体系制度基础的变革:历程、特征与挑战》,《科学学研究》2019 年第 10 期。

吕乃基:《科技革命与中国社会转型》,中国社会科学出版社 2004 年版。

默顿:《十七世纪英格兰的科学、技术与社会》,商务印书馆 2000 年版。

邱泽奇:《技术与组织:多学科研究格局与社会学关注》,《社会学研究》2017 年第 4 期。

张柏春、田淼、张久春:《科技革命与中国现代化》,山东教育出版社 2017 年版。

张成岗、李佩:《科技支撑社会治理现代化:内涵、挑战及机遇》,《科技导报》2020 年第 14 期。

赵万里:《自治、他治与共治:当代科技的治理与创新》,《中国社会科学评价》2018 年第 4 期。

中华人民共和国科学技术部:《中国科技发展 70 年》,科学出版社 2019 年版。

Delanty, G., 2001, *Challenging Knowledge: The University and Knowledge Society*, Buckingham: Open University Press.

Fuller S., 2000, *The Governance of Science: Ideology and the Future of the Open Society*, Buckingham: Open University Press.

Hall P. A and Taylor, R. C. R., "Political Science and the Three New Institutionalisms," *Political Studies*, 2010, 44(5):936—957.

Irwin, A. and Wynne, B(ed.), 1996, *Misunderstanding Science? The Public Reconstruction of Science and Technology*, Cambridge: Cambridge University Press.

Lewis, J., 2013, *Academic Governance: Discipline and Policy*, London: Routledge.

Mahoney, J. and K. Thelen(ed.), 2009, *Explaining Institutional Change: Ambiguity, Agency and Power*. New York: Cambridge University Press.

Molas-Gallart, J., 2012, "Research Governance and the Role of Evaluation: A Comparative Study," *American Journal of Evaluation*, 33(4):583—598.

Rhodes, R. A. W., 1997, *Understanding Governance*. Buckingham: Open University Press.

Salter, Brian & Charlotte Salter, 2017, "Controlling New Knowledge: Genomic Science, Governance and the Politics of Bioinformatics.", *Social Studies of Science* 47(2):263—287.

Sismondo, 2010, *An Introduction to Science and Technology Studies*, 2nd Edition, West Sussex, UK: Blackwell Publishing Ltd.

Stehr, N. (eds.), 2004, *The Governance of Knowledge*. London: Transaction Publishers.

Stilgoe, Jack, 2017, Machine Learning, "Social Learning and the Governance of Self-driving Cars," *Social Studies of Science* 48(1):25—56.

圆桌论坛

圆桌论坛：人工智能时代的来临：机遇及其风险

《现代管理》编辑部*

圆桌论坛是《现代管理》集刊就重大议题听取专家意见的系列会议，由我刊编辑部定期举办。本刊近期举办了第二届圆桌论坛，专题讨论“人工智能时代的来临：机遇及其风险”。党的十八大以来，以习近平同志为核心的党中央高度重视我国新一代人工智能发展。习近平总书记深刻把握世界科技发展大势，深刻洞察人工智能的战略意义，指出：“人工智能是引领这一轮科技革命和产业变革的战略性技术，具有溢出带动性很强的‘头雁’效应”；“加快发展新一代人工智能是事关我国能否抓住新一轮科技革命和产业变革机遇的战略问题”。人工智能具备典型通用技术特征，是培育和发展新质生产力的重要引擎。近年来中国人工智能技术快速发展和爆炸式应用验证了习近平总书记高瞻远瞩的判断。2025年蛇年春节刚过，中国的DeepSeek横空出世、宇树科技人形机器人巡游街头都证明了中国在人工智能技术和应用领域已经和国际领先水平并驾齐驱。那么，人工智能技术究竟会对我国产业发展和社会生活产生什么样重要影响？在促进新质生产力同时又应该注意哪些问题呢？

本期论坛特邀了六名专家讨论上述议题。专家们从人工智能技术发展历史、人工智能在汽车驾驶、养老服务、医疗诊断和教育领域的应用及其对当下法律制度的挑战进行了深入探讨。浙江清华长三角研究院卓勇良教授讲述了人工智能技术发展的前世今生，他认为人工智能的发展并非全然是技术突破，背后有文化因素。智加科技CEO容力博士指出人工智能技术进步是由硬件、数据和算法三角共同推动。自动驾驶是人工智能技术的集大成者，涉及感知、决策、控制等多个领域，把人类从重复性驾驶劳动中解放出来。华东政法大学数字法治研究院张文龙副院长不仅说明了人工智能的法律挑战，还介绍了不同学派的法学家的相关理论。他特别阐述了托依布纳提出的“分布式的集体责任归属”概念，认为人工智能体的法律责任是一种网络式的集体责任。上海瑞金医院—上海数字医学创新中心朱立峰副主任讲述了人工智能在医疗领域的应用和问题。他以瑞金医院实践为例，说明人工智能在各个领域的应用，一方面大幅度提高了诊断精确度，但也产生了一系列问题。比如广泛应用人工智能后医生诊断的自主性、人工智能与传统循证医学结合程度，以及医疗产业中结构性失业风险等问题。上海师范大学刘晴暄教授论述了人工智能与上海养老产业的发展。他认为物联网、大数据、人工智能确实有助于养老服务，但是由于无法提供情绪价值等问题，人工智能的应用与老人需求匹配度依然存在差距。浦东新区科幻协会主席顾备以实际案例讲述了人工智能对于青少年教育的影响。她认为人工智能在很大程度上改变了传统知识灌输型教育方式。教育重心从记忆知识变成培养青少年具有想象力和创造力。

---

* 主持人蒋狄青，参与者谢百盛、马湘临、朱正圻、王玥、穆春唤，技术支持陈亮。

人工智能时代的来临：机遇及其风险

一、新一轮科技革命的若干分析与感想

卓勇良
浙江清华长三角研究院新经济研究中心主任，
浙江省发展和改革研究所前所长

（一）人工智能的前世革命

我们非常幸运遇上了人工智能爆发推动的科技革命。人工智能（AI）源于信息技术发展，较早支撑信息技术的是机械，以及继电器和真空管，纳粹的恩尼格玛密码机近乎全机械。

每一项革命性的技术刚出现时，难免笨拙甚至昂贵，或许解决不了多少实际问题甚至引人发笑。这就引出一个如何对待创新的重大命题。我的观点是自由自在与自然而然，以敬畏和谦卑的认知对待创新。前一个"自"是敬畏创新主体的自主行为，后一个"自"是敬畏创新事物的内在规律。

20 世纪 40 年代至 50 年代的第一代计算机使用真空管作为核心组件。比如大名鼎鼎的 ENIAC 计算机包含约 18 000 个真空管，体积庞大且耗电量巨大。即便实现电子计算，但效率低，功耗高，易发热，易故障，因此晶体管很快取代了真空管。到了 1971 年，英特尔推出的 4004 微处理器是第一款单芯片微处理器。微处理器极大地推动了计算机技

术的发展,使得计算机变得更加小型化、更低成本,更强性能,最终出现了全面进入办公室和家庭的个人计算机。

从20世纪80年代至今,信息技术发展持续不断掀起了PC浪潮,互联网和手机并重发展的浪潮,以及移动互联网浪潮等三大浪潮。PC互联网时代大致始于1995年,PC作为主要的上网终端,互联网内容以网站为主,流量经历了从分散到集中再到分散的过程,最终搜索引擎成为主导,互联网公司通过提供搜索服务、在线广告等商业模式迅速崛起。PC浪潮持续到2010年,此后便是互联网和手机并重的发展浪潮。随着智能手机和平板电脑的普及,用户逐渐从PC转向移动设备上网。

智能手机的出现不仅改变了人们的使用习惯,还推动了新的商业模式和生态系统的发展,例如苹果的iOS系统和谷歌的Android系统。与此同时,移动互联网浪潮也在兴起。移动设备成为主要的上网工具,应用程序(APP)取代了传统的网站成为内容的主要载体。移动互联网不仅改变了人们的生活方式,还催生了新的商业模式,如微信取代了百度成为新的入口。此外,移动互联网还带来了广告模式的变化,从传统的CPM(千次展示收费)向CPS(销售收费)转变。这三个浪潮分别代表了互联网技术从固定终端到移动终端的演变过程,并深刻影响了商业和技术的发展方向。

刚才说的三大浪潮,产生了海量数据和不计其数的算法,这为今天如火如荼的人工智能革命打下了基础。

(二) 人工智能革命的产业谱系

我们今天看到的人工智能爆发式发展,历经前述三大浪潮而惊艳出世。从20世纪50年代开始,前后经历了五个阶段,即50—60年代的创立阶段、60—70年代的探索阶段、80—90年代的调整阶段,以及2000年至2020年的应用阶段和最近几年的爆发阶段。

人工智能的起源最早追溯到1950年,当时英国数学家艾伦·图灵发表《计算机器与智能》,介绍图灵测试,这是评估机器是否具有智能的一种方法,图灵的开创性工作打开了通向人工智能的大门。1956年,来自计算机科学、数学、神经科学等领域的顶尖学者齐聚达特茅斯,召开了一次历史性会议。在会上,约翰·麦卡锡(John McCarthy)首次使用了“人工智能”一词，并描述了其研究目标，即让计算机像人一样思考、学习和推理。会议相关核心议题包括自动计算机、计算机语言的应用、神经网络、计算规模理论、自我改进、抽象和随机性与创造性等，这些议题为人工智能研究注入了新的活力，并奠定了该领域的发展方向和研究范围。达特茅斯会议标志着人工智能作为一个新的独立研究领域呱呱落地。

在 60—70 年代，人工智能研究进展迅速，相关技术取得了显著进展，加州大学伯克利分校、加州理工学院等各个著名大学纷纷开发专家系统、自然语言处理等技术。很快，这些技术发展遇到了瓶颈，也就是计算能力有限和数据不足，一些研究者甚至不得不退出这一领域。

在此情况下，1980 年后，人工智能专家发展出新的理论，发明了神经网络和反向传播算法两个核心概念，由此构筑了深度学习理论。神经网络是一种模仿人脑神经元结构的计算模型，通过多层节点（或称为神经元）的连接来处理信息。神经网络通常由输入层、一个或多个隐藏层以及输出层组成。每一层包含多个神经元，每个神经元接收来自前一层的输入信号，并通过加权求和后传递给激活函数，再输出到下一层。这种层次化的结构使得神经网络能够学习到数据中的复杂特征。反向传播算法则是用于训练神经网络的一种优化方法，其主要目的是通过迭代更新神经网络中的权重和偏置参数，以最小化损失函数，从而提高模型的预测性能。反向传播算法广泛应用于各种机器学习任务中，如图像识别、自然语言处理、语音识别等。它在处理高维数据和复杂任务时表现出色。此外，反向传播算法具有计算效率高、收敛速度快的特点，这使得它成为训练深度神经网络的重要工具。尽管反向传播算法在许多方面表现优异，但它也存在一些局限性。例如，其计算复杂度较高，尤其是在处理大规模数据集时，计算资源的需求较大。而且在网络结构较深或参数初始化不当的情况下，反向传播算法容易陷入局部最优解。

进入 21 世纪，随着互联网的普及、大数据的积累以及算力硬件的发展，算力、数据、算法等有了极大的改善，有力促进了深度学习、自然语言处理和计算机视觉等领域的重大进展。这里列举一些激动人心的历史节点。1999 年，英伟达发布全球首款显卡 Geforce 256。2012 年，多伦多大学，神经网络模型在 ImageNet 竞赛中获胜，他们用两个 GPU，使图片识别错误率从26.2%降至15.3%，标志着GPU训练生成式AI大模型时代到来。2016年，基于谷歌TPU芯片的AlphaGo在韩国首尔击败围棋顶尖选手李世石。2016年8月，黄仁勋亲手将首台价值13万美元的DGX-1送至OpenAI，这台机器相当于250台传统服务器。

这些硬件和软件设施的快速发展终于导致了2022年后人工智能的爆发式发展。2022年11月30日，OpenAI发布ChatGPT，随后多次升级，成为一款简直无所不能的聊天机器人。2024年2月15日，OpenAI发布Sora，一款根据文本生成视频的人工智能模型，具有相当的物理理解能力。2024年4月25日，黄仁勋将第一台专用于人工智能的DGX H200，再次亲手送至OpenAI。DGX H200运行速度4.8TB/s，内存为141 GB。人工智能应用的快速发展反过来刺激了AI芯片井喷式发展。2022年3月推出的英伟达H100，具有800亿个晶体管。2024年3月推出的B200，具有2 080亿个晶体管，两年增加了2.6倍。英伟达下一代Rubin平台的R100，将于2026年推出。黄仁勋在2024年6月指出，八年间，GPU性能提高了1 053倍，但价格仅上涨7.5倍，大大加快了研制通用人工智能机器人的速度。

在这里，有一个有趣的现象。作为人工智能支撑的芯片产业发展其实都是产业树长出来的，源头都是美国仙童公司和德州仪器。无论是英特尔、AMD、英伟达、苹果芯片和Arm，还是我国台湾地区的台积电、大陆的中芯国际和长江存储，其创始人、创业主要人员，以及研发负责人，归根到底都源自仙童和德州仪器。芯片业不仅是一种产品，一门技术，似乎也是一种需要亲缘传承发展的文化现象，非常值得注意。

(三) 人工智能革命引发诸多挑战

人工智能未来发展的问题——机器伦理——呼之欲出。今天，世界各地正在快速发展人工智能，但人工智能的发展存在许多脆弱点。我认为存在地缘政治脆弱性、社会伦理脆弱性、网络脆弱性和泡沫疑云等问题，这里谈前两个问题。

首先，世界经济区域化，强调价值共同体，引发AI价值隔离问题。发达国家开始以价值观念不同为理由，不愿分享人工智能技术。2019年5月，特朗普政府禁止美国公司在没有出口许可证情况下向华为提供商品和服务。拜登政府沿袭了特朗普政府的政策,在 2022 年 10 月,美国商务部工业与安全局宣布大幅修改半导体技术出口管制,旨在限制中国获取高端芯片。到了 2023 年 8 月,拜登签署一份文件,建立限制"关注国"获取高科技投资的机制。因此,美国限制对华出口更多 AI 芯片,甚至包括英伟达 A800 和 H800,即 H100 的低配版。在美国压力下,ASML 宣布停止为中国客户的一些套件提供服务,2020 年以来国内共进口 55 台 DUV 光刻机。日本紧随美国之后,在 2024 年 4 月,日本经济产业省宣布,将半导体和量子相关的 4 个品类列为新的出口管制对象,含光刻胶等。就在校核这一稿子时,拜登政府 2025 年 1 月 13 日提出 AI 芯片出口三级管制,对第三级国家完全禁止出口,进一步强化了 AI 的价值隔离。

然而,这种打压似乎效果有限。我们终于在 2024 年和 2025 年交替之际,迎来自己具有较强性能的大模型 DeepSeek,引发全球轰动,导致英伟达等股票短期暴跌。这对 AI 发展提出三个问题,即机器算法及大模型训练仍有相当发展空间,同时算法可在一定程度上替代算力,更重要的是由于存在着算法等软创新的巨大空间,打压别国 AI 不一定符合打压者自己的利益。

其次,人工智能发展挑战了社会伦理。从一开始,许多学者意识到了机器人或者人工智能潜在的危险。阿西莫夫就提出了机器人三原则:(1)机器人不得伤害人类,或坐视人类受到伤害;(2)机器人必须服从人类,除非命令与第一原则冲突;(3)在不违背第一或第二原则的情况下,机器人可以保护自己。随着互联网的发展和社会经济体系的演进,人工智能和机器人的应用场景发生了变化,出现了取代人类、控制人类和屠杀人类的现象。比如,前一段时间在武汉实践的萝卜快跑,已经让众多滴滴或出租车司机失去工作。这几年频频爆发电脑病毒失控现象,严重影响人类生活,可视为控制人类的预演。而今,由于无人机等的出现,自动化武器从"自动寻的",转变为"自主寻的",引致机器消灭人类的恐惧。如此之类,远超想象。

最后,人工智能发展带来了建立机器伦理的紧迫性。2020 年,哈佛大学专家提出了四条"21 世纪机器人新律"。主张:(1)机器人或 AI 应为补充或辅助角色,而非取代专业人士;(2)机器人或 AI 不应假冒人;(3)机器人或AI不应加剧零和博弈的军备竞赛;(4)机器人或AI必须标示其创造、控制及拥有者的身份。但是,理想虽然比较好,现实却比较严峻。比如,机器人或AI如遇恶人,能否自主攻击?机器人或AI如何自主判断恶人?机器人或AI被操纵攻击人类,是否应服从?所有这些,可以归纳为机器人或AI是否可以或者如何建立自己的伦理体系的问题。机器伦理源于社会伦理,但应该有别于社会伦理,也会影响社会伦理。目前对此尚难预期,需超常态深入研究,给出新的解决方法。

今年是“十五五”规划年,我们国家和政府正在积极应对新一轮科技革命。党的二十届三中全会指出“面对新一轮科技革命和产业变革……必须继续把改革推向前进”;“健全因地制宜发展新质生产力体制机制”。在习近平新时代中国特色社会主义思想指导下,我国正在建立新型机制鼓励科技创新,并且通过增强市场机制,扩大人工智能的应用。这些正在产生积极效果,比如我国的自动驾驶研发处于世界一流水平,DeepSeek横空出世等,我们相信正确应用人工智能会造福我国社会经济的发展。

二、人工智能与自动驾驶

容　力

智加科技CEO,加拿大滑铁卢大学系统工程博士

人工智能应用前景有挑战也有机遇。我们智加科技从事自动驾驶,所以我今天着重讲交通领域的人工智能。首先,人工智能时代是一定会到来的。我们交通工具革命经历了三个阶段,先是畜力时代,然后是蒸汽机和燃气机的机械阶段,现在是还在进行的电子和能源技术革命,我们从乘用车上看到了蔚、小、理和华为等在智能车上的巨大进展,特别是大家津津乐道的智能驾驶。目前的智能驾驶还只是起到辅助功能,离真正人工智能的革命还很远。真正的人工智能革命就是汽车作为一个交通工具,不管是载货,还是载客,都是没有驾驶室的,只有乘客的位置。前一段时间,大家都关注萝卜快跑。它实际上只是一个试验而已。它体现的是我们目前在人工智能的发展阶段。它的停运表明人工智能现在替代人类还存在技术障碍和经济约束。所以现在的阶段是人

工智能革命的初级阶段，我们只是看到了曙光而已，还有很长的路要走。

（一）人工智能技术突破的三要素

刚才卓教授详细论述了人工智能的发展。我同意他的看法，大家现在震惊于 ChatGPT 横空出世，它其实是过去七十多年的发展结果。人工智能革命是由三部分共同推动的，即算力、算法和数据。算力的载体是芯片，芯片的发展一直遵循摩尔定律，以此支撑算力的迅猛发展。算法的突破发生在 20 世纪 80 年代。加拿大教授杰弗里·辛顿提出了神经网络深度学习等概念，可是光有算法不行，数据不足制约人工智能运作。只有当 2000 年后互联网经济积累出海量数据，人工智能革命三大要素齐备，才真正开始了突破。2020 年，以 GPT-3 为代表的大语言模型（LLM）的成功应用是近年来人工智能技术迈向 AGI（通用人工智能）的一个里程碑，可以说这是第一次 AI 表现出了不同于以往的、仅能体现超强数学计算能力（比如 AI 下棋）的“想象力”（也即“泛化能力”），虽然 LLM 在无人驾驶方面应如何应用还在探索中，但是可以预见，AI 所具有的泛化能力可以帮助解决无人驾驶的肥尾效应（fat tail）问题。

人工智能的发展可以应用的场合非常多，自动驾驶是人工智能产业发展的集大成者。早期人工智能运用在国际象棋、围棋等领域，它只能代表技术的发展，并不能为我们的日常生活带来变化，但是自动驾驶就不同了。首先它的应用具有重大商业价值。像我们做的重卡自动驾驶。重卡司机是要发高工资的，如果实现无人自动驾驶了，实现卡车一天 24 小时运营，除了加油和必要维护成本，自动驾驶带来的收益是惊人的。同样，自动驾驶也有社会价值。人工驾驶是一个烦琐的重复性劳动。自动驾驶可以解放人类的劳动。就像 200 年前所有的纺织品都是人织出来的，而现在除了非遗，绝大部分纺织品，比如我们的衣服的生产都已经完全自动化了。所以，自动驾驶是一个非常典型的人工智能产业，它将产生巨大的商业和社会价值，我自己也为做这个自动驾驶而自豪！

（二）自动驾驶技术的发展路径

现在自动驾驶发展十分迅速。大家知道马斯克在 2019 年就豪言要在2020年底放100万辆自动驾驶车辆。马斯克的说法在社会上引起了巨大的影响。大家都觉得自动驾驶很快就会实现了。事实上,特斯拉在2019年后只是实现了有限的辅助驾驶。有关自动驾驶的预测,各个顶级专家的说法不尽相同。李开复本人就是人工智能专家,在这个行业深耕多年。他认为马斯克的预测完全出于商业利益,要实现自动驾驶任重道远。

在国内,2019年前后自动驾驶产业进入下半场了。上半场是个人赛,一堆公司自己折腾,下半场是团体赛了。比如说开始要为自动驾驶做国家标准。但是,当时认为马上就实现的自动驾驶并未能完全实现目标。如同大家爬山,沿着一个山尖爬上去,快到山顶了,我们觉得要登顶了,可是再一看,我到的只是一个小山顶,后面还有更大的山顶。自动驾驶研发与此类似。从2012年就开始做现代意义的自动驾驶,到2014年就有比较完整的自动驾驶技术支持。现在许多封闭场景已经大规模运用,比如小区无人配送小车,港口、矿山的无人运输车等,但是将近十年发展时间,还是无法在开放场景下真正做到无人驾驶。

为什么会出现这种情况?我认为人工智能和人类智能是有区别的。从基本概念上讲,我们常常说人工智能的时候,似乎让人觉得它是仿效人类智慧,但是实际上不是。目前为止,包括CP、Sora等做的人工智能是基于大数据的高性能计算,与人类智能不一样。人类智能是怎么做的?神经学家还没有完全搞明白。现在从事人工智能研究的专家也认为没有必要把人工智能做成是人类智能的仿生。现有的发展道路依然是高性能计算、使用各式芯片以及海量数据。而数据增长是指数级的,但是这个区别导致有一些人类做的事情,依然无法完全由人工智能替代。

目前来看,有两条自动驾驶的路径。一条是渐进式的。马斯克的公司拥有海量数据,采用辅助自动驾驶提高了安全性。像特斯拉一样,车里面还是有人,但是有人驾驶的汽车上的自动驾驶的技术不断演进,越做越好,最后就不需要人了。马斯克的辅助自动驾驶系统比起Autopilot刚出现时进步非常明显。另外就是做跨越式发展。这派支持者认为自动驾驶就是无人的,和辅助驾驶是有本质区别。如果想真正实现无人驾驶,从一开始就做无人驾驶。车中的人不是驾驶员,只是个安全员而已。因此，不是人工智能系统辅助人开车，而是说人辅助自动驾驶系统。这两条路线谁最后能走到底？从技术上来讲，都有可能。就我们中国而言，比较有优势的方面就是车、路、云一体化系统，尤其在城市里面，在人口密集的地方，车、路、云一体化的确明显有助于实现自动驾驶，产生弯道超车效应。因为国外的自动驾驶依靠单车，需要安装不同传感器去识别各种各样的东西。但是中国的车、路、云系统里面，路也是智能的，而且车和车之间是有关联的，那么很多情况都能够避免。比如萝卜快跑出现的一个事被人在网上夸大，就是说两辆萝卜快跑互不相让。这在车、路、云系统中，只要车和车之间有协同智能的话非常容易解决。所以我认为在国家的支持下，再通过城市基建，做到车和路的智能，那么，在限定的条件下，在城市繁华地段，完全可以实现自动驾驶。当然，如果开车出城，跑到高速公路上，由于高速公路无法完全实现公路智能化，所以不可能达到自动驾驶。

另外一个就是商务车运输卡车的，其中一个重要部分涉及车车协同，就是一个人在前面开车，后面跟车的模式。在技术上，车车协同现在已经是完全可行的，但是在实际运营中，存在加塞问题。如果有专用车道，那可以解决加塞问题。但是在一般公路和马路上，万一其他人开车去加塞就会一下就破坏编队，造成很大麻烦，降低车车协同编队方式的经济性。

（三）自动驾驶技术未来

未来无人驾驶技术上还会走多远呢？我个人认为这取决于是否做出人工智能关键点，即实现通用人工智能。什么叫通用人工智能？我们知道最不通用的人工智能就是我前面讲的下棋机器人。不管你下围棋还是象棋，你能下到什么级别的大师，这是一个非常专业的人工智能。像自动驾驶也是一个非通用人工智能，但是它向通用人工智能的泛化走近了一大步，因为它需要处理很多参数。而通用人工智能，最显著的标志就是它能自学，跟真的人类智能在结果上趋近。它也许能运用高性能计算和大数据，应用人机交互来进行逻辑推理，甚至可以想象一些东西。比如我们去搜一个名人，它能够通过网上的信息显示这个名人毕业于哪个学校，是哪个领域的专家。如果你要搜索一个比较偏门的人，它也能把这个人的履历整理出来。

走向通用人工智能的关键是让人工智能系统处理设计好的场景之外的事情。比如在自动驾驶上，如果车遇到没有遇到过的情况，应该怎么处理？人类智能可以通过常识来处理。比如，我开车在高速公路上，路边突然跳出来一只熊，虽然这是前所未有的情况，但是人类可以处理。可是自动驾驶遇到类似情况就不好处理，因为这已经超出人工智能系统先前设计的场景。所以，要真正做到通用化，就是要使得人工智能脱离人们事先设计好的场景。除了场景之外，还可能有伦理问题。比如电车难题。如果在矿山港口，现在有人监督，那么自动驾驶没有问题，但是如果在开放场景，我们让机器去解决电车悖论的问题，就会出现巨大的伦理问题。我们需要思考是否应该把涉及伦理的判断权交给机器，交给人工智能。即便这个人工智能做出的判断是跟人做出的是一样的，但是这背后的伦理是由人授权给这个机器。因此，很多业内专家认为自动驾驶还有相当长的距离。

近年来通用人工智能得到了突破性发展。相比国外人工智能的发展，中国最近的发展也令人瞩目，尤其是 DeepSeek 的出现进一步扩大了 LLM 可应用的空间。首先，DeepSeek 通过技术创新和开源策略显著降低了大模型训练与应用的门槛，推动了开发者成本的大幅下降，加速了 AI 技术在不同场景的落地。由于 DeepSeek 有效降低了开发 LLM 的壁垒，一些更有活力的中小企业也得以在 LLM 的研发中参与竞争。其次，DeepSeek 推动了产业升级，并已经使部分“AI＋”细分市场场景率先受益。最后，从中长期来看，DeepSeek 及未来类似 DeepSeek 的创新将会在软硬一体化领域开拓出一片新地，更快推动实现自动驾驶。

三、人工智能的法律挑战

张文龙

华东政法大学数字法治研究院副院长

(一) 人工智能对现有法律体系的挑战

我今天分享的主题是人工智能的法律挑战。我今天讲的内容主要分三个部分。首先,刚才有老师谈到一个最近比较热门的人工智能话题——作为自动驾驶服务平台的萝卜快跑,已经开放载人测试运营服务。通过这个事件,我们来看人工智能对法律体系运作到底带来了什么样的挑战?萝卜快跑这个智能驾驶服务平台,产生了很多问题,其中一个热议就是它会导致出租车司机群体失业。算法代替了司机,出租车不需要司机。在未来可以预见的场景中,无人驾驶会是普遍趋势,即机器人取代人类处理大量工作。这种取代可能给人的未来心理状态带来很大的冲击。本来汽车是由人驾驶的,现在变成了算法,由它把人从一个地方运送到另外一个地方,而且是安全送达。作为一个人,大家难免害怕,都会担心万一算法失控的时候怎么办?真的发生事故,人是否能够从事故当中生还?究竟谁负责任?是算法还是司机?

上述问题目前是热议问题,不管是中国的法律还是世界其他国家的法律,对此都有相关争论和讨论。从法律理论来讲,其实目前尚无定论。甚至法律也缺乏明确规定。最近各地政府相继抓紧出台关于自动驾驶汽车管理的立法问题,征求意见,比如北京发布了《北京市自动驾驶汽车条例(征求意见稿)》,武汉出台了《武汉市智能网联汽车发展促进条例(草案征求意见稿)》。有的地方政府动作快,他们已经制定了地方性法规和规章法律,如《深圳经济特区智能网联汽车管理条例》《上海市智能网联汽车测试与应用管理办法》和《上海市智能网联汽车道路测试和示范应用管理办法(试行)》等。虽然关于智能汽车管理的地方立法规定,各有不同,但是相似之处就是它们都做了这样的规定:一旦智能驾驶汽车发生交通事故,那么承担责任的一方都是车辆所有人以及车辆管理人。这意味着我们可以得出一个结论,算法作为一个"司机",它基本上是不需要承担法律责任的。如果细想一下这个结论,我们会觉得毛骨悚然,算法不用担责,即便它可以决定你的生死。这背后的逻辑是算法"司机"根本没有被视为法律责任主体。至少从我们的立法者目前对于人工智能的这种态度来讲,算法和汽车一样,都是一个工具,被作为客体处理。即便算法司机可能具有超越人类的驾驶技能,甚至它的驾驶技能比人类司机都好,比如说它能够精准预测并绕开其行驶的环境危险,但是,它也不可能具备自然人或者说公司法人的法律地位。

(二)从法律史发展角度看待算法

下面我们尝试从法律史的角度来看待人工智能的法律地位。这或许能为我们理解这个问题提供一个更加广阔的历史背景和视野。人工智能是否真的不可能成为法律主体?如果它是某种法律主体,那么它就能够承担责任。譬如,当算法被视为一个司机代理,具备与自然人或者说公司相类似的法律主体资格,那么它就要承担责任。不过,这可能是基于某个委托人给它授权,它才能够承担这个责任。但这种授权前提是它具备法律上的人格,它才能够获得授权,也就是说它享有相应的法律权利和承担法律义务,它才可能去承担责任。既然目前的立法已经否定它具有法律人格,无异于说它不能承担法律责任。那么,这个问题探讨是不是就到此为止?目前整个法学界关于人工智能法律地位的争论,可以说是方兴未艾。如果我们回顾整个人类法律的历史,我们就会发现法律主体是法律建构的产物。我们目前把自然人和法人(比如说公司)当作仅有的两种法律主体类型,其实是现代法律发展的产物。在人类的法律史上,比如说在罗马法时代,在中世纪时代,特别是在欧洲,法律主体的范围并不局限于自然人和法人。美国法学家埃瓦尔德曾经发表过一篇名为《审判老鼠的意涵》的文章。这篇文章介绍了在公元1522年,一群老鼠受到教会法庭的审判,然后法学家沙萨内为这些老鼠进行辩护,而且做了成功的辩护。萨沙内提出了一个很严肃的问题:"为何动物能够在欧洲中世纪被审判?"为什么天主教一方面残酷镇压异端,剥夺异教徒的权利,却把权利赋予一群老鼠呢?这是一个很有意思的问题,而事实上,据埃瓦尔德的统计,不仅仅老鼠,很多动物都在中世纪欧洲成为法庭的被告,也就是说它们具有法律人格。虽然不少中世纪神学家,比如神学家阿奎那就完全否定动物具备人的理性地位,但是,事实上整个中世纪教会制度是承认动物具备法律人格的。当代中国学者余盛峰教授就曾经写过一篇名为《从老鼠审判到人工智能》的论文,他讨论了老鼠接受审判这种难以理解的事情为什么会发生?他认为这是因为整个人类的概念—关系框架自文艺复兴以来发生了一个很重大的转变。他说17世纪以来我们的人文主义和启蒙运动塑造了特定的法律人格的形象。这种法律人格的形象主要是围绕自然人,集中在自然人的主体意志和他的法律行为。也就是说先把人和物按照主客二元进行区分,以此为基础建立现代法律人格理论。承认人是法律主体,人之外的所有事物都是客体。但是真实的历史发展往往也很吊诡,因为根据上面的文章,我们也看到,实际上公司法人这个概念,公司就不是人,不是自然人。所以,公司法人这个概念其实也挑战了主体和客体二分的法律人格理论。

(三) 法社会学的探索

近年来,德国著名法社会学家托依布纳也对人工智能的法律地位问题进行反思。他认为启蒙时代的预设可能随着人工智能的应用而失效,大量人工智能体成为非人类的法律主体,我们将会进入一个非人类时代。比如,人工智能应用在无人驾驶,甚至在医疗、金融交易、代理投资等领域,其表现远远超越人类,也就是说,人工智能完全可以绕开人的意志和思想独立自主做出决定! 果真如此,我们是不是应该让它具备法律人格呢? 或者说让它从客体变成一个主体?

要回答这个问题,大家可以选择的理论不多。其中一种理论被称为拟人的理论,它认为可以把人工智能和人的智能做个类比。但如容博士所说,今天的人工智能之所以成功恰恰是因为它不是按照人的思维来运作的。也就是说,早期以仿生人类思维的人工智能其实是失败的。今天之所以成功,是因为它完全不按照人的思维来思考,这说明算法是能产生社会智能的。接下来的问题就是,算法如何产生社会智能? 刚才容博士分析了其中的技术原理。我想补充的是,社会智能之所以有意义,是因为它要进入到沟通当中,就是说它能够被人所理解。最近,意大利社会学家埃琳娜·埃斯波西托(Elena Esposito)出版了一本著作,名为《人工沟通与法:算法如何生产社会智能》。在这本书中,她提出一个很基本的观点,即我们要从沟通的角度来把握和思考人工智能。她认为,算法之所以能够产生社会智能,是因为算法参与了我们社会的沟通运作,也就是人工沟通。我们要知道,不管是埃斯波西托还是前面谈到的托伊布纳,他们的理论框架都是来自德国社会学家尼古拉斯·卢曼(Nikcholas Luhmann)提出的社会系统理论。卢曼认为社会由沟通组成,人不是社会单元,人是社会的环境。社会沟通涉及三个事件:告知、理解和信息。在卢曼沟通概念当中,不是人在沟通,而是沟通自身在沟通。人只是作为社会沟通工作的环境。一般人可能会觉得这比较难理解。不过,卢曼指出人类其实是由三个不同的系统叠加在一起,一个是人的意识系统,一个是人的生物系统,还有一个社会系统。按照卢曼的沟通概念,意识系统和生物系统是沟通的必要条件和环境,如果不存在意识系统和生物系统,沟通就不可能发生。但是,沟通不是两个心理系统(即作为个体的两个人)之间的沟通。中国有句古话叫人心隔肚皮。事实上,一个人的意识系统是不可能进入到沟通过程中的。卢曼的去人格化的沟通概念恰恰为我们理解人工智能参与社会沟通运作提供了理论基础,简单地说就是算法作为黑箱和人的意识其实是具有功能的等价性的。只要这两个黑箱之间的互动能够通过图灵测试,我们可以说他们之间发生的这种互动也是社会沟通,即人工沟通。前面提到的意大利社会学家埃斯波西托就认为人工沟通为产生社会智能奠定了基础。

今天我们整个社会广泛应用人工智能,包括司法领域。中国目前在司法人工智能应用方面远远走在世界前列。对于人工智能体,我们到底要不要给予其一个法律主体的地位?我觉得首先我们首先要破除一个观念上的迷思。之前,我们的观念预设是人工智能的法律地位是取决于它是否像人一样智能运作。但是,现实情况并非如此。人工智能的产生及其运作的架构完全与人的智能结构不一样。因此,与人的智能是否相似不重要,重要的是人工智能能不能更有效地参与沟通。比如,人工智能参与法律沟通,是不是能完善法律体系,更好地服务整个社会。

当代人工智能的发展,确实对现代法律人格理论产生了挑战。当人工智能体在法律沟通中,不再是作为人的代理工具,而是直接作为引发法律沟通的行动者时,法律理论就必须认真对待这种挑战。对此,仅仅否定人工智能体的法律人格,这种做法根本无法应对人工智能加速社会沟通所带来的复杂性问题和挑战。因此,法律理论不仅需要发展出可以涵括人工智能体的法律人格理论,而且,还需要发展出新的法律责任概念。

对此,托依布纳最近在一篇题为《人—算法混合体作为准组织?——数字集体行动者的责任归属问题》文章中,尝试构建一种人工智能体的法律责任形式,提出了"分布式的集体责任归属"概念。根据他的观点,人工智能体的法律责任不是一种自然人的个人责任,也不是一种公司法人的集体责任,而是一种网络式的集体责任。这个责任涉及设计者、使用者、拥有者和运营者,也就是与算法相关的所有利益方构成了一个责任网络。那么,这个新的责任概念怎么能够嵌入到当代法律制度和法律实践中呢?其实需要进一步思考的地方还有很多。比如说责任在财务上的分担问题应该如何处理。当出现赔偿的时候,如何在不同的利益相关方之间进行分担?另外,上述利益相关方的责任是否可以转移?如何建立相应的保险制度来规避风险?

人工智能体的法律人格和法律责任所引发的法律挑战,不仅仅是其引发了一系列法律挑战,还有大量的新型法律问题,如前述"技术导致失业"所引发的分配正义问题,当未来机器人接管了一切工作时,人类中间将产生一个巨大的"无用阶层",以及一个人口极小却拥有90%以上人类财富的科技权贵阶层。同时,这些科技权贵阶层凭借算法、数据和平台,拥有史无前例的社会权力——数字权力,正如英国自由主义大师阿克顿勋爵曾言:"权力使人腐败,绝对的权力绝对使人腐败。"法律如何可能驯服数字权力,正如它曾通过宪政驯服国家权力。前述这些问题都是迫切的、新颖的法律挑战,并且关乎我们社会未来的自由、民主和正义。

如果我们不希望让人工智能的"黑暗面"笼罩着我们的数字生活世界,让我们以及我们后代生活在一个"数字铁笼"里,那么,我们追切需要发展人类的数字法律理论,以应对人工智能的法律挑战。

在这个意义上,华东政法大学数字法治研究院近年来在马长山院长带领下一直致力于数字法学研究,目前我们的研究有三个基本方向:一是数据治理,二是算法治理,三是平台治理,据此,探寻数字法治逻辑,展望数字正义图景。在此欢迎社会各界同仁不吝赐教,共同推进中国数字法治建设和数字法学发展。

四、人工智能与医疗

朱立峰
瑞金医院—上海医学数字创新中心副主任

(一) 人工智能在医疗领域的运用日益广泛

刚才聆听各位老师精彩发言,讲到了人工智能的各种应用。刚才张文龙教授提到了人工智能在医疗上应用。在公众感知上,似乎人工智能在医疗上应用不太紧密,但实际上,人工智能已经广泛应用于医疗领域。我们瑞金医院近年来一直在探索人工智能的应用,今天我和大家分享这方面的进展。

大家知道,瑞金医院目前是上海交通大学医学院的附属医院,采取的是单体多区院一体化运营模式。大家比较熟悉的是我们黄浦区的本部医院,但是我们在上海嘉定有北部院区,在金山亭林我们还在建设金山院区。我们自己在 2021 年开设了肿瘤治疗中心,我们中心引以为傲的是配备了国产首台质子治疗装置。

根据复旦大学医院管理研究所制定的中国医院排行榜,瑞金医院排名全国第四,上海第一。我们每天大概门诊的就诊病人在 2.5 万人左右,每年住院治疗的有 20 万人。

大家知道,医学界有个专业术语,叫循证医学,就是以证据为导向的,以实验、临床证据为导向的方法来开展临床诊疗活动。现在医学不断进步,推出转化医学、精准医学,特别是提出引入基因组学,能够为患者提供更加个性化的治疗,尤其是肿瘤治疗等,比如现在很多的靶向药就体现了精准医疗的理念。

同时,我们也看到互联网技术,包括大数据、人工智能等数字技术产生了数字医学,是现代医学发展非常重要的一个领域和方向。今天,人工智能在医院中已经得到了广泛的应用,不仅给患者提供服务,提升医院管理,也有效地帮助医生诊断。比如说,现在到医院去,病人可能不知道应该看什么科,那么,我们医院有类似 ChatGPT 的聊天机器人帮助病人,引导他们说明症状病史,然后会建议病人去看什么科。医院管理方面,人工智能能够观察求医者人流分布等,帮助医院分流看病人员。人工智能最重要的作用是在医学临床诊疗方向,尤其是以医学影像诊疗领域发展最快。从某种意义上讲,最核心的人工智能应用就是从医学影像诊疗方向一点点切入到整个医疗领域。

(二)人工智能提升诊断:从放射影像起步

人工智能最开始的应用起步于放射影像,就是我们通常叫的放射科。传统的放射影像都是胶片,病理影像都是静态影像。但是现在发展成多模态的动态影像,包括内镜、超声等。过去几十年,我们积累了大量的病理影像,却依然不太了解病理,尤其是对肿瘤的诊断病理。大家可能知道,医学界把确定癌症肿瘤的标准称为金标准,把病理科的医生称为医生中的医生。因为正是病理科医生在为其他临床医生提供最重要的临床证据。只有他们写的评论病理报告才能帮助临床医生知道是癌还是一个普通的良性肿瘤。

现在,人工智能开始帮助病理科医生诊断。目前,国内开始在做的事情是在大量病理基础上用人工智能提升诊断水平。比如我们做的内镜像和超声原来只是一个模拟信号,后续通过数字化形成了数字成像和数字信号。其实,直到2020年前,几乎很少有医院做数字化病理影像。我们知道病理基本上有两种,一种我们叫组织病理,就是从人体身上切下来一块组织,把它切成一个薄片,放在显微镜下观察,这个时候完全不是一个数字化的方式。2020年以后,越来越多的医院逐步进行数字化病理扫描,病理就从显微镜镜头下的物理切片变成了数字化影像。

在这之后,由于人工智能的发展,无论是放射影像的辅助诊断和治疗,还是内镜诊断和治疗等,都经历了快速发展。像肺结节、肺炎、冠状动脉等疾病都可以通过影像辅助诊断平台得到诊断和治疗。有些疾病的AI使用率非常高,甚至达到100%,当然也有一些,比如骨折CT的人工智能应用就相对低一点,头颈血管的人工智能应用可能只有40%。为什么会出现这么大差异?有的是因为特殊情况。比如检查肺结节和肺炎的量非常大。在2022年新冠疫情期间,我们医院一天要完成的胸部CT造肺两千例,不仅量大,而且要求快速诊断,一个小时之内出报告。如此大的量,传统人工处理肯定无法完成,所以我们当时大胆使用人工智能辅助诊断。AI 辅助诊断的能力超过我们预期。以前,放射科内部医生拍完片以后,临床医生再去放射科读片诊断,现在则变成放射科走向临床科室,胸外科主要是看肺。他在体检的时候就利用所谓 DR,即数字化 X 光机,完成十多种疾病的辅助筛查诊断,然后在门诊作胸部 CT,通过随访对比等,能精准判断肺结节、肺炎或者肋骨骨折等。

AI 从放射科已经扩展运用到其他领域,呼吸科的气管镜治疗、肺部外科手术的规划和介入、穿刺手术、消化镜等都在有效利用人工智能。比如,在肺部外科手术规划中,AI 实现了快速三维建模。AI 只要几秒钟就可以完成三维建模,勾勒出每条血管,帮助医生在手术之前精准地看到他到时候要去做肺部的切除手术,他应该怎么切?哪些是坏死的肿瘤的部位,它切了以后涉及哪些血管,它甚至可以在上面放一个虚拟血管夹来判定血管夹断了以后,血流是否就不再流向某一些区域等。

AI 大幅度提高了病理工作效率。瑞金拥有八台数字化病理扫描仪,高通量达到 1 000 片,就是一次放 1 000 片进去,它自动可以去扫。这样,我们实现了晚上自动扫描。医生们下班前把所有今天要做的切片全部放上去,晚上它自动扫描,扫描完以后推送给相应的 AI 任务,第二天上班,医生就获得了初步诊断。

AI 还能辅助消化内镜做出更加精确的诊断,它帮助医生发现结节,也就是俗称的息肉或者溃疡。大家知道,做一个胃镜,从胃上部到胃下部,一共有 26 个位置,按规定要全部探查。传统手工做法经常会遗漏。但是 AI 帮助医生来看是否已经扫到了所有的部位。这样,原来消化道的小标本,也就是常规性标本的病理诊断,从五个工作日缩短到了两个工作日。一些 AI 的算法已经达到非常好的性能,基本可以替代人工医生来完成辅助诊断。

现在超声也用上了人工智能。它的使用结合了 5G 技术。总医院的超声专家可以为南翔分院的患者完成超声测试。具体来说,在远端的南翔医院可以利用一个机械臂来帮他完成。机械臂的操控就是用一个探头,置于一块平板上进行的。超声影像通过 5G 实时上传,在快速扫描中标注出它的一个结节或者病灶的相应位置,由此进行测量,帮助医生来完成诊断。

(三) 人工智能应用到医疗领域引发的反思

人工智能投入临床医疗,极大地帮助了医生的诊断,但是也带来风险和问题。毕竟,医疗是攸关人命的大事,现在整个医疗界,不仅是医生,甚至于我们医学院的学生培养都在思考它产生的影响。我也有一些思考和大家一起讨论。首先,医生广泛应用人工智能后,医生的自主性是不是会弱化,是不是会进入思维惰性。理论上,AI 提供的是辅助而不是做出最终的决策,最终出报告的是医生,很显然,诊断的责任是医生。但是由于引用了人工智能,可能在很大程度上决定了诊断。果真如此,长此以往,医生是否更倾向于接受 AI 给出的结果,而自己则少动脑筋了?同时也会受制于信息茧房,久而久之,当我们更多依赖 AI 以后,当 AI 本身具有一定局限性的时候,比如它的数据没有及时更新,或者没有发现某一些领域指南等发生了变化,那么是不是会给我们的诊疗带来隐患?

其次,目前,包括像 transformer 框架的人工智能存在一个不可解释性的问题,即人工智能很难和循证医学的循证结合起来。AI 进来以后,尤其是目前这个阶段,那么到底是信人工智能出的结果还是信医生作出的诊断?很多患者在看病时喜欢对比几家,如果不一样的话,那么到底信任谁,会不会导致医患不信任关系加剧?

第三,人工智能会导致医疗产业中结构性失业的风险。某种程度上讲,我也有点悲观,感觉只能做一些常见病诊疗的、包括像影像诊疗的医护人员会面临较高的失业风险。

最后就是隐私的问题。要做医疗领域大模型训练,往往涉及大规模数据。这里面包括边界问题,涉及国家安全问题。比如,我们跨境的数据如何交流或者沟通。

五、人工智能与养老产业

刘晴暄

上海师范大学都市社会工作研究中心主任

刚才听了前面几位老师的精彩发言,我受益匪浅,人工智能这两年很热,在各个行业都在应用,我今天主要讲述一下人工智能在养老行业的发展现状。我觉得养老行业和其他行业有些不同。我们谈论汽车无人驾驶,更多的是谈论技术,针对的是车辆,但是,养老服务有个特别大的问题,它除了技术之外,还要提供情绪和情感照料,所以养老产业对人工智能的要求比较特别。目前在养老行业中,人工智能运用出现了一些矛盾状态,一方面,大家喊得很热,但是在实际服务中,人工智能的利用率却不高,在现实中遇到了不少问题。我今天把大概的情况给大家梳理一下。

(一) 发展上海养老产业的必要性

目前,上海的老龄化在不断地加剧。首先我们来看上海市老龄化率。根据2023年数据,我们看到上海市60岁以上的人口占总人口37.4%,总量达到了560万人,意味着现在的上海,三个人中有一个是老人。再来细分老龄化趋势,观察65岁以上人口和80岁以上人口时,我们发现65岁以上人口占到总人口的28%。但是80岁及以上人口占5.4%。因此,上海虽然是全国老龄化率最快的城市之一,但是80岁以上老人的占比其实是不高的,只是占到总人口的5%左右。大多数老年人年龄在65岁到80岁之间,占到总人口的三分之一。我们知道80岁以后是需要大量照料和护理的。在75岁之前,健康老人其实是不太需要照料的,这解释了为什么上海老龄化很严重,但是目前释放出来的刚性养老需求并不强。不过,我们可以预期未来十年,也就是现在65到80岁人口进入到80岁以上需要照料的时候,养老服务会面临非常严峻的挑战。面对服务需求井喷,我们如何应对?

我们再来分析上海不同地区的老龄化。刚才讲的37%是平均,但是有些区人口老龄化比率更加严重。上海市人口老龄化程度最高的三个区是虹口、黄浦和普陀。在虹口区,60岁以上老人已经占到了44.9%,有的街道基本上就接近50%,意味着两个人中间就有一个老人了。而80岁以上老龄人口比例最高的区是徐汇区,崇明区和长宁区,我们再来看纯老家庭数量,纯老家庭的总量在178.3万。其中80岁及以上“纯老家庭”老年人数为33.10万人,独居老年人数为33.41万人,其中孤老人数为2.58万人。这些老人是比较需要照料和服务的。浦东新区纯老家庭数量最多。女性纯老家庭占的比例比较高,经济条件较差的纯老家庭在逐渐增加。大量的养老护理,特别是居家养老的护理,是家庭内的照料。但是,这几类家庭能够提供的服务能力却相对较弱,会影响整个养老服务的质量。从上述数据可知,上海正面临日益庞大的养老服务需求。

(二) 养老服务解析

我们可以把养老服务分为三大类服务,一类是居家服务,一类是社区服务,还有一类是机构服务。机构服务一般是指有专业护理团队的养老院舍。和我们生活比较近的是居家服务和社区服务,我们主要谈谈人工智能在居家和社区服务中的运用。上海市居家养老服务分两类,一类是长护险上门服务。长护险是社会保险性质的,居家上门服务是福利型的。它分为普惠型和特定型。政府根据老人身体和各方面情况评估,分不同等级,比如三级、四级、五级等,来决定是否提供服务的。如果一个老人达到一定等级,过了服务门槛,就可以获得上门服务。去年,上海上门服务是356万左右人次。另一类特定型居家上门服务不是面对全体居民的,它面对的是人群中低保、低困、高龄独居身体等有特殊状况的老人。去年一共提供服务的数量是65.36万人次。

这两年大家特别关心的是社区养老服务。上海一直在做15分钟生活圈,把养老服务嵌入到现有的社区空间里。我们知道上海老城区,比如黄浦、静安和徐汇等老城区里,真是寸土寸金,一床难求。在老城区,如何开展养老服务,拓展养老空间呢?上海市民政局提出做嵌入式养老服务,就是在现有空间里嵌入服务,在社区找到适应的空间开展服务。

嵌入式养老服务主要依托两种机构,一种叫作社区综合为老服务中心。基本上在上海的每个街道都配备了这种中心。它的面积一般是八百平方米以上,为整个社区提供综合的养老服务。另外一种就是日间照料中心,提供日间照料服务。现在上海市大概有910家。

此外,有些街道已经做了加X服务,尤其是建立社区老年食堂,提供助餐服务。总体上,上海市养老服务,特别是社区养老服务的数量在逐年增加,而且未来会有井喷式地增加。

(三)人工智能在养老服务中的应用及挑战

上述养老服务多大程度上开始利用智能养老呢?智能养老服务包括了从数字化到信息化,再从信息化进步到智慧化。结合科技,通过物联网、大数据、人工智能来提升养老服务的手段,使得护理向多元个性化服务转变,能够精准识别老人个性化需求,面对多样化需求提供个性化服务。

前面几位老师介绍了人工智能的应用。养老服务可能和其他服务有点不同。比如说,国外也有养老机构尝试使用机器人来照顾老人,但是老人的感受及反应却很差。因为目前的机器人提供的情感价值,还无法让老人满意。

养老服务最大问题是什么呢?是成本问题。这对于世界各国都是难题。每个人老了之后都有可能需要照料。那谁来照料呢?现在遇到的问题是人口快速老龄化和少子化。2022 年中国人口婴儿出生率已经跌破 1 000 万,这意味着已经开始出现人口减少,在现有情况下,养老服务人员成本也将不断提升。人工智能将是解决人口瓶颈的重要方式。但是,目前提供的人工智能以及智能养老服务和老人需求匹配度存在较大差距。我按照应用场景一一分析。

首先是智慧助餐场景,也就是人工智能应用于老人餐饮管理。现在上海很多社区已经有了智慧助餐,比如人脸识别。老人到了食堂,人工智能能够辨别老人是谁,同时也对接其他相关信息数据,比如老人是否患有糖尿病、高血压,并且因此提供特殊饮食管理。

其次是健康相关智能场景。比如,辅助认知障碍老人训练场景使用人工智能服务。认知症中的阿尔茨海默病的治疗目前还是世界难题。但如果在早期阶段进行干预,是有一定效果的。因此,许多公司为认知障碍长者特别设计研发出干预交互系统。通过视觉动作、听觉记忆、思维训练等多感协同认知刺激,完成认知能力的互动训练。旨在用适合长者使用的科技互动方式,引导其“自主”参与活动和娱乐中,以产生认知退化干预的作用,使干预过程数字化人工智能早期干预的软件,训练患者,成效不错。

出行服务中,对于行动不便的老人来说叫车不太容易。现在开发了一键通 APP,老人一键按下去就会智能接线,满足老人叫车出行的需求。另外还有提供老年人智能上下楼的辅助方案。上海市很多老旧小区没有安装电梯,老年人出行上下楼梯是个很大问题,在有些老旧小区,老人去医院都没办法出门,智能爬楼机可以帮助老人解决上下爬楼的困难。

还有老年人用水用电的智能监测系统。通过精准监测独居老人的用电用水行为,实现了及时预警和快速响应,提升独居老人的生活质量和安全保障。

上海越来越多社区设置智能药箱。许多老年人经常忘记了吃药时间,智慧药箱可以提醒老人今天服药,而且可以每天分别把不同药量放在不同盒子里。

老年人家庭养老床位场景,通过适老化改造及智能设备配置、数字化看护平台、专业护工入户服务及线上 24 小时紧急呼叫服务,打造全方位、闭环式的养老服务解决方案。解决老年人居住环境不适应和照护资源不足的问题,同时夜间有呼叫中心人工客服实时应急处理告警信息和需求,做到 365 天不间断。同时,通过看护平台分析智能设备收集检测到的数据,输出健康报告,为长者提供个性化、专业精准的服务,减少家庭照护压力。

出入控制场景。我们知道认知症老人容易走失。记忆力急剧下降,外出之后经常迷路。有些场馆和家庭大门使用智能出入监控,由人工智能的智能设备识别控制大门的开关,预防患病老人走失。

以上是人工智能的部分应用场景。虽然人工智能运用场景越来越多,但是应用情况却不容乐观,出现了很多问题。比如说人工智能对方言识别能力较弱,老人讲的方言它识别不了。某些人工智能产品,比如,AI 机器人来照料老人在使用时还存在一些技术缺陷,老年人用起来还不太方便,推广上也不尽如人意。产品不符合老年人需求,尤其是提供情绪价值、心理支持、情感支持的产品较少。另一方面,在养老服务中,智能设备存在一些伦理及安全问题。比如隐私保护,数据安全等,这需要全社会各部门来一起思考应对办法。

现在人工智能应用正在突飞猛进地发展,虽然实现养老服务全面智能化还有一段路要走,但是我们必须认识到这是大势所趋。随着技术的进步,设备的改进,一定能够用于提升养老照料的技术,提供高质量的养老服务。同时这也需要政府、企业、社会组织、科研机构等多方协同发力,持续投入研发,精准对接需求,整合产业链条,完善政策体系,以创新驱动服务高质量发展,全面提升老年群体晚年生活的幸福感与获得感。

六、人工智能与教育

顾　备

上海浦东新区科幻协会会长

谢谢前面各位专家的精彩发言,我长期从事科幻小说的翻译和写作,现在从事青少年人工智能教育,包括用科幻思维打开创新之门、创意写作系列课程 AI 辅助设计和元宇宙设计等。接下来我讲一下人工智能在教育领域的应用。近年来人工智能技术发展非常快,已经成为推动新质生产力和社会进步的重要力量,也在深刻改变着我们的生活方式。

(一) 人工智能辅助学习

人工智能在多个层面有效帮助青少年学生学习。首先,人工智能作为一个辅助工具,可以根据孩子自身的学习习惯、能力水平、个人偏好和特长,帮助孩子制定个性化的学习计划。然后再根据这个学习计划提供相应学习资源。比如说在线课程教育视频以及阅读材料等。与此同时,它可以实时提供快速反馈,帮助学生及时了解自己的学习进度,然后再根据学生的答题情况和写作业的情况,提供课外辅导。换言之,人工智能不仅帮助学生答题,还可以发现学生的知识盲点,进一步补充学生相关知识。学生在理解所有相关知识基础上,进一步学习更深的知识。

AI 不仅可以增加知识,也能够激发学生的学习兴趣。它可以设计各类学科的教育游戏,把学习内容与游戏融为一体,学习从而变得生动活泼,学生因此获得书本上不容易获得的知识和感受,真正做到寓教于乐,大幅度提高学生的学习兴趣和参与度。比如,现在国外越来越多应用AI虚拟实验。大家知道中学阶段，有些化学实验非常危险，操作不慎就会冒烟起火甚至爆炸，生物课上的生物实验对实操要求过高，而病毒细菌一类的微观生物实验肉眼又看不到，凡此种种实验在传统的教学体系都无法让中学生获得真正的实践知识。但是，AI虚拟实验的出现可以在安全可靠情况下相当程度提高学生的动手能力和增加科学实验的直观感受，加深对科学概念的理解。

在美学领域，AI能够发挥更大作用。现在AI画画包含了多种艺术风格。学生可以先描述一段场景，然后切换风格，通过仔细观察同一个场景下不同的艺术表达，来直观了解不同的艺术风格和艺术流派。

AI的出现可能会改变老师的作用。老师不再仅仅传播知识，而接近帮助老师实现孔子当年提倡的因材施教的教学目标。首先，AI会提供学生的学习数据，帮助老师了解学生的强项和弱点，让老师更好地指导学生学习。此外，学生未来的学习不再仅仅是记忆知识了，老师的工作从简单的知识传递变成提高学生自主学习能力。老师需要引导学生找到自我，在情感和认知领域给学生提供价值，让孩子明白自己的优势和弱点、学习的机会和风险。这种自主学习能力是伴随着我们每个人一生的，我们随时都要能够根据自己的实际情况来决定要做什么和不做什么。所以如果他能够在中小学期间就发展自主学习技能，那对人生发展是非常有帮助的。我们刚刚说到提供学生情绪价值，指的是老师要不断鼓励学生探索。如果学生坚持完美地做好一件事情，那老师应该鼓励学生继续努力、自主探索。老师要发现学生的不同特点，利用AI帮助他们制定适合自己的学习计划。比如有的学生记忆力好，背的内容比较多，有些学生则主要靠推理能力，还有一些人想象力很丰富，针对不同的学生，老师要因材施教，不能千篇一律用同一种方法教育。

（二）人工智能改变教育理念和方法

在人工智能逐渐主导教育的时代，光有知识已经远远不够了，我们的手机已经成为图书馆，总能找到一些答案。最近横空出世的DeepSeek可以非常迅速地提供我们需要的知识点。所以，激发学生的兴趣、促进学生提出高质量的问题比解出问题更重要。学生要能够问出有效、有价值的问题，远远超过通过死记硬背给出的答案。AI教育能够增加青少年学生的三种能力。首先是培养想象力。如刚才我提到的,AI 提供的寓教于乐方法有助于孩子对世界保持好奇心,探索构成世界的本因,促使他提出有趣的问题,然后去寻找答案。有了强大的探索欲,就会自己产生想象力,突破传统的理论框架,提出创新和富有创意的解决方案。

其次是增强共情能力。共情能力源于沟通。一个人善于表达自己想法,然后不断引导对方说出他想要的才能构成有效完整的沟通。未来人工智能与人之间也会有沟通,就是像甲方乙方的关系。AI 是甲方,学生是乙方,学生要不断地问 AI,才能出现解决方案。也就是说,未来学习场景中,人工智能一开始给的答案可能并不是学生要的,学生需要高效地沟通,才能训练出属于学生自己的人工智能工具。

最后是洞察力。洞察力的意思是说我们不光要了解周围发生的事情,还要敏锐觉察到未来会有什么样的变化?比如科技会有什么样的突破等都需要我们对于未来的洞察。

最终,具备上述能力后我们会形成终身学习能力。这个世界变化太快了,我们不能像过去那样,大学毕业就不用学了。世界一直在快速变化,未来的技术推陈出新,一旦停止了学习,我们就会落伍。除了书本知识以外,我们还需要掌握沟通和表达能力。现在很多家长忙着给孩子报各种竞赛班。其实,在人工智能出现后,许多知识竞赛意义不大了,最重要的是掌握语言,尤其是母语,懂得阅读理解,理解别人,能够表达清楚自己的想法。未来社会肯定是一个协同沟通的社会。举例而言,现在各个专业发展很快,专业性越来越强,专业知识形成了技术壁垒。与此同时,该专业的人在技术壁垒中也变成了井底之蛙,对于井外的其他专业知识一窍不通。因此,在未来,我们在协同合作的时候,需要跨界思维和沟通能力。

面对未来的需要,上海浦东新区科幻协会其实已经开始在青少年中间去展开 AI 教育的尝试,通过社区和学校在中小学中开始科普人工智能生成内容(AIGC)让青少年了解 AIGC,并且开始使用 AI 工具。尤其是通过科幻想象力来培养学生面向未来的创造力。应该说,我们实验性的课程效果非常显著。我们从 2024 年 7 月开始,一直到 9 月,在浦东新区惠南镇的社区和学校开展人工智能教育。在班级上,我们观察到孩子们非常积极。我一开始认为孩子们不懂人工智能,许多孩子可能也没有太大兴趣,但是我提问后,他们都答上来了,然后争先恐后让家长下载相关 APP,用人工智能画各类动物。他们只要描述小猫小狗等动物形态,选择其中一个风格,就可以输出图画了。我们发现孩子在主动学习 AI 的过程中,学习速度和效率比成人还要高。许多家长不会快速切换风格,但是孩子很快就掌握了切换技巧,能画出很好的画来。我们的项目证明了人工智能可以有效激发青少年的学习能力,相信未来会有更多的 AI 工具和项目帮助学生提高能力。

前沿聚焦：长三角一体化

长三角打造一流战略科技人才队伍：内涵、机制与路径

王　玥*

［摘　要］战略科技人才队伍是我国加快建设科技强国，实现高水平科技自立自强的核心支撑，在经济社会发展中发挥着重要引领性作用。本文系统分析了战略科技人才的内涵特征及其相应的体制机制建设，综合梳理战略科技人才高地建设的理论成效，同时结合长三角区域在战略科技人才队伍建设中的成效与不足，试图提出长三角构建一流战略科技人才队伍路径建议，也为我国加快建设世界重要人才中心和创新高地，促进人才区域合理布局和协调发展，提供行之有效的理论借鉴与现实启示。

［关键词］长三角　战略科技人才　机制分析　政策建议

党的二十大报告明确提出："加快建设国家战略人才力量，努力培养造就更多大师、战略科学家、一流科技领军人才和创新团队、青年科技人才、卓越工程师、大国工匠、高技能人才。"人才是创新的第一资源，综合国力竞争其本质是人才的竞争。目前，世界正在经历百年未有之大变局，新一轮科技和产业革命正在向纵深演化。因此，由人才引领创

* 王玥，博士，上海市现代管理研究中心世界经济研究所副所长，副研究员。

新、创新驱动发展,成为当前乃至更长时期我国参与全球创新竞争、建设全球科技强国的重要战略转向。

长三角地区是我国经济发展最活跃、开放程度最高、创新能力最强的区域之一,在社会主义现代化建设全局中具有举足轻重的地位。因此,着力打造长三角一流战略科技人才高地,不仅有利于推动区域科技创新,引领产业发展,加快实现高质量一体化格局,也为增强我国综合实力,全面建设社会主义现代化国家提供样本和动力。

基于此,本文共分为四个部分。第一部分,对战略科技人才队伍的内涵进行探析,明晰战略科技人才的内涵特征和外延特色;第二部分,对构建战略科技人才队伍的体制机制进行分析,期冀为长三角区域内人才队伍建设的实证研究提供理论借鉴;第三部分,对长三角区域战略科技人才建设现状进行排摸,探究已有建设基础和优势;第四部分,结合高质量一体化发展的理念与要求,客观系统地分析长三角在打造与建设战略科技人才队伍上存在的问题,深入分析人才发展基础及人才引育上存在的短板与不足;最后,结合党的二十大报告对国家战略人才的形势需求和培育方向,从四类国家战略人才培养方向,针对性地提出相应的对策建议,为强国建设、民族复兴夯实人才根基提供长三角示范样板。

一、战略科技人才队伍的内涵

在一定程度上,“战略科技人才”与高层次科技人才、拔尖创新人才和科技领军人才等称谓有交叉重叠内涵。因此,深刻认识和理解战略科技人才的内涵特征,明晰其评判标准,对于建立健全战略科技人才发现和培养机制有着重要意义。

(一)战略科技人才的基础内涵特征

郭铁成(2023)通过分析世界级与国家级科技人才名录,包括400多位诺贝尔奖获得者,我国国家科技奖获得者,中组部《百名专家谈人才》明确列举的科学家,以及科技部《科学家精神丛书》明确的190位科学家,认为战略科技人才具有三个典型特征。第一,能够提出重大科学问题。战略科技人才并不是在具体某个科学领域或是领先技术制高点上站位，其不专注于在既有轨道上解决问题，而是致力于改变学术传统和技术轨道，提出全新的科学问题以及技术问题，并为之努力攻克科学技术瓶颈，进而开辟新的学科增长点，甚至创建出新的学科或新的技术体系。第二，具有带领团队解决国民经济和社会发展重大科技难题的能力。战略科技人才依靠其自身卓越的核心素养和个人魅力，聚拢着一批精兵强将的科技人才，组织成具有高效协作能力和良好专业素养的创新型团队（高丹，2014）。战略科技人才有能力指引团队发展方向，且善于处理协调团队内外关系，敏锐捕捉所从事科技领域的最新动态，推动团队发挥集体创造性，为所处行业及经济社会发展做出显著贡献。第三，能够提出科学和技术未来发展方向、发展思路和发展重点，且最终被实践证明是正确的。与第一点“提出科学问题不同”，第三点要求战略科技人才具有前瞻布局科技创新体系的能力，引领创新团队赢得战略先机、形成战略优势。

党的二十大报告明确提出：“加快建设国家战略人才力量，努力培养造就更多大师、战略科学家、一流科技领军人才和创新团队、青年科技人才、卓越工程师、大国工匠、高技能人才。”由此，如果仅仅结合战略科技人才具有的典型特征来看，战略科技人才在很大程度上与国家战略人才力量中的“战略科学家”高度重合。此外，汪怿（2020）也将战略科技人才分为战略科学家、科学技术的战略家、以科技引领未来的战略家三种类型，可以看出，这一分类体系仍然是强调战略科技人才的战略性。然而，如果只侧重于战略科技人才队伍中的“战略科学家”，不论是从理论内涵特征，还是从实践人才队伍培育来看，都与距离实现建设世界重要人才中心和创新高地这一目标存在着一定差距。由此，本文将战略科技人才内涵进行扩充，认为除了位于国家战略人才金字塔塔尖的战略科学家，塔身暨战略科技人才的后备力量，也一并需要考量，具体包括科技领军人才和创新团队，青年科技人才等。只有打造层次丰富，梯队得当的战略科技人才队伍，才是人才持续高质量成长的科学路径，也为实现人才创新高地提供不竭动力之源。

(二) 战略科技人才阶梯队伍延伸内涵

除了战略科学家层级之外,首先是科技领军人才。科技领军人才除了要有深厚的科学素养和高超的创新能力外,还需淬炼担当重大科技任务的领衔能力和组织能力(易高峰,2023)。与战略科学家相比,科技领军人才虽可能不及前者着眼于改变学术传统和现有技术轨道,但其是行业科技前进的主力军,具有带领行业突破科技瓶颈、抢占科技巅峰的能力和胆识。基于此,科技领军人才和一流创新团队往往是密不可分的。一是领军人物不仅通过专业能力引领团队、构建科研目标和发展愿景,还通过自身领导力,合理安排科研任务分工、科研机会和成果分配,推动形成团队认同感、凝聚力。二是构建团队的不同专业经验和知识体系,形成团队的专业和领域互补性,以及多样化技术路线和解决方案,产生互补聚合效应。三是推动科研团队良好的协作能力和自由的知识共享氛围。在科技领军人才的指引下,团队成员协调好自身目标和团队目标,尊重彼此在研究范式和文化上的差异,最大化提升创新能力(张胜等,2021)。

其次,青年科技人才是科技创新力量的主要生力军。黄园淅等(2022)通过分析青年科技人才所经历的三个生命周期叠加阶段,揭示出青年科技人才所具有的独有特性和面对的困境。第一,自然生命周期初期阶段的特点决定了青年科技人才的创造能力强、思维活跃,但也伴随着一定的思想冲动与浮躁;第二,家庭生命周期初期特点使得青年人才家庭关系日渐复杂,且面临住房、抚养子女、赡养老人等一系列家庭生活问题;第三,社会属性的职业生命周期初期决定了青年科技人才刚刚启动科研工作,学术地位相对弱势,独立主持项目或参与重大课题的机会较少,工作成果不为人所知等问题。这三个生命周期的特性相互影响,相互制约,一方面显示出青年科技人才正处于创新活跃期与产出高峰期,但另一方面也揭示出青年科技人才还处于研究起步和累积阶段,生活和工作双重压力较大的矛盾困境。

由此,本节对战略科技人才队伍的内涵特征进行了补充与延伸,在明晰了战略科技人才队伍不同层级人才的发展要求和培育难点的情况下,需进一步了解战略科技人才队伍的有效构建机制,以期与人才创新高地建设形成同频共振。

二、构建战略科技人才队伍的机制分析

战略科技人才队伍的构建，需在战略目标总体引领下，贯通科技人才成长的主线，具体包括人才培养、引进、使用、流动和评价，制定战略科技人才队伍的主要任务，形成相互联系、相互影响的系统链条。

（一）完善未来人才早期培育体系

从人才成长规律来看，及早发现并有针对性地培养优秀青年人才，将有助于其早日脱颖而出，并在日后获得长足发展。在青少年教育阶段，需着重优化教育结构，培养科学精神和科学家精神（郭铁成，2023）。在教育体系方面，围绕科学问题的发现和解决进行总体设计，开设相应通识教育课程，将科技与人文、理论与实践相结合，注重科学探索的过程和人的潜力开发，突出独立思考能力、逻辑推理能力、观察实验能力和辩论质疑能力的培养。此外，在较高年级阶段，注重因材施教，尝试构建差异化课程体系，为学有余力的学生提供个性化、多样化的学习机会（钱智等，2022）。考虑设置科创贯通课程，鼓励学科内、学科间、年级间交叉融合，强调跨学科知识、实践探究及问题解决能力培养，加强科学、技术、工程、数学（STEM）教育及跨学科课程体系研究，推广“走班制”教学，允许学生多次选择和跨班、跨年级、跨校选课，满足学生多元学习需求。

从创新思想种子孕育高峰期开始持续资助青年人才。将战略科技人才的培养重心下移，完善优秀青年人才全链条培养制度。在国家自然科学基金委员会青年学生基础研究项目实施成效的基础上，开展面向优秀本科生和研究生的青年科技人才资助，尝试设置首次科研项目、加速科研项目和挑战科研项目三种连贯系列资助，尽可能不遗漏具有潜能的人才，又在连续筛选中逐步培育青年科技工作者科研动能与潜能。

（二）优化科技人才引进流动方式

引进优秀的人才，是国家和地区快速发展、充分利用人才资源的有

效途径。李军凯和任蓉(2023)分析了我国三大城市群高端科技人才引育留用的实践举措。其中,京津冀区域以“首都优势”为特色构建人才一体化格局。在体制机制方面,北京在全国省级层面率先组建人才工作局,成立北京人才发展战略研究院,按照“一城一策”的原则为“三城一区”量身定制人才引进办法,为顶尖科学家创新团队开通人才引进通道。长三角以“产业链”为导向,不断推动创新链、产业链、资金链和人才链深度融合。通过以产引才,结合自身产业发展重点设置针对性的引才政策,精准满足本地区产业链人才需求。同时,持续举办世界顶尖科学家论坛、世界人工智能大会等高端论坛,吸引凝聚高端科技人才。积极实践外国高端人才互认制度,例如,印发《长三角生态绿色一体化发展示范区外国高端人才工作许可互认实施方案》,在人才流动一体化格局上探索制度创新。粤港澳大湾区探索的则是贯通引才、服务留才、统筹育才三位一体的人才机制。具体包括加大产业领军人才优惠政策力度,实行产业领军人才补贴。推广引进海外人才,实现重点引进海外人才与支持本地优秀人才海外培训双循环,着力形成以“市场需求”为驱动的粤港澳大湾区三位一体格局。可以看到,三大城市群结合自身优势与特色,积极打造符合自身区域发展方向的科技人才政策。

在取得引育留用科技人才队伍成效的同时,也要注意处理好人才引进与本土人才的配合问题。首先,做好科技引进人才规划,分析人才多方面的现实需求,制定切实可行的引进人才政策;其次,做好对引进人才的合理安排,使引进人才与本土人才有效结合,互为补充,实现倍增效果;最后,从政策和举措方面双管齐下,做好相关服务与配套,增强向心力,使引进人才发挥积极作用,也带动本土人才群体建设。

除了重视战略科技人才的引育环节之外,高层次科技人才的流动也对科技创新发展有着不可估量的影响。有序的科技人才流动,有利于人才结构的优化配置,而无序的科技人才流动则有可能引发科技竞争力的此消彼长、造成重复浪费。同时,由科技人才流动引起的区域科技型人才规模差异,对于中国科技型人才整体效能发挥具有正向和负向两个方面的影响(赵晨,2020)。一方面,科技型人才的聚集可提高区域科技、经济、社会发展的效率,更好地发挥人力资源聚集的优势,形成区域发展的特色。另一方面,区域间科技型人才的分布差异也会影响区域的公平发展，造成科技型人才的“马太效应”凸显，影响科技型人才整体功能的发挥。

现有科技人才流动是否造成科技人才的不均衡分布，已有研究结果对其莫衷一是。Zhou et al. (2018)认为中国科技型人才的“孔雀东南飞”现象不断加剧，中、西部的人才流失困境愈发严重，科技人才流动不再有序。高阵雨等(2019)以2017年以前获得国家杰出青年科学基金的3 796名获资助者为研究对象，通过对其更换单位者的多角度分析，发现杰青基金获资助者在更换单位中整体呈现出健康、理性的态度，但经济更发达、支持条件更完备的东南地区仍然是目前人才流入的主要区域。同时，到高等院校工作的人数远多于到科研机构工作的人数，可能的原因是高等院校在条件支撑、科研平台、人员配备等方面能提供更大力度支持，同时在薪酬、福利待遇等方面也更具吸引力。

(三) 建立科学合理的战略科技人才评价体系

为了推动科技人才跨组织有序流动，黄璐和刘明熹(2024)指出以人才评价和激励机制的改革创新引导人才合理流动，同时强化科技人才产学研跨组织流动的数据监测共享，为人才战略规划提供数据支撑。具体包括建立产业和学术贡献的互认机制，改革高校、研究机构的职称评定体系和入职门槛，考虑将参与领军企业重大技术研发项目、重大战略咨询任务和产业技术创新贡献纳入评定标准，引导科技人才跨产学研双向流动与共创。设计包含股权激励、项目资助、成果奖励等在内的多元化激励保障机制。创建更加灵活的人才流动机制，如人才交易所、人才租赁、短期项目合作、“旋转门”设计等，以促进科技人才的“强流动”和“弱流动”，进一步拓宽人才流动空间和流动平台。充分运用大数据和人工智能技术，建立产学研科技人才流动数据平台，实时监控、精确追踪科技人才的流动情况，动态提供人才供需信息，促进人才与岗位之间的有效匹配，优化人才资源配置。运用大数据分析技术，深入挖掘人才流动的长期趋势和模式，揭示人才流动的内在动因和外部影响因素，并定期评估人才流动政策效果，提升政策的适应性和有效性。

科学的科技人才评价体系也有利于国家科技任务的创新环境，有利于优化人才的良性成长。科学技术部、工业和信息化部等8部门于

2022年印发《关于开展科技人才评价改革试点的工作方案》,希望通过两年的试点期限,探索形成不同创新活动类型的科技人才分类评价指标和评价方式,使得科技人才的发现、培养、使用、激励评价机制更加完善,形成可操作可复制可推广的经验做法。徐芳和李晓轩(2023)对实施人才评价改革试点半年成效进行分析,发现科技人才评价改革存在“三多三少”的问题,即套用试点文件规定动作多,自选动作少;共性多,特色少;宏观制度多,细化落实少。基于这些问题,他们提出增加改革动力,主管部门要赋予试点单位更充分的改革自主权,而试点单位也需要进一步解放思想,敢为人先,达成试点效果。同时,为了形成“破四唯”的改革目标,可以采取定量定性相结合的评价方法,通过在定量分析基础上开展同行评议,限制同行评议过于宽泛的裁量权,同时发挥已有量化方法中合理要素的作用。最后,还要区分不同类型单位的试点责任和特色,结合其科研使命定位,分门别类承担不同层级的科技人才评价改革任务。

三、长三角打造战略科技人才队伍的基础与成效

从人才竞争评价体系来看,人才建设的基础成效主要可以归结为三个方面,即人才的自身实力,人才引用留陪和人才发展支撑。其中,人才自身实力包含人才的创新能力、人才的层次结构和人才潜力价值等;人才引用留陪包含人才数量规模、人才使用效益、人才流动性和稳定性,以及人才培养供给;人才发展支持包含人才发展支撑环境与条件。因此,本节就科技人才层次结构、人力资本投入、人才发展生态、人才载体建设、人才发展成效等方面,总结长三角区域在打造战略科技人才队伍过程中的现实基础与工作成效。

(一) 人才金字塔结构逐渐成形

2023年,长三角地区两院院士新增38人,其中上海新增18名院士,安徽紧随其后,新增11名院士,江苏和浙江各新增6名和3名。长三角新增院士占当次两院院士增选总人数的28.57%。2015年至2019年,长三角区域获得国家杰出青年基金项目由62项增长至92项,增幅

为33%;其中,上海市获得项目由24项增至41项,江苏省获得项目由18项增至25项,安徽省获得项目由8项增至14项,浙江省获得项目数持平,即12项。同时,长三角区域获得优秀青年基金项目由125项增至193项,增幅为35%;其中,上海市获得项目由47项增至79项,江苏省获得项目由37项增至64项,浙江省获得项目由23项增至28项,安徽省获得项目由18项增至22项。

美国斯坦福大学发布的2022年全球前2%顶尖科学家榜单(World's Top 2% Scientists 2022),国内共有7 795位学者入围全球前2%顶尖科学家终身成就榜,位居世界第5名。长三角区域内主要包括浙江大学(286人),上海交通大学(247人),复旦大学(136人),中国科学技术大学(125人),南京大学(108人),以及同济大学(81人)、东南大学(80人)、苏州大学(73人)等共计34所高等院校相关学者上榜。

同时,长三角区域逐步形成以人才成长规律为依据、以项目为载体、以团队为支撑的层次分明、各有侧重、较为完整的科技人才培养和评价体系,汇聚了一批科技领军人才、青年科技人才和高水平创新团队。例如,至2022年,上海市东方英才计划领军项目(上海领军人才培养计划)新入选122人,累计1 739人,上海市青年拔尖人才开发计划,累计298人。上海科技青年35人引领计划,新入选35人,累计70人。

(二) 人力资本投入逐年提升

首先,长三角区域的全社会研发(R&D)投入占比逐步提升。从2018年至2021年,上海市从4.16%上升到4.21%,这个比例与纽约、东京、苏黎世等全球重要科创城市的研发强度已不相上下。江苏省从2.7%上升到2.95%,浙江省从2.57%上升到2.94%,以及安徽省从2.16%上升到2.34%。2021年,上海市、江苏省和浙江省全社会研发(R&D)投入占比都高于我国平均数值(2.44%),安徽省也只低于全国平均水平0.1个百分点。其次,长三角区域三省一市全社会研发(R&D)经费金额都进入千亿级别。2021年,江苏省为3 438.6亿元,浙江省2 157.7亿元,上海市1 819.8亿元和安徽省1 006.1亿元。同期,整体区域研发经费投入在全国占比达到29.8%,接近三分之一。最后,从全社会研发人员数量来看,2020年,上海市每万人的研发人员数量达到129人,在三省一市中最高。江苏省近两年的研发人员规模扩充较快,2020年同比增长18.7%,每万人研发人员数量达到108人。同期,浙江省和安徽省每万人的研发人员数量分别达到90人和46人。

(三)人才支持政策动态调整

长三角三省一市依据产业发展形势、科技人才发展体制机制和海外人才引才引智等方面不断动态调整人才支持政策。首先,从强调高学历、高职称、高获奖评价标准逐步转向人才与地方产业适配度。以产业链导向支撑人才发展,叠加相关补贴措施,有望发挥更高效率的撬动效应,同时在政策制度实施成效上具有更强的可持续性和精准性。例如,上海临港新片区聚焦集成电路、人工智能、生物医药和智能新能源汽车四大前沿产业,均具有高知识密集、高技术密集、高创新性的特点。2023年,其公布重点产业领域紧缺人才目录,并与10家国内外知名人力资源相关机构建立合作关系,叠加临港政策资源,推进专业技术型人才集聚。同年,浙江省为吸纳信息技术、高端制造、金融、生物制药、能源化工等产业人才,联合上海和南京的重大科研平台、高等院校和知名企事业单位,分别举办高层次人才洽谈会151场和122场。江苏常州则围绕建设新能源之都,重点吸引新能源人才。对于认定的新能源企业和研发机构,常州赋予其"人才举荐权"。对于新能源企业招引的人才,除了常规人才政策外,另享有独特的保障政策和激励政策。

其次,从推进科技项目实施改革入手,以激发科技人才生态活力。例如,2022年,浙江省印发《关于深入推进浙江省自然科学基金"负面清单+包干制"改革工作的通知》,在浙江省杰出青年科学基金和重大项目中全面推行"负面清单+包干制"改革,推动构建项目实施、资金使用、项目管理"三类包干"。改革以来,纳入改革试点的项目超过八成由40岁以下青年科研人员承担,聚焦重大基础科学问题加快发展底层理论和根部技术,原创成果加速涌现。如浙江大学易聪研究员获省杰出青年科学基金试点项目资助,参与发现了新型聚集体自噬受体CCT2介导固态蛋白聚集体的清除新机制,相关成果在国际顶级期刊《细胞》上发表。

最后,创新外籍人才引留举措,大力引进外国科技人才、优秀青年人才和急需紧缺人才,加快全球顶尖人才及其团队在区域内集聚发展。例如,上海市推出外国人来华工作许可“不见面”审批 5.0 版,优化外国人才工作便利化措施。2022 年共核发《外国人工作许可证》49 772 份,累计核发 37.8 万余份,其中外国高端人才(A 类)7.1 万余份,集聚外国人才和高端人才数量均居全国第一。2022 年底,上海市共有有效《外国人工作许可证》5.9 万余张,其中高端人才占比约 29%。

(四) 人才载体建设逐步完备

长三角区域拥有全国约四分之一的“双一流”高校、国家重点实验室和国家工程研究中心。2021 年,长三角区域拥有专精特新“小巨人”企业 380 家,在全国数量占比达 26.7%。世界知识产权组织(WIPO)、美国康奈尔大学与欧洲工商管理学院公布的《全球创新指数(GII)2022》报告中,排列了全球百强科技(S&T)集群。我国共有 22 个科技集群进入全球百强,在这其中,长三角区域就占了四个,显示出较强的创新载体构筑。其中,上海—苏州排名第六,南京排名第十三,杭州排名第十四和合肥排名第十五。虽然相比长三角其他几个创新集群,合肥的排名还有所差距,但其进步却是最快的,相比 2021 年的排位,进步了 18 位。

长三角区域拥有多层级重大科技创新平台。首先,建有上海张江、安徽合肥两大综合性国家科学中心。其次,长三角科技创新资源共享平台统计显示,当前长三角已建成“大科学装置”23 处,其中上海市 10 处、江苏省 10 处、安徽省 3 处,主要为专用研究设施类和公共实验设施类“大科学装置”(表 1)。另有大型科学仪器近 3.7 万台(套)、国家级科研基地 2 600 余个和服务机构 2 400 余家。

表 1　长三角区域大科学装置

所属省市	序号	名　　称	依托单位
上海市	1	上海光源	中国科学院 上海高等研究所
	2	风洞循环水槽	上海交通大学
	3	神光Ⅱ综合实验平台	中国科学院 上海光学精密机械研究所

续表

所属省市	序号	名　称	依托单位
上海市	4	海洋深水试验池	上海交通大学
	5	天马望远镜	中国科学院上海天文台
	6	国家蛋白质科学研究(上海)设备	中国科学院 上海生命科学研究院
	7	多功能振动台实验室	同济大学
	8	国家汽车整车风洞中心(上海)	同济大学
	9	上海交大多功能船模拖曳水池	上海交通大学
	10	超强超短激光实验装置	中国科学院 上海光学精密机械研究所
江苏省	11	筑坝材料力学性能试验中心	水利部交通运输部 国家能源局南京水利科学研究院
	12	超大型恒定流与非恒定流 减压试验平台	水利部交通运输部 国家能源局南京水利科学研究院
	13	综合弹道靶道及试验场	南京理工大学
	14	土工离心模型试验研究中心	水利部交通运输部 国家能源局南京水利科学研究院
	15	泥沙基本理论研究平台	水利部交通运输部 国家能源局南京水利科学研究院
	16	军工试验靶场	南京理工大学
	17	神威·太湖之光	国家超级计算无锡中心
	18	水工材料微观及耐久性试验平台	水利部交通运输部 国家能源局南京水利科学研究院
	19	通航建筑物综合模拟试验平台	水利部交通运输部 国家能源局南京水利科学研究院
	20	长江中下游河口段模拟试验平台	水利部交通运输部 国家能源局南京水利科学研究院
安徽省	21	EAST 全超导托卡马克核聚变 试验装置	中国科学院合肥物质科学研究院
	22	国家同步辐射实验室	中国科学技术大学
	23	稳态强磁场实验装置	中国科学院合肥物质科学研究院

(五) 人才对创新支撑能力稳步提升

随着人才队伍质量的不断提升,长三角区域创新能力不断提升。2021 年,长三角区域国际科技论文合作数量达到 26 481 篇,较 2011 年增长近 6 倍,41 个地级以上城市全部纳入了区域科研合作网络中。2022 年,长三角获得的发明专利数为 18.2 万件,较 2018 年增长 63%,在全国与比达到 26%;同期,专利转移数量达到 30 968 件,合作发明专利 7 835 件,较 2011 年分别增长了 86 倍和 7 倍。高新技术企业 8.6 万家,全国占比高于 30%,高技术产业利润达 3 594 亿元,较 2011 年增长 1.31 倍,占全国高技术产业利润的近三成。同期,长三角地区集成电路产业规模占全国近 60%,生物医药和人工智能产业规模均占全国约三分之一,新能源汽车产量占全国 38%。2021 年,三省一市间输出技术合同 2.1 万余项,交易额 877 亿元,国家技术转移东部中心在长三角设立 19 个分中心,联动服务机构促成技术交易约 22 亿元。2023 年初,长三角国家技术创新中心牵头组织的浦东新区揭榜挂帅公共服务平台正式启动,截至 4 月,共发布 114 个企业技术需求榜单。通过区域内对接需求,再到揭榜成功,逐步实现区域内产业体系协同创新、联动发展。

四、长三角打造一流战略科技人才队伍高地的问题与掣肘

虽然长三角在打造战略科技人才队伍建设中取得了一定的成效,但结合战略科技人才队伍构建机制分析,同时着眼于内部人才培育和未来人才的发展形势,仍存在着一定的问题与掣肘。

(一) 人才"虹吸效应"依然存在

虽然长三角区域通过自身优势和较高能级吸引了众多人才集聚,但在其内部,由于区域内各城市产业存在较为明显的同质化现象,地区间的人才需求也具有同质化问题。例如,根据《长三角产业创新发展报告:分布与协同》研究报告显示,长三角制造业前五类,即通用设备制造业、电气机械和器材制造业、专用设备制造业、汽车制造业和金属制品业呈现出区域产业同质化程度高的特点。又如,泰州下辖的靖江市与

南通部分县区在船舶与海工装备行业都具有较大优势,但两地缺乏双方共同受益的合作机制,也无法推进人才的共享与高效配置。对同类人才的共同需求进一步造成大城市依托自身强大能级优先吸引人才,产生人才“虹吸效应”,例如,浙江省嘉兴市、江苏省泰州市、安徽省宣城市、马鞍山市由于临近特大城市上海、杭州、南京和苏州等,都存在留住高端人才难的问题。

(二) 政策藩篱阻碍人才自由流动

其次,从行政力量影响来看,长三角各城市还未形成高效一体化机制,政策藩篱仍然存在,制度性壁垒阻碍着人才的自由流动。具体而言,在人才发展政策环境支撑上,评价体系较为单一,人才引进激励政策较为类似、人才公共服务各自为政、人才载体共享机制还未形成。事实上,长三角各城市和地区出台的人才政策大多集中于人才住房和资助补贴,例如,上海对高层次人才、重点机构紧缺急需人才、高技能人才、市场化创新创业人才租住人才公寓,符合条件的,可进行对应的租金补贴。南京则是对认定的不同等级人才实行安居政策补贴,最高等级人才可实行“一人一策、一事一议”。杭州除了执行和南京类似的人才分级住房补贴政策外,对应届高学历毕业生落户杭州也给予一定的生活补贴,其中博士研究生 10 万元,分两次发放。过于单一的人才政策导致,一方面,区域内其他地区无法有效借鉴,只能被迫“政策跟随”,进一步加剧了区域内的同质化竞争。另一方面,随着我国“房地产市场供求关系发生重大变化”,再仅仅依靠原有的住房补贴来吸引人才显然是不够的。与此同时,在人才资格资质、评价标准、人才载体支撑等方面的管理仍然分而治之,这些制度性障碍也在一定程度上阻碍着人才在区域内的自由流动,更难发挥长三角地区人才的合力效应。“2022 中国城市人才吸引力排名”显示,长三角区域虽然人才集聚,但高能级城市人才跨区流动性减弱。

(三) 高质量人才队伍建设水平还需提升

审视长三角内部战略科技人才建设水平,主要有三个方面亟待提升。首先,正如前文所言,长三角区域人力资本投入逐年增加,但人才分布较为不均。例如，对长三角创新投入要素的经济溢出效应进行测度，安徽大部分城市以及苏北地区由于缺乏毗邻增长极，无法有效承接经济外溢，加上经济增长的空间极化效应影响，进一步加剧这些地区的创新水平与经济增长的增速，高端人才的分布也极为匮乏。同样的问题在《数字经济与人才发展报告》中也有所体现。其次，长三角生态绿色一体化发展示范区新机制与新模式示范效应有待扩大。长三角已逐步实现人才一体化雏形，长三角生态绿色一体化发展示范区在人才一体化发展方面也做了突破性的探索和创新，出台了诸如《关于促进长三角生态绿色一体化发展示范区人才建设的若干意见》，明确了20条示范区人才建设的支持政策，开展人才发展体制机制综合改革试点、探索人才双聘制度、评定示范区太浦英才等一系列内容。但由于一体化示范区包含地区能级总体不高，新制度与新机制的辐射带动作用能力有限，相关人才治理经验的复制与推广也范围有限。最后，长三角区域内人才“引用留培”体系还需完善。长三角区域内还未建立高效的人才引用留培体系，尤其是对高端人才的需求往往更倾向于通过人才引入来实现。此外，对于尽早发现与培养拔尖人才也有着不小的难度。一方面是由于拔尖创新人才的甄别、选拔较为困难，往往通过“事后逻辑”才确定谁最具有创新能力，制定的标准也可能会由于过于“功利”而偏离了拔尖人才培养的本意。另一方面，长三角为遴选的拔尖人才配备了一定的平台、载体和项目，这些无疑是有益的，对人才成长起到了一定的推动作用，但关键的一点是给予拔尖人才自主的空间，尤其是对于探索性的研究，亟须更多自主规划研究课题，研究方向和研究项目支持等。

（四）战略人才储备需提早谋动

长三角战略科技人才队伍的发展除了面临当下的问题，也要注意和未来人才发展趋势相结合，提早对后继人才储备进行布局与谋动。一方面，长三角区域人才总量稳步增长，但大学生数量增势有所回落。例如，长三角区域内大学生数量自2016年至2021年增长约100万，且大学生高度集聚在头部城市，沪宁合杭苏5城约集聚半数。然而，区域内的大学生占全国比重正持续下滑。同期从16.3%下降到15.4%。另一方面，截至2020年年底，长三角地区常住人口约为2.35亿人，其中

60 周岁及以上老年人口为 4 786.25 万人,占其人口总数的 20%以上。从户籍人口老龄化水平来看,长三角地区 60 周岁及以上的人口老龄化水平中,上海最高,为 36.1%;江苏其次,为 23.5%;浙江第三,为 23.43%;安徽最低,为 17.1%。因此,长三角应提早应对人口结构性变化带来的战略科技人才储备问题。

五、长三角打造一流战略科技人才队伍的对策建议

新时代新征程,长三角亟待加快建设国家战略人才力量,以尊重人才成长规律,解决人才队伍结构性矛盾,构建完备的人才梯次结构,全面提高人才自主培养质量为核心,着力造就高水平人才高地。

(一) 在国家重大科技任务中培养和使用战略科学家

面向国家重大需求与产业发展趋势,组织团队开展科研协同攻关,结合战略科学家能力素质标准,优化协调战略科学家结构和资源配置,着力锻炼潜在战略科学家大兵团作战的组织领导能力,加强培养对市场配置资源机制与产业发展规律的全局视野。在国家重大科技项目实施过程中探索"揭榜挂帅"等新机制,形成唯才是举的用人机制。坚持长远眼光,重视学科交叉与融合,依托学术组织和高校有意识地发现和培养更多具有战略科学家潜质的高层次复合型人才,打造战略科学家成长梯队。聚焦科技未来发展,定期组织政府、企业代表与各领域的知名科学家开展科学前瞻与技术预见活动,为国家科技领域前瞻布局提供规划方向。畅通科学家建言献策渠道,支持战略科学家为国家发展建言献策,健全战略科学家参与决策的长效机制。加强全球战略科学家引育,支持海外留学人员和华人回国服务,引进更多活跃在世界科技发展前沿的战略科学家。

(二) 积极完善一流科技领军人才和创新团队发展生态

优化科技领军人才发现机制和创新团队遴选机制,充分依托国家实验室、国家科研机构、高水平研究型大学、科技领军企业等平台完善国家战略科技力量的人才储备,跨部门、跨行业、跨体制遴选科技领军

人才，组建面向重大科研任务的“国家队”。完善有利于科技领军人才和创新团队发挥作用的体制机制，赋予科技领军人才更多技术路线决定权、经费支配权、资源调度权，促使科研团队更好运作。明确科研团队领军人才一般不兼任行政工作，使其专心于科研攻关和团队协作。优化科技领军人才和创新团队开展创新创造的生态环境，建立稳定支持基础研究的投入机制，大力支持高水平创新团队持续开展原创性突破性的基础研究。在坚持以创新能力、质量、实效、贡献为导向的科技人才评价基础上，探索设计多维度、符合领域特点和任务要求的创新团队领军人才评价体系。特别是对于解决“卡脖子”技术问题、竞攀“制高点”、勇闯“无人区”的科技领军人才，更加突出对问题创新性、前沿性及其研究价值的评价，鼓励创新、包容失败。

（三）夯实构建引领青年科技人才队伍发展路径

完善青年科技人才评价激励措施，建立符合青年科技人才成长规律的评价机制，根据不同领域、不同岗位、不同层次人才特点和职责，坚持共通性与特殊性、水平业绩与发展潜力、定性与定量评价相结合，分类建立健全涵盖品德、知识、能力、业绩和贡献等要素，科学合理、各有侧重的青年科技人才分类评价体系。同时，通过设置稳定性的资助模式、定额式的任职比例、差异化的评价机制、柔性化的考核要求、专职化的助理配置等方式，在发展机会保障、成长通道保障、经费条件保障等方面为青年科研人员提供切实可行的支持，并给予青年科技人才足够的创新空间和容错空间。充分发挥院士、科技领军人才的“传帮带”作用。以院士、科技领军人才等科研领域的“关键少数”为引领，带动更多青年科技人才潜心研究，踏实学问。深化人才培养体制机制改革，加大国家重大人才计划、科技项目、科研基金对青年科技人才的支持力度。鼓励社会力量设立青年科技人才奖项，激励更多青年人才脱颖而出。坚持面向世界、面向未来，支持更多青年科技人才积极加入国际科技组织并发挥作用。

（四）多元化加强卓越工程师和高技能人才激励机制

鼓励企业建立卓越工程师和高技能人才“揭榜领题”，参与重大生产决策、重大技术革新和技术攻关项目等机制。支持技能要素参与分配,用人单位在聘的高技能人才应比照相应层级专业技术人员享受同等待遇。建立完善多元化高技能人才评价激励机制,建立健全职业技能等级制度,打破学历、资历、年龄、比例等限制,对技能高超、业绩突出的一线职工,可直接认定高级工以上职业技能,有效拓宽技能人才职业发展通道。健全职业标准体系和评价制度,完善职业技能竞赛体系。建立以国家表彰为引领、行业企业奖励为主体、社会奖励为补充的高技能人才表彰奖励体系,加大高技能人才表彰奖励力度。提升高技能人才休假疗养、研修交流和节日慰问等方面的保障。弘扬工匠精神,营造重视、关心、尊重高技能人才的社会氛围,形成劳动光荣、技能宝贵、创造伟大的社会风尚,提高技术技能人才社会地位。推进职普融通、产教融合、科教融汇,办好一流职业教育,打通卓越工程师和高技能人才纵向成长通道。创新高技能人才培养模式,加大新兴前沿方向急需紧缺高技能人才培养力度。

参考文献

陈莉莉：北京深化全国科技创新中心建设问题研究——基于北京、上海和深圳三地对比优势分析的视角，《创新科技》2020 年第 7 期。

高丹：《高层次创新型科技人才团队形成模式及建设机制探析》，《人事天地》2014 年第 11 期。

高阵雨、陈钟、王长锐、刘益宏：《我国高层次科技人才流动情况探析：以国家杰出青年科学基金获资助者为例》，《中国科学基金》2019 年第 4 期。

郭铁成：《建立健全战略科技人才发现和培养机制》，《国家治理》2023 年第 9 期。

黄璐、刘明熹：《推动科技人才跨组织高效流动》，《经济日报》2024 年 5 月 27 日。

黄园淅、孙晶琪、马茹、熊嘉慧：《青年科技人才成长的需求与问题分析》，《今日科苑》2022 年第 7 期。

李军凯、任蓉：《如何让更多英才脱颖而出——关于三大城市群高端科技人才引育留用情况的调研》，《光明日报》2023 年 10 月 12 日。

钱智、吴也白、宋清、朱咏：《上海拔尖创新人才早期培养存在的问题和对策》，《科学发展》2022 年第 2 期。

汪怿：《培养“开疆拓土”的战略科技人才》，《解放日报》2020 年 9 月 22 日。

王通讯：《加快建设世界重要人才中心》，《中国组织人事报》2021 年 10 月 14 日。

王子丹、袁永、邱丹逸、胡海鹏、廖晓东：《人才高地形成发展特点与国际经验研究》，《特区经济》2018 年第 12 期。

萧鸣政、应验、张满：《人才高地建设的标准与路径——基于概念、特征、结构与要素的分析》，《中国行政管理》2022 年第 5 期。

徐芳、李晓轩：《科技人才评价改革试点“三多三少”如何破解》，《光明日报》2023 年 5 月 25 日。

易高峰：《完善“揭榜挂帅”，打造科技领军人才高地》，《新华日报》2023 年 11 月 14 日。

张胜、陈建强、严圣禾、王斯敏：《如何助力创新团队脱颖而出、勇创一流》，《光明日报》2021 年 12 月 8 日。

赵晨：《科技型人才区域分布差异及其效应》，《科技导报》2020 年第 19 期。

Zhou Y., Guo Y. Z., Liu Y. S.: High-level talent flow and its influence on regional unbalanced development in China. Applied Geography, 2018(91):89—98.

长三角跨界生态环保工程“建管运”一体化机制研究

吴可人*

［摘　要］ 长三角一体化发展规划纲要提出，要强化省际统筹，实施森林、河湖、湿地等重要生态环境保护工程。但在实践中，跨界生态环保工程面临基层主导难、统一建设难、投资回报难、长效运营难等困境。本文借鉴发达国家地区跨区域重大工程协同建设管理经验，面向长三角跨界生态工程全生命周期，提出加快构建多层面跨省(市)协调机制。

［关键词］ 长三角　生态环境保护工程　建设管理与运营　一体化机制

长三角跨区域重大基础设施建设正在全面加快，对于促进一体化的作用不断增强，成为新阶段深入推进长三角一体化的主攻方向。跨界生态环保基础设施作为上述重大基础设施中的重要一类，主要包括污染治理类、能源保障类、生态涵养和环境美化类、智能辅助类等工程项目。目前这类工程项目普遍因公益属性强、投资回报难、权责利不清晰、属地基层政府缺乏审批管理权限等因素，在规划实施和长效运行过程中遇到较大制约，需要深入研究。而这一领域现有相关研究仍较为

* 吴可人，浙江省发展和改革研究所副所长，研究员。

碎片化，主要集中在跨区域环境治理体系概念探讨（李宁、李增元，2022）和发展进展梳理（洪银兴等，2018），以及跨区域一体化生态环境执法监管（陈琳、刘伟，2024）、上下游地区之间生态补偿机制构建（席恺媛、朱虹，2019）等方面，鲜有较为系统性、实操性的研究。特别是当前长三角地区跨区域生态治理实践已从顶层设计到项目共建，并向管理协同层面不断深化。因此，如何加强生态环境治理从工程项目建设到运营管理的跨区域、全过程一体协同，对于加强体制机制构建提出了全新要求，这也是本文开展研究的明确方向。

一、有利条件

通过五年战略推进，长三角一体化进入更加追求实战实效新阶段。区域生态环境治理组织领导加强、规划制定实施、市场参与提高、合作领域拓展，为做好跨界生态环保工程实施与管理奠定较好基础条件。

（一）政府间磋商机制已正常运作

当前，长三角一体化管理体制顶层设计已经完成，省级及以上协调机构及制度比较完善，包括中央推动长三角一体化发展领导小组及全体会议制度、长三角区域合作办公室常设机构及长三角地区主要领导座谈会制度等，三省一市依托主要领导座谈会、联席会议、专题会议等各种形式，经常性共商生态保护大计、共谋高质量发展。2021 年起，三省一市共同设立长三角区域生态环境保护协作小组，探索生态优先绿色发展新路。

（二）跨界规划统筹机制不断完善

中央多部委联合印发《全国重要生态系统保护和修复重大工程总体规划（2021—2035 年）》，明确长三角一体化生态保护和修复重点工程建设的任务书和时间表。三省一市协同编制《长江三角洲区域生态环境共同保护规划》等多项规划，各地围绕重点领域重点区域研究形成生态保护建设规划及行动计划，出台《太湖流域综合规划（2012—2030）》《太湖流域水环境综合整治总体方案》等，将跨界生态环境保护与治理推向制度化法治化。

(三) 社会力量参与的引导机制正在构建

2021年,长三角生态绿色一体化示范区设立长新公司和水乡客厅公司两大市场开发主体,参与跨界生态环保基础设施、生态修复等重大项目建设,探索共投共建新模式。2022年,三省一市生态环境部门共同成立长三角区域生态环境宣传教育联盟,签署一系列工作备忘录,共同发布示范区生态环境第三方治理服务平台,持续发挥动员社会力量参与生态环境保护和工程建设的积极作用。

(四) 生态保护合作内容方式不断丰富

长三角生态保护合作方式已从过去的自上而下,向自发的自下而上转变,跨界生态环境保护合作内容向设施共建、资源开发、产业共兴、生态补偿等更多领域更深层次拓展。浙皖于2012年启动全国首个跨省流域生态补偿机制试点,经过三轮试点安徽共获得中央和浙江生态补偿资金33亿元。“一地六县”产业合作区、宁杭生态经济带、大运河文化生态保护试验区等一批重大平台载体建设扎实推进,这些跨界生态领域合作已经从过去共同治理环境污染为主,进入到致力于共同创造和分享生态价值的新阶段。

二、主要障碍

受制于行政壁垒和诸多利益主体的存在,在跨界生态环保工程规划实施及运行管理中,既面临跨区域一体化协同共性难点问题,还遇到生态环保管控限制多、生态项目投资回报难等行业性、特殊性制约,凸显其一体化的较大挑战。

(一) 生态管控条块分割,基层权限十分有限

长三角地区的重要生态资源的管理权限集中在省(市)及以上政府部门。比如,太湖流域治理涉及沿湖两省一市,以及水利、环保、农业、建设、发改、交通、卫生等十多个部委,长期存在“九龙治水”各自为政的

局面。在这个过程中，基层地方政府由于缺乏管理权限，难以较好发挥生态环保工程建设和治理的主体作用。比如，上海市生态环境功能区分级管控规定明确，水域等生态功能区周边由近及远划分为 0—15 米、15—85 米、大于 85 米三类管控区域，分别由市级、区级、镇级行政部门管辖。也就是说，生态功能区及其近 85 米范围内的开发建设事实上不属于当地镇级行政部门的权限。这种严格的分层分区治理模式，对于生态环保工程的统筹布局和建设造成较大局限。

（二）各地标准宽严不一，建设管理较难协同

目前，长三角各地在国家生态环保标准的基础上，各地结合自身实际制定生态管控、项目准入等地方标准。而跨界项目实施和管理运行往往因毗邻地区的地方标准不统一而难以有效推进。例如，各地工程设计规范标准不统一，低标准地区不愿承担因提高建设标准带来的额外投入，对未来工程统一运行调度与管理留下隐患。又如，各地排放标准限值不一致，环境违法行为认定和裁定标准不统一，导致各地“同案不同罚”。比如，淀山湖江苏昆山水域全面禁捕，而上海水域则允许有证渔民在非禁渔期开展捕捞作业。“一湖两策”的问题造成交界水域执法难，偷捕现象时有发生。

（三）生态要素时空流动，跨界权责较难明晰

生态环境资源具有时空流动性特点，典型如水体、大气、碳汇等，投入主体并不一定是最终获益主体。而各地之间跨区域生态补偿机制还没有全面建立，各地生态保护投入产生的综合效益无法公平有效惠及相关地区，地方政府实施跨界生态治理的动力不足。特别是跨行政区项目建设成本分担和利益分享以相关地区财力为基础，而长三角各地经济水平、政策环境并不均衡，工程的建设条件更是千差万别，即使是毗邻地区，在共同实施生态环保工程中，项目建设普遍涉及居民动拆迁，以及农田、林地、水域等非建设用地调补等前期工作，各地需要投入建设用地、资金等公共资源有较大差别，进一步增加了跨行政区合作的难度。在长三角跨界生态环保工程建设运行实践中，生态环境保护区域多为经济相对滞后地区，地方财力不足，跨界生态工程共建共享合作

仍处于无序状态。

(四) 生态工程公益属性,投资回报预期不高

当前,除城镇污水、生活垃圾等领域已建立较为成熟的收费机制以外,生态环保工程项目以公益类和准公益类为主,投资回报机制不完善,制约金融机构和民间资本进入生态环保工程建设领域。长三角地区要素制约日益突出,建设用地供不应求,财政压力不断加大,使得生态环保工程规划实施及管理成本大幅提高,进一步提高主体对于投资回报预期的不确定性。如沪苏浙交界处江南水乡客厅,规划蓝绿空间占总地块面积 70%,新增建设空间不足,实施生态保护等公共基础设施类项目的资金平衡难度大、周期长,相当程度降低投资主体参与生态环保工程的意愿和能力。

三、国际经验

国际上一些毗邻地区针对跨行政区生态治理、项目建设与运行管理开展探索,以流域综合管理体制改革为突破口,以完善跨行政区域利益分享机制为重点,深入推进多元主体共同参与跨界生态环保工程投资建设管理的制度探索,为长三角地区推进跨界生态工程建管运一体化提供可资借鉴的经验。

(一) 设立跨区域协调议事机制,提高共同决策科学性和有效性

国外跨行政区生态管理模式主要分为统一管理(如 TVA)、协调管理(莱茵河、墨累河)和基础组织民主协商式(如农民用水协会)三类(周洲,2013)。比如,1933 年美国罗斯福政府通过国会立法成立了田纳西河流域管理局(TVA),对流域的开发和利用进行统一规划和实施,取得巨大成绩(黄贤全,2014)。又如,1914 年澳大利亚联邦政府与其新南威尔士州、维多利亚州以及南澳大利亚州共同签署了墨累河水协定,成立墨累河委员会,其目的主要为三个流经州分配水资源提供一个准则,保证在南澳大利亚州境内有最低限度的水流。再如,1950 年荷兰发起成立“保护莱茵河国际委员会”(ICPR),主要协调不同国家在防

洪、航运和水污染防治等事务，成为国际河流管理模式的典范。

（二）创新跨区域利益共享机制，调动多元主体积极性和创造性

国境外在跨行政区域政府投资合作、利益协调方面积极探索，形成科学、合理和互利的生态环保工程互利机制。如相关地区财政共同出资形成一定规模资金池，并采取统一管理运营方式，保障资金保值增值，专门用于跨区域生态治理和项目建设。欧盟远距离越境大气污染公约关于长期融资的议定书就是这种集合融资的模式。各签署国家通过强制缴款和自愿捐款方式为越境大气污染治理提供资金保障。强制缴款和自愿捐款存入专门的信托基金账户，交由专门的投资机构进行分散投资，获得的收益主要用于执行公约需要的大气污染治理支出和越境生态补偿转移支付等。此外，国内外不少上下游地区实行跨区域财政补偿机制，通过生态环保工程实施的经济利益获益方，向经济利益受损方提供补偿和资本金，协调相关地区之间的利益关系。

（三）共建跨区域建设管理标准，保障工程目标一致性和可行性

全球大都市圈、重要流域等地在开展跨区域重大工程项目建设中已具有较多实践经验，相关国家（城市）通过共同制定项目管理制度，科学划分管理责任，规范管理流程，统一实施标准等，化解各地组织管理项目的能力差异，保障跨区域重大工程落地实施，推动各阶段性目标如期实现（向鹏成、庞先娅，2021）。比如，港珠澳大桥跨区域公共工程项目组织实施，由三地协商制定项目工期目标、质量目标、管理目标，确保工程项目在统一目标体系指引下有序推进。

（四）拓展基础设施融资模式，提升社会资本参与的灵活性和可持续性

国境外基础设施项目融资已有不少成熟的产品，主要包括不动产投资信托基金（REITs）、政府与社会资本合作（PPP）、融资＋设计、采购、施工总承包模式（F＋EPC），以及政府专项债等（吴小齐，2020）。其中，PPP、F＋EPC、政府专项债等融资方式在我国已得到较广泛应用，而 REITs 融资模式则尚处于试点启动阶段，具有较大发展空间。根据

国际经验,生态环保基础设施行业的上市公司具有收益相对稳定、风险相对较小的特点,非常适合发展 REITs。新加坡吉宝基础设施信托(KIT)就是典型的生态环保行业 REITs。公司通过将其底层资产,主要是水处理化学品、废物燃烧厂、污水处理厂等环境设施,以及发电厂、天然气、电缆等能源设施,出租给国有环保公司、电力公司、天然气公司,获得长期稳定的租金收入,并用于进一步收购生态环保设施,从而构建起长期盈利的闭环。这一模式可以作为跨界生态环保工程长效运行的有益借鉴。

四、思路对策

着眼生态环保工程全生命周期,深入开展多层面跨省(市)协调体制机制改革,加快构建基层主导、多跨协同、长效治理的生态环保工程建设、管理、运营一体化体制机制。

(一) 转变理念思路

1. 共同放权。坚持基层主体,多元共治。按照同向发力、同权下放、同步到位原则,毗邻省(市)赋予生态保护区域所在县级地方政府相同的、相当于省(市)级的规划建设管理权限,强化基层政府生态保护建设主体责任,充分调动基层地方政府生态共保共建共治的能动性和积极性。

2. 互认标准。坚持异地同标,同增质效。毗邻省(市)共建符合双方立法流程、便于操作的标准制修订及统一发布规程,重点在规划技术、工程建设、生态环境、污染监测等领域研究形成双方认可的标准体系,为生态环保工程建管运一体化提供相互兼容的基本遵循。

3. 统一授权。坚持成本共担,利益共享。鼓励毗邻省(市)基层地方政府,在前期充分商议确定项目建管运权责义务,做到资金综合平衡的前提下,统一授权其中一地或统一授权独立第三方,负责生态环保工程统一立项、系统设计、联合审批、统筹实施等具体工作。

4. 综合经营。坚持市场导向,长效运营。以平衡生态环保工程建设、管理和运营“全生命周期”投入产出为要求,建立健全多元化、市场化投入机制。引导社会资本进入生态环保工程建设领域,完善跨界生态保护补偿机制，推动生态产品价值实现，进一步发挥政府推动力、企业主体力、市场配置力，为生态环保工程长效运行保驾护航。

（二）建立重心下移的综合管理体制

转变跨省（市）统筹协调理念和方式方法，在中央部委和省（市）层面对话与合作基础上，进一步推动基层运行层面的密切配合。将生态建设和环境保护作为跨省（市）综合管理的重要内容，完善组织管理及统筹协调机制，增强生态环保及工程建设、管理及运行的组织保障和推进合力。**一方面，要加快从省（市）间最高级别的政府磋商向下延伸。**在跨界重点生态区，设立相当于区县行政层级的常设机构，或建立常态化的联席会议制度，强化跨界地市、县市及镇街基层政府之间日常沟通协调，并承担跨界生态保护协调职能。**另一方面，要进一步加大省（市）向县（市、区）、街镇基层放权力度。**采用授权、委托、调整权责清单等多种方式，重点在投资类项目审批及核准权限、土地管理、综合监管等方面，赋予基层政府相当于省（市）、市（区）两级管理权限。例如将建设项目省级环境影响评价文件审批、入河排污口的设置审核等原本由省、市两级审批、核准和备案的权限，统一下放至市、县，确保毗邻地区拥有同等生态保护及开发建设权责。

（三）建立规划引领的统筹协调机制

在国土空间规划管理体系全过程中，加强跨区域规划管理制度的创新，从跨区域的规划技术、工作协同、落地实施各环节进行通盘考虑，发挥规划对于跨界生态环保工程一体化制度安排的基础性和引领性作用。**一是完善跨界规划布局协同机制。**由跨界常设机构负责会同相关地方人民政府，组织做好跨界重点生态区域的国土空间总体规划、单元规划及控制性详细规划法定规划编制和报批工作。明确将跨界生态环保工程规划布局纳入上述法定规划的审查内容，并作为核发跨界生态环保工程规划建设许可的法定依据。**二是健全跨界规划决策协调机制。**在现有的中央区域协调发展领导小组办公室、长三角区域合作办公室，以及长三角地区主要领导座谈会制度框架内，做好跨界生态环境保护等重大规划研究、审议、决策，协调省（市）利益，克服多头管理矛盾。**三是建立跨界规划实施协调机制。**以规划为准绳,由常设机构会同相关地方政府制定生态环保工程建设计划,互相协调、合作、监督规划实施。针对跨区域工程建设项目设计规范、建设标准不统一等难点,探索“一地发布、多地实施”“多地联合发布实施”“相互认可差异实施”等多种互认方式。

(四) 建立同权同步的联动审批机制

优化跨区域工程投资项目前期工作、事中事后监管领域的协调机制,创新跨界项目一体化审批多种实现方式,变各地独立审批为跨区域联动审批。**一是推行“同步审批”机制。**对于审批权限在省(市)及以下的审批事项,在统一相关地区项目审批流程、要求和时限的前提下,探索由各地按行政权属关系分开立项申报,各地主管部门同步审批和办结。**二是探索“联合审批”机制。**采用“统一审查、属地监管”模式,对重大跨界生态环保工程项目,探索由常设机构或协调机制负责事前审批、核准、备案工作,后续审批阶段及监管继续由属地政府部门分开负责的制度。**三是创新“统一审批”机制。**对于审批权限在中央及有关部委的重大生态环保项目,积极向国家发展改革委争取授权支持,给予相关地区投资项目统一赋码。探索构建跨区域统一的在线审批监管平台,通过与国家投资审批平台交互直连,实现跨界生态环保工程项目整体申报、统一审批。

(五) 建立收支平衡的长效运营机制

构建完善跨界生态环保工程投资主体多元化、投资运行市场化机制。**一是共同设立跨界生态环保工程开发建设主体。**探索跨界新组建统一建设主体模式,由相关地区以财政、国企等共同出资组建跨界平台公司,专门承担跨界基础设施和公共功能性项目建设及运营等。支持民营企业通过政府或国资平台委托运营、购买服务等方式承担跨界生态环保工程建设、管理及运营。**二是探索跨界建设成本共担机制。**将跨界生态环保工程建设投入作为相关地区“共同”成本,通过统筹区域一定期限产生的土地出让收入、新增税收收入地方留存部分,以及委托企业经营管理生态环保工程产生的收入等纳入共同收益,平衡跨界生态环保工程共建共营及相关土地储备支出。**三是创新以资本为纽带的建设运营模式。**探索开展生态环保工程项目联合运营，鼓励引导合作组建运营管理公司。对生态环保类的水务、垃圾处理等市政基础设施，以及生态产业园区、绿色低碳等平台发行公募 REITs。推动生态环境治理及工程项目建设与周边土地开发、岸线资源开发、沿河湖产业发展等进行融合，拓展投资回报渠道。对于承担生态保护和修复工程建设的投资主体，支持其通过捆绑经营性土地资源、投资物业资产等方式，进行整体开发、运营、管理和招商，在更大范围更多元领域实现投资和收益统筹平衡。

（六）建立生态监测、执法、奖惩相统一的联合监管机制

针对重点跨界生态环保工程及其服务范围，制定生态环境共保联治工作方案，整合相关地区建设、环保、信用等力量，共同建立环境监测体系、环境监管执法、环境质量奖惩“三统一”制度，加强对跨界生态环保工程运行情况、重点生态区域环境质量情况、重点主体环境信用评价情况等多维度的数据共享，推动执法队伍共建，为长三角生态环境保护的互联互通、精准管控提供保障。**一是统一监测，数据共享。**完善长三角环境监测数字化平台，编制环境监测“一张网”，做到跨界毗邻地区间乃至长三角整个范围内的生态环境质量监测、预警、评价、治理、反馈等信息的常态化和实质性共享。**二是联合执法、结果互认。**统一跨界环境执法的指挥调度、队伍力量、检查程序、执法力度和自由裁量，做到执法结果互认。**三是统一标准，评奖挂钩。**完善环保信用评价制度，统一跨界生态领域失信认定标准，并据此在行政审批、综合监管、金融服务、行业自律、市场合作等方面，实施全过程环保信用管理和联合奖惩。

站在长三角一体化国家战略新五年的历史起点，要贯彻落实习近平总书记在深入推进长三角一体化发展座谈会上的重要讲话精神，着眼于加强长三角区域生态共保联治，落脚于跨界生态环保工程实施与管理，积极探索工程全生命周期多层面一体化机制，加快形成重心下移的综合管理体制、规划引领的统筹协调机制、同步同权的项目联审机制、收支平衡的长效运营机制、生态监测执法奖惩统一的联合监管机制等，努力为长三角建设美丽中国先行区提供制度保障和务实方案。

参考文献

陈琳、刘伟:《协同治理视角下的跨区域生态环境治理机制研究:以长三角生态绿色一体化发展示范区实践为例》,《空间与社会评论》2023 年第 12 期。

洪银兴、王振、曾刚等:《长三角一体化新趋势》,《上海经济》2018 年第 3 期。

黄贤全:《论美国政府开发落后地区的投资模式》,《世界历史》2014 年第 2 期。

李宁、李增元:《从碎片化到一体化:跨区域生态治理转型研究》,《治理研究》2022 年第 3 期。

吴小齐:《中国发展基础设施 REITs 资产领域选择及结构设计——基于国际经验借鉴的视角》,中国社会科学院大学(研究生院)硕士论文 2020 年。

席恺媛、朱虹:《长三角区域生态一体化的实践探索与困境摆脱》,《改革》2019 年第 3 期。

向鹏成、庞先娅:《跨区域重大工程项目横向府际冲突协调机制》,《北京行政学院学报》2021 年第 3 期。

周洲、丰景春、张可:《国际河流信息合作机制及其对中国的启示》,《资源科学》2013 年第 6 期。

核心省市集成电路产业政策比较与新形势下长三角区域协同发展新思路*

汪金爱　王小玲**

［摘　要］ 集成电路产业作为现代信息社会的基础性产业，也是新质生产力和国际竞争力体现的重要保障，具有重要的战略意义。中国的集成电路产业也呈现出较明显的地域集聚特征，以上海为中心的长三角地区占据60%以上的份额，形成了高端设计、制造、封测、设备和材料等完整的产业链。以深圳为中心的珠三角地区在高端设计方面开始走出美国打压后的低谷，在华为海思和昇腾AI芯片的带动下开始再次发力。本文对各地区集成电路产业现状和产业政策等进行了介绍和分析，总结其特征以及存在的不足。最后针对长三角集成电路产业的协同发展提出了定位、机制、需求、创新、国际化等五个方面的对策建议，以便更好地促进产业健康发展。

［关键词］ 集成电路　产业政策　长三角地区　协调发展　政策建议

---

* 本文受国家社会科学基金项目“家族企业创始人自恋与‘新颖性’创新战略研究”（项目编号：19BGL128）资助。

** 汪金爱，华东理工大学商学院副教授，主要研究方向为企业战略管理、创业、家族企业管理与产业政策等；王小玲，上海临创产业研究院副院长，主要研究方向为产业政策等。

一、引　言

集成电路产业作为现代信息社会的基础性产业,是驱动数字经济发展的核心引擎,也是新质生产力和国际竞争力体现的重要保障。发展集成电路产业既是信息技术产业发展的内部动力,也是工业转型升级甚至国家战略安全的重要推动力量,全球范围内正在如火如荼兴起的 AI 及其催生的一系列新兴产业的高质量发展也离不开集成电路产业的保驾护航。

集成电路产业的重要性体现在诸多方面(周子学,2014;李先军,刘建丽,2021;汪金爱,王小玲,2024)。首先,战略性产业,集成电路是国家战略性、基础性和先导性产业,是现代化工业体系健康发展的核心保障。集成电路产业直接关系到国家高科技产业的竞争力,甚至影响到国家安全。中国作为全球最大的半导体消费国,集成电路自主化进程不仅关乎产业升级,更是突破"数字主权"困境的关键。其次,经济驱动性,集成电路产业是全球经济发展的重要引擎,甚至是现代工业的"心脏",它不仅催生了庞大的电子信息产业,还深刻影响着传统产业的转型升级以及未来新型产业的发展。最后,技术先导性,集成电路是信息技术的制高点,掌握先进的集成电路技术,不仅可以在传统工业以及 IT 领域确保持续领先,而且在 AI、机器人、先进通信等新兴领域占据有利位置。同时,更为关键的是通过集成电路产业的发展,可以打造出高素质的研发和工程技术人才队伍,从而带动集成电路和其他产业的持续发展。

从技术逻辑层面来看,集成电路产业通过遵循摩尔定律晶体管密度的指数级提升,支撑了 AI、物联网、高性能计算等领域的算法迭代与算力突破,成为引领未来新质生产力发展的关键。经济逻辑层面,集成电路产业具有明显的乘数效应,全球每 1 美元芯片产值可拉动下游电子信息产业 10 美元增值,在许多新型基础设施中的渗透率超过 70%(孙琴等,2022)。如在近年来迅猛增长的 AI 服务器领域,2025 年 AI 服务器市场将持续增长,产值预计达到 2 980 亿美元,占整个服务器行业总价值的 70%以上;而集成电路尤其是 AI 芯片是核心组件,占 AI

服务器总成本的70%—75%。

从产业链角度来看，集成电路产业各个环节呈现出很高的集中度，地域层面也呈现出这一特征。产业链中头部企业集聚以及地域集聚也成为重要的特色，也说明国际与地区分工协作极其重要。地域方面总体趋势呈现出由美国向日本，再到韩国、中国转移的趋势。国际分工协作上，美国主要以集成电路设计为主，韩国集中于生产制造，荷兰等主导着关键设备光刻机，日本则以关键材料等为主，而智能手机、PC、电器等终端应用领域的需求则以中国为主。鲜明的国际分工和极高的进入壁垒，使得任何一个国家或地区都很难独自主导集成电路全产业链发展，尽管美国等西方国家加大了对产业链管控，但这种集聚特征在短期内很难有大的改变。

中国的集成电路产业集聚性尽管不如国际分工这么明显，但在各个环节头部企业的作用也正在呈现，一些国产头部企业正在快速成长。地域层面，以上海为中心的长三角地区呈现出全产业链发展的趋势，在中国集成电路产业中占据重要地位，产业规模占全国的60%以上，且在设计、制造、封测等关键环节均具有显著优势。完整的产业链、明确的区域分工以及强大的创新和投资能力，使其成为推动中国集成电路产业发展的重要力量。以深圳为中心的珠三角地区成为仅次于长三角地区的发展重镇，尤其是华为为主的集成电路设计以及通信、消费电子等应用需求上表现更为突出。2022年，珠三角地区集成电路产业规模占全国比重约20%、年销售收入超过2 500亿元，其中深圳市占全国比例达15%。北京为中心的渤海地区集规模占全国比重约15%，2022年销售收入接近2 000亿元；半导体设备、材料以及高端芯片设计领域具有一定的优势。2014—2025年中国集成电路产业销售收入规模等发展如图1所示。

随着国际政治环境的变化，尤其是美欧等针对集成电路产业的制裁等，导致中国国内的集成电路产业发展呈现出很大的变化，地域分布方面近年来出现了一些新变化。核心地区以及主要的城市都将集成电路产业作为发展的重点，并推出了前所未有的产业发展政策。但集成电路产业在不同区域的分布和具体的政策如何，目前相关文献的系统性介绍和对比较为缺乏。本文对此进行调查和对比研究，可以更好地

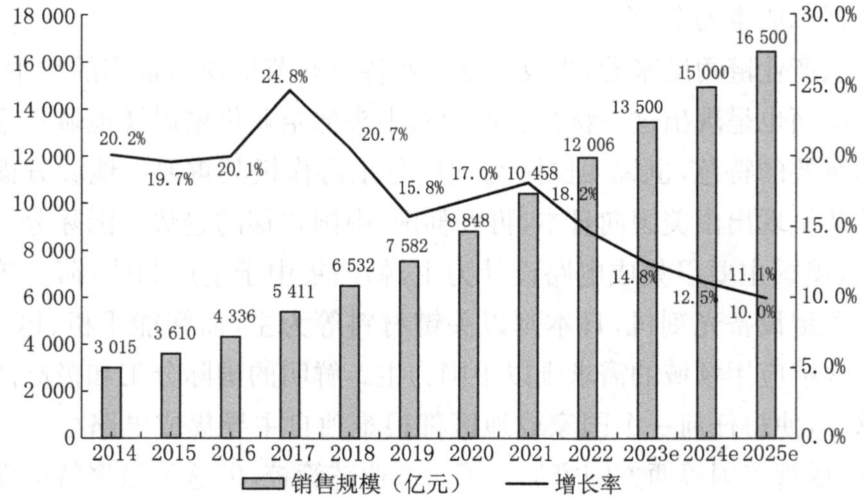

图 1　中国集成电路产业发展趋势

了解中国集成电路产业分布与产业发展政策。并在此基础上对上海市为中心的长三角区域这一中国集成电路最为核心区域的协同发展提出一定的建议，以便更好地促进产业健康发展。

二、中国集成电路产业的地域集聚特征

经过多年规划及发展，我国目前形成了四大集成电路产业集聚区，分别是以上海为中心包含江浙沪皖的长三角、深圳为中心的珠三角、北京为中心的京津环渤海地区，以及武汉、成都、重庆为代表的中西部区域。由于历史原因、市场驱动、政策导向甚至近年来美欧的制裁等影响了各区域的集聚特征，并在加速演化之中。如深圳华为公司受到美国的制裁后一度严重影响了深圳及珠三角的集成电路产业影响力，但随着华为芯片的逐渐发展，深圳的地位又开始不断上升。表 1 汇总了全国主要省市的集成电路产业布局及主要特征。

长三角地区是我国集成电路产业基础最扎实、产业链最完整、技术最先进的区域。长三角各地区集成电路产业发展各具特色，上海全产业链完备，江苏封测业发达，浙江以集成电路设计为主，安徽具备存储和制造优势，产业协调是长三角集成电路产业一体化高质量发展的核心。长三角区域在 2022 年开始占据约 60%以上的销售收入比重，成为

表1　主要省市集成电路产业布局及特征

上海市	打造世界级集成电路产业集群：上海市致力于建设具有全球影响力的集成电路产业高地，推动设计、制造、封测、材料、设备等全产业链协同发展。提升自主创新能力：重点支持高端芯片设计、先进制程制造、关键材料和设备的自主研发，突破"卡脖子"技术。推动国产替代：通过政策引导和市场驱动，推动国产芯片在通信、汽车电子、人工智能等领域的应用。上海市通过市引导基金出资、撬动社会资本模式设立集成电路相关基金，总规模超 1 000 亿元。上海集聚了超过 1 200 家行业重点企业，汇聚了全国 40%的产业人才，集聚了国内 50%的行业创新资源。
江苏省	江苏省集成电路产业已经形成了涵盖集成电路上游基础材料设备、中游制造、下游应用的全链条领域。已形成涵盖 EDA、设计、制造、封装、设备、材料等较为完整的集成电路产业链。主要集中在苏南地区，苏南地区集成电路产业销售额约占江苏省销售总额的 80%以上，形成了以无锡、苏州和南京等市为中心的集成电路产业带。江苏省在封测领域保持全国领先的地位，长电科技、通富微电等全球前五封测企业的总部基地也落户江苏。截至 2024 年 5 月，江苏省处于正常经营的集成电路产业链企业数量超 50 000 家，其中集成电路设计企业数量超 10 000 家，集成电路制造企业达 5 591 家。
浙江省	产业链结构完整，涵盖了设计、制造、封装测试、设备材料等各个环节。偏向于集成电路产业设计环节，杭州市致力打造集成电路设计创新之都。在设计领域，杭州拥有士兰微、矽力杰、杰华特等一批在国内外有较大影响力的头部企业。2022 年，浙江集成电路设计业整体强劲发力，销售收入规模首次迈上 600 亿元台阶，总规模达 620.12 亿元，同比增长 50.6%。杭州市集成电路设计业贡献了全省约 84%比重的份额，产业规模位列全国第四。浙江省在集成电路材料等支撑业领域具有比较优势，2022 年集成电路支撑业营收占比 54.5%，拥有半导体材料规模以上企业 209 家。浙江省在高纯靶材、高纯湿电子化学品、深紫外高端光刻胶等领域已实现部分国产替代。2022 年，浙江省集成电路产业实现销售总收入 2 045 亿元，同比增长 42.45%，占长三角产值比重由 2021 年的 18.09%提高到 2022 年的 21.04%。
安徽省	安徽省初步构建起以合肥为核心、沿长江相关城市带协同发展的"一核一带"产业格局。合肥重点发展存储、显示驱动、智能家电等特色芯片；蚌埠主打传感器芯片；滁州、马鞍山突出封装与测试行业；池州打造功率半导体及封装测试；芜湖重点发力汽车电子及第三代功率半导体。长鑫存储和晶合集成作为龙头企业，带动了省内集成电路产业的快速发展。随着合肥晶合集成电路有限公司正式量产以及强势引进了一批台湾知名企业，合肥已逐步形成了集成电路设计制造、设备材料等全产业链。2023 年，安徽省集成电路产业实现营业收入 500 亿元。
北京市	以自主突破、协同发展为重点，构建集设计、制造、装备和材料于一体的集成电路产业创新高地，力争到 2025 年集成电路产业实现营业收入 3 000 亿元。重点布局北京经济技术开发区、海淀区、顺义区，支持新型存储器、CPU、高端图像传感器等重大战略领域基础前沿技术的研发和验证。集成电路设计领域，北京拥有一大批领先的企业和研究机构，成为国内重要的集成电路设计中心之一。北京市集成电路产业发展股权投资基金总规模 300 亿元，由母子基金(1+N)模式构成，首期设立制造和装备、设计和封测两只子基金。

续表

深圳市	预计到2025年,深圳集成电路产业营收突破2 500亿元,建成具有国际影响力的半导体与集成电路产业集群。形成"东部硅基、西部化合物、中部设计"全市一盘棋的空间布局,以南山、福田、宝安、龙华、龙岗、坪山6个区为重点发展对象。深圳市通过市引导基金出资、撬动社会资本模式设立集成电路相关基金38只,总规模超1 000亿元,加快设立百亿级深圳市半导体与集成电路产业投资基金。设计业是深圳集成电路产业的支柱,2023年设计业增速全国第一,增长65.9%。深圳集成电路设计规模约占全国的37%,拥有海思半导体、中兴微电子、汇顶科技等知名设计企业。
广州市	优化发展芯片设计,提升产业优势;重点发展特色工艺制造,补齐产业短板;积极发展封测、设备及材料,完善产业链条等。广州市优化半导体与集成电路产业"一核两极多点"产业布局,即黄埔区作为"一核",增城区和南沙区作为"两极"。传统强项在制造与封装,粤芯12英寸集成电路模拟特色工艺生产线、增芯12英寸先进MEMS传感器及特色工艺线等项目补齐了产业短板。预期到2024年,广州市集成电路产业年主营业务收入将突破500亿元,年均增长超过15%。到2024年,广州市将培育5家以上销售收入超亿元的集成电路设计企业,建成较大规模特色工艺制程生产线。
重庆市	欲打造中国集成电路产业"新一极",建设集设计、制造、测试、封装于一体的集成电路全产业链。预测到2025年,重庆市集成电路产业将聚焦特色制造工艺、化合物半导体、封装测试等方向,持续扩大功率半导体领域的优势地位,推进硅基光电子技术产业化。重庆市经信委提出,到2022年,重庆市集成电路销售收入预计突破1 000亿元,其中装备材料100亿元、设计企业200亿元、封装测试300亿元、生产制造400亿元。重点企业包括华润微电子、SK海力士、中电科芯片等,初步构建起涵盖人才培养、产业孵化、工艺服务的产业创新生态。重庆市集成电路需求旺盛,拥有2亿台智能终端、6 000万台笔记本电脑、230万辆汽车的年产能,特别是新能源汽车产量逐年提高,芯片需求庞大。2025年计划生产100万辆新能源汽车,芯片需求将达10亿颗。

产业链最为企业的核心地区;2023年销售收入占比高达65%。上海、无锡、苏州等城市表现突出,杭州近年来在AI、机器人等相关领域发展迅速,成为带动未来新质生产力发展的重要一极,以DeepSeek、宇树科技等为代表的"杭州六小龙"在AI和机器人领域的出色表现引起了业界的极大关注,也必将带动相关的集成电路等产业的发展。

珠三角地区集成电路产业规模庞大,是仅次于长三角地区的产业重镇,但呈现出一定的生产和需求不匹配的现象。在需求方面,珠三角地区是我国重要的电子信息产业集聚区,珠三角地区在消费电子、通信等领域拥有国内最大的半导体及集成电路应用市场。集成电路产业主要由以华为公司为核心的深圳市来带动,收入占比高达75%以上。珠三角地区在集成电路设计领域优势明显,深圳是我国集成电路设计业的龙头城市之一。2020 年深圳集成电路设计业销售收入占全国的 34%，连续 9 年位居全国各大城市首位，深圳拥有海思半导体、中兴微电子、汇顶科技等知名设计企业，随着 AI 产业的大规模兴起，华为昇腾 AI 芯片的带动作用将会更为明显。但珠三角地区的集成电路制造以及封测、材料和设备环节相对较弱，与长三角地区存在较大差距，2020 年珠三角芯片产能在全国份额不足 10%。

以北京为核心的京津环渤海地区，是国内集成电路设计业和制造业发展的核心地区，但目前在全国的占比呈现出下滑的趋势。环渤海地区在集成电路设计领域具有较强的实力，北京作为核心城市，拥有大量设计企业和研究机构，在设备、设计方面特色明显，北方华创在设备、海光信息在设计方面表现突出。环渤海地区具有很强的研发能力，聚集了国内顶级高校及科研院所，包括清华、北大、北航等多所顶尖高校，以及中国科学院微电子所等研究机构，可以提供强大的科研支持和人才储备。北京作为全国科技创新中心，在集成电路设计工具、重点装备和关键材料研发等方面具有一定优势。但环渤海地区也面临着产业链完整性不足、产业人才短缺，以及研发机制僵化不足等一系列挑战。

集成电路设计领域，2020 年销售过亿集成电路设计企业 289 家，长三角占比 42.9%，珠三角占比 22.1%，京津冀占比 18.3%，中西部占比 16.6%。上海是国内芯片设计企业最密集的地区，拥有全球芯片设计 10 强中的 7 家区域总部或研发中心。集成电路制造领域，中芯国际、华虹集团和华润微电子等龙头企业集中在珠三角、长三角地区。2020 年我国集成电路封装测试 100 家重点企业，长三角地区占比高达 53%，京津冀占 13%，珠三角地区与中西部地区占比均为 14%。2022 年，长三角地区设计业销售收入占全国的 57.5%，占全国比重进一步提升；珠三角地区设计业占全国的 21.8%；环渤海地区设计业销售收入占全国的 16.5%。

三、北京市集成电路产业政策及发展

北京市一直是我国集成电路技术创新与产业发展的中心城市，是国内最早的三大微电子基地之一，集成电路产业是北京市政府大力发展的特色优势产业。但近年来北京集成电路产业存在产业发展动力不强、中小企业创新不活跃、机制创新乏力、区域协同进展不力等挑战。而且面临一些突出的问题,如设计企业外流严重、封装测试存在短板、对大企业依赖严重、中小企业增长乏力、人才政策吸引力不足等。

"十三五"时期北京集成电路产业总量和增长率经历了先涨后跌的动荡发展局面,但整体规模依然从2015年的600亿元增加到2020年超过900亿元,年均复合增长率为8.4%。北京集成电路产业总量从"十三五"时期占全国16%的比重下降到8%,增速仅5.7%不到全国增速19.4%的三分之一。设计业一直是北京集成电路产业的支柱环节,尽管对北京集成电路全产业的贡献度仍然超过50%,但发展增速开始出现明显下滑。

北京市已经形成了"北设计、南制造,京津冀协同发展"的产业布局,具体在海淀北部依托北大、清华、中科院、北航、北理工等大专院校的人才、智力、项目、资金的优势,建立国家级的集成电路设计园。在北京南部,北京经济技术开发区建立集成电路生产制造基地,形成了京津冀协同发展的大格局。近年来,北京已逐渐确立了海淀、大兴亦庄、顺义三大集成电路产业空间布局,即"海淀设计、亦庄制造、顺义第三代半导体"的规划。

2021年《北京市"十四五"时期高精尖产业发展规划》中,集成电路产业被纳入做强"北京智造"四个特色优势产业,推动北京市打造具有国际竞争力的集成电路产业集群。以自主突破、协同发展为重点,构建集设计、制造、装备和材料于一体的集成电路产业创新高地,打造具有国际竞争力的产业集群。重点布局北京经济技术开发区、海淀区、顺义区,力争到2025年集成电路产业实现营业收入3 000亿元。

四、江苏省集成电路产业政策及发展

(一) 江苏省总体情况

集成电路产业是江苏省具有很强竞争力的优势产业,中国集成电路产业规模城市前15强中,无锡、苏州、南通、南京占有四席。其中南京市在5G通信及射频芯片、先进晶圆制造、AI、物联网、汽车电子等高端芯片设计细分领域，走在了行业前沿；无锡市在晶圆制造和封测业等方面均位居江苏各城市首位；苏州市和南通市在封测业方面表现突出。近年来，江苏省集成电路企业数量呈增长趋势，江苏省集成电路相关企业注册量由2017年的1 981家增长至2022年的10 824家，年均复合增长率高达40.4%。“十四五”规划中江苏省并未明确提出集成电路市场规模目标，但无锡、南京、苏州三市的产业规模预期目标分别确定为2 000亿元、3 000亿元、2 000亿元。

2022年，江苏省集成电路产量1 004.4亿块，同比下降15.3%，但仍然占据全国集成电路总产量的近三分之一。2022年，江苏省集成电路设计、制造、封测三个主要环节销售收入合计为3 182亿元，同比增长15.38%。其中，集成电路设计业增长17.95%；晶圆业增长36.94%；封测业增长6.98%。积极打造集成电路产业集群，4大产业集群分别是江苏省（无锡）集成电路产业融合集群、苏州工业园区、南京浦口经济开发区、南通市崇川区集成电路封装与测试产业集群。

2023年江苏省出台《关于进一步促进集成电路产业高质量发展的若干政策》，具体推出提升产业创新能力、提升产业链整体水平、形成财税金融支持合力、增强产业人才支撑、优化发展环境等5个大类26条具体措施。形成财税金融支持合力，包括加大财政资金支持力度、落实税收优惠政策、加强信贷投放支持、鼓励企业上市融资、发挥融资担保作用、强化保险保障、用好产业基金7条措施。

2023年《关于推动战略性新兴产业融合集群发展的实施方案》提出打造包括集成电路在内的5个具有国际竞争力的战略性新兴产业集群的战略目标，主要包括：巩固先进封测领域优势，建设大规模特色工艺制程和先进工艺制程生产线，提升集成电路设计工具供给能力，突破高端芯片设计、核心装备及材料器件等关键环节，力争在新一代微电子与光电子芯片领域抢得先发优势，有效提升集成电路装备与材料国产化配套能力。培育包括第三代半导体产业集群在内的10个引领突破的未来产业集群，高标准建设国家第三代半导体技术创新中心，为产业发展提供源头技术供给。

2021年《江苏省“十四五”数字经济发展规划》指出，聚焦重点产业集群和标志性产业链，实施前瞻性产业技术创新专项，加强集成电路、核心软件等重点领域的"卡脖子"技术攻关。集成电路方面提出做大做强以工业类、消费类为主的模拟芯片设计，重点突破储存器、处理器等高端通用芯片设计，积极推进特色制程和先进制程集成电路制造。

(二) 无锡市集成电路产业及支持政策

多年来，无锡专注于强"芯"战略，打造从设计、制造、封测到原材料乃至设备较为完整的集成电路全产业链。2022 年无锡集成电路产值 2 091 亿元，产业规模列全国第二。2021 年产业规模达到 1 783 亿元，同比增长 25.5%，占全省一半以上，综合实力仅次于上海位居全国第二。无锡高新区作为主要集聚地，截至 2022 年底，已有集成电路企业 400 多家、产业规模达 1 352 亿元，占无锡全市的 2/3、江苏全省的 1/3、全国 1/9，成为全国第二个集成电路产业超千亿级国家高新区，成功入选国家级创新型产业集群。

2023 年，无锡市《关于加快建设具有国际影响力的集成电路地标产业的若干政策》，是 2016 年无锡首次发布集成电路产业专项政策基础上的第三次迭代，堪称史上最强集成电路专项政策 3.0 版"36 条"。包括支持产业发展壮大、支持企业创新发展、支持项目加快建设、支持人才引进培育、支持产业协同发展、支持产业环境提优等 6 个方面，合计 36 项条款。按照"锻长板、强弱项、抓变量"的思路，协同发展集成电路全产业链，坚持"产业集群+特色园区""制造能力+产品生态""协同创新+关键突破"的发展路径，大力推动信创芯片生态圈、车规级芯片创新圈、高端功率半导体产业链、第三代半导体芯片产业链等"两圈两链"建设。

2022 年，出台《无锡高新区关于进一步加快推进集成电路产业高质量发展的政策意见(试行)》，无锡高新区将锚定"建成世界级集成电路产业集群"发展目标，以"无锡高新区集成电路产业园"为核心，全面做强"6+X"集成电路产业特色集聚区品牌。到 2025 年产业规模超过 2 000 亿元，规模以上集成电路企业数量达到 125 家，无锡高新区培育上市企业超过 8 家。

2020 年，无锡出台《集成电路产业集群发展三年行动计划(2023—2025)》，其中明确提出了围绕集成电路等产业大力进行技术布局。为重大项目建设提供全链条、专业化、闭环式服务保障，对集成电路领军人才创业项目给予最高1亿元资金扶持，对紧缺高层次“卡脖子”人才按贡献率最高给予15%补贴。

(三) 南京市集成电路产业及支持政策

南京已形成贯穿原材料、集成面板设计、制备、应用等关键环节的集成电路产业链。2022年全市集成电路产业实现营收568亿元，同比增长12.4%，全市拥有规模以上集成电路企业209家；其中集成电路设计业营收规模位列全国第六。南京市将集成电路作为现代产业体系升级的“四柱八链”的其中一个重要战略产业，继续发展“一核两翼”集成电路产业格局共同构建相对完整的产业链。

2023年，《南京市推进产业强市行动计划(2023—2025年)》正式发布，计划提出围绕“2+6+6”创新型产业集群，拼夺集成电路等六大产业集群国内制高点。预期到2025年，南京市集成电路产业综合销售收入力争达到2 000亿元，进入国内第一方阵。提出优化产业空间布局为“一核两翼”，其中“一核”为以江北新区(含浦口区)为全市集成电路产业发展核心区，重点集聚全球集成电路先进制造龙头企业、国际领先的自主可控集成电路设计企业等。“两翼”为江宁开发区重点打造第三代半导体产业基地，南京经济开发区重点打造AI、光电显示等领域中高端芯片设计与制造业。

2020年，《南京市数字经济发展三年行动计划(2020—2022年)》指出，重点攻关第三代半导体材料、功率半导体以及国产EDA工具，高水平建设国家集成电路设计服务产业创新中心，重点发展面向工业互联网、AI、5G、汽车电子、物联网等领域高端芯片设计、晶圆制造、专用前沿材料及设备。

2019年，《南京市打造集成电路产业地标行动计划》，打造“全省第一、全国前三、全球有影响力”的集成电路产业地标。深化产业与资本融合，设立产业投资基金：引导设立300亿—500亿元规模的集成电路产业投资基金，吸引撬动社会资本，重点投资集成电路制造、设计、封测等领域。

(四) 苏州市集成电路产业及支持政策

苏州形成了以集成电路“设计—晶圆制造—封装测试”为核心，集成电路设备、原材料及服务产业为支撑的集成电路产业链。苏州集成电路产业在近年来保持了高速增长,2023年,苏州市集成电路产业销售收入达到1 414亿元,同比增长33.63%;2022年,苏州集成电路产业规模约为1 058亿元,同比增长23.89%。

2022年《苏州市培育发展集成电路产业创新集群2025行动计划》提出,到2025年,力争全市集成电路产业规模达2 000亿元,新增市级以上"专精特新"企业30家,新增上市企业10家。聚焦MEMS智能传感器、化合物半导体和工业芯片等重点领域,完善特色领域技术创新体系和成果转化体系,增强产业创新能力,建成具有国内竞争力的集成电路产业创新集群。

2022年,苏州工业园区发布了《全面推进集成电路产业创新集群发展行动计划(2022—2025)》和《关于促进集成电路产业高质量发展的若干措施》。目标到2025年集成电路产业规模突破1 000亿,核心三业(设计、制造、封测)产业结构进一步优化。培育10家细分领域龙头设计企业;在第三代半导体领域培育出10家以上核心企业;封测业产值超500亿元,全国占比超过10%。

苏州市集成电路产业重点发展MEMS智能传感器、化合物半导体和工业芯片等特色领域。集成电路产业主要分布在苏州工业园区、昆山市、苏州高新区等地。苏州工业园区产业链齐全、集聚程度高,代表性企业有和舰科技、通富超威、晶方科技、华兴源创等。昆山市产业链涵盖设计、晶片制造、封装测试等,代表性企业有苏州能讯、云芯、华天科技等。苏州高新区则主要发展信息安全芯片设计、集成电路封测,代表企业有长光华芯、国芯科技等。

五、广东省集成电路产业政策及发展

(一) 广东省总体情况

作为我国信息产业第一大省,2024年广东省电子信息产业实现营业收入5.3万亿元,同比增长13.4%,连续33年位居全国第一,在消费电子、通信、AI、汽车电子等领域拥有国内最大的半导体及集成电路应用市场。半导体及集成电路是广东省十大战略新兴产业之一，多年来集成电路进口金额约占全国的40%左右，近年来随着国产替代的增加以及其他区域的增加正在逐渐降低，但占比仍在三分之一以上。广东省拥有深圳和广州两个国家级集成电路设计产业化基地，基本形成以深圳、广州、珠海为核心，带动佛山、东莞、中山、惠州等地协同发展的产业格局。深圳市、广州市和珠海市集成电路产业链建设相对完善；从产业链环节企业分布来看，集成电路设计等主要分布在深圳和广州市；集成电路生产制造等在多个城市均有布局。

2022年广东半导体集成电路产业集群实现营收超过2 200亿元；由于受到美国制裁等原因，2021年广东集成电路产业实现销售额仅为1 404亿元，不及无锡市的1 783亿元。2020年广东省集成电路和半导体产业主营收入约1 700亿元，约占全国的19%，仅仅满足本省需求的20%，对外依存度极高。2020年业务收入中，集成电路设计业约1 500亿元占比近80%，但制造和封测是广东省集成电路产业明显的短板。2020年数据来看，广东集成电路产业发展分布非常不均衡，深圳市收入约为1 500亿元，约占广东省的80%；包括珠海、广州等城市在内的集成电路和半导体产业主营收入占比只有12%。

在核心产业链中，广东的设计能力非常突出，但制造和封测能力滞后。受国内设计龙头企业华为被美国制裁的影响，2021年珠三角地区的集成电路设计销售额同比下滑36.9%，而同期长三角地区同比增长49%、京津环渤海上升76.7%、中西部地区上升40.3%。其中，深圳集成电路设计销售额从2020年的1 300亿元下滑至697亿元，从全国第一降至第三位。可见，单一企业过高的市场份额一旦面临环境波动时，对整个产业链的发展会带来较大的影响。

2021年，《广东省制造业高质量发展“十四五”规划》提出目标，到2025年，广东半导体及集成电路产业营收要突破4 000亿元，其中设计业超过2 000亿元，形成3家以上销售收入超100亿元和一批销售收入超10亿元的设计企业；制造业超1 000亿元，建成较大规模特色工艺制程生产线这一战略目标。2022年政府工作报告中，广东省再次喊出“打造我国集成电路第三极”的口号。主要思路是推进“强芯工程”，构建“四梁八柱”，即在基金、平台、大学、园区等支撑性方面打造产业“四梁”,从制造、设计、封测、材料、装备、零部件、工具、应用等专业领域构建“八柱”。

2020年,《广东省培育半导体及集成电路战略性新兴产业集群行动计划(2021—2025年)》提出到2025年,半导体和集成电路主营业务收入突破4 000亿元,年均增长超过20%。其中,集成电路设计业要超2 000亿元,形成3家以上销售收入超100亿元和一批销售收入超10亿元的设计企业;集成电路制造业要超1 000亿元,建成较大规模特色工艺制程生产线。到2025年,设计行业骨干企业研发投入强度超过20%,全行业研发投入强度超过5%。

意识到集成电路产业较为明显的滞后以及产业布局的高度不均衡,尤其是集成电路制造环节的落后,广东省正试图通过建立国有平台企业和发起产业基金来弥补政策和资金短板。广东省政府高层也认为集成电路产业兼具战略性和市场性,广东民营经济非常发达,过去主要依靠市场驱动,推崇有效市场模式。但在当前这种复杂的环境背景下,集成电路发展仅靠有效市场还不够,广东省开始向长三角地区学习,通过有效市场和有为政府相结合的模式,推动产业的超常规发展。

《2022年广东省数字经济工作要点》提出全面实施高质量建设“广东强芯”工程,加快湾区半导体、广大融智、智能传感器三大产业集团建设,大力推动集成电路制造项目落地建设。广东新设立湾区半导体、广大融智、智能传感器三大集成电路产业集团投资均超百亿,同时设立总规模达千亿级的六大投资基金。2024年,广东省在建、拟建集成电路重大项目近40个,总投资超过5 000亿元;而在2019年,广东集成电路产业基金规模仅为150亿元。

预计在广东省超强的市场需求以及雄厚财力支持产业政策推动下,“十四五”期间广东省集成电路产业规模会超越环渤海区域,成为中国集成电路的第二极,在省级排名中仅次于江苏省和上海市之后位列第三,华为海思的智能手机芯片和昇腾AI芯片等设计产业有望在未来几年发挥更为重要的产业带动作用。

(二) 深圳市集成电路产业政策及发展

深圳市是我国半导体与集成电路产业的集散中心、应用中心和设计中心之一，近年来出台集成电路产业发展系列政策，截至 2024 年年底，新落地或意向引入相关企业近 30 家，已有集成电路企业超 650 家，覆盖集成电路全产业链。南山区是集成电路产业的核心区，拥有大量设计企业，龙岗区产业链完备，福田区是电子元器件和集成电路产品应用集散中心，坪山区在晶圆制造方面领先，宝安区在半导体设备和材料方面有一定基础。深圳市拥有国家级集成电路设计产业化基地、国家第三代半导体技术创新中心、国家示范性微电子学院等重大创新平台。

2024 年全年集成电路年产业规模达 2 564 亿元、同比增长 26.8%，规模和增速创历史新高，提前完成了 2025 年产业营收突破 2 500 亿元的目标。2023 年市场规模为 2 137 亿元，同比增长 32.8%。集成电路设计业在全国处于领先地位，2023 年营收为 1 437 亿元、增长率为 30.4%；封测业表现优异，2023 年营收 421 亿元、增长率 41.2%；设备业的营收 156 亿元、增长率 29.7%。但在 2021 年受制于美国的打压政策，深圳市集成电路产业收入下滑至 1 100 亿元左右。

深圳市是大湾区集成电路产业集群的龙头，设计业是产业支柱，制造业和封测业较为滞后。深圳曾多年位列全国集成电路设计销售额城市榜首，但 2022 年深圳市集成电路产业营收为 1 609 亿元，同比下降 4.8%。在国内集成电路产业普遍保持两位数增长的情况下首次出现下滑，这种情况与深圳市在集成电路设计环节过度依赖于华为公司有关。2021 年，深圳的集成电路设计销售额从 2020 年的 1 300 亿元下滑至 697 亿元，几近腰斩，从原来集成电路设计销售额排名第一的城市下滑至第三，排在上海的 1 200 亿元、北京的 839 亿元之后。华为公司受到美国制裁，导致 2021 年、2022 年成为深圳市集成电路产业发展的“至暗时刻”；但在 2023 年、2024 年深圳实现了强势逆转，2025 年预计在华为海思手机芯片以及华为昇腾 AI 芯片的带动下仍可实现超常规发展。

2022 年，《深圳市培育发展半导体与集成电路产业集群行动计划（2022—2025 年）》，明确提出立足现有产业基础，聚焦重点项目和关键领域，形成“东部硅基、西部化合物、中部设计”全市一盘棋的空间布局，并以南山、福田、宝安、龙华、龙岗、坪山 6 个区为重点发展对象。到 2025 年，建成具有影响力的半导体与集成电路产业集群，制造、封测等关键环节达到国内领先水平。2025 年，产业营收突破 2 500 亿元，形成

3家以上营收超过100亿元和一批营收超过10亿元的设计企业,引进和培育3家营收超20亿元的制造企业。

六、浙江省集成电路产业政策及发展

(一) 浙江省总体情况

自“十三五”时期,浙江省大力发展集成电路产业,引进培育一批优质企业,形成了以集成电路设计和特色工艺制造为引领,封装测试和装备材料为支撑的产业体系,设计业规模和模拟芯片、功率器件等特色工艺制造生产能力国内领先,成为国家集成电路生产力布局的重点区域之一。目前浙江省已经形成涵盖芯片设计、晶圆制造、封装测试、产品应用、专用设备和材料等领域的较为完整的产业生态链。近年来,杭州为核心在集成电路以及相关产业由相对滞后出现了赶超和突破,以DeepSeek、宇树科技等为代表的“杭州六小龙”在AI和机器人领域的表现引起了业界关注,也必将带动相关的集成电路等产业的发展。

2023年,浙江省集成电路产业实现销售收入2 390亿元人民币,同比增长16.91%;集成电路设计业、芯片制造业、封测业、材料业和装备业分别实现销售收入684亿元、226亿元、290亿元、849亿元和341亿元。2022年浙江省集成电路产业总收入为2 045亿元,同比增长42.45%,占长三角地区产值比重由2021年的18%提高到2022年的21%。

《2021年浙江省半导体行业发展报告》显示,随着全省产业规模的不断扩大,以杭州、宁波为引领,嘉兴、绍兴和衢州等地协同发展的“两极多点”产业发展格局正在逐步形成。此前杭州的集成电路产业规模一直占据全省总规模80%以上的份额,近几年随着宁波、嘉兴、绍兴等市投资的加大,浙江省集成电路产业格局由过去杭州“一家独大”初步变成了“四强争锋”的局面。2020年,杭州、宁波、绍兴和嘉兴的产值合计规模占全省总产值的90%左右。

2020—2023年,浙江省相继出台《关于以新发展理念引领制造业高质量发展的若干意见》《浙江省数字经济发展“十四五”规划》《浙江省集成电路产业发展“十四五”规划》《浙江省国家标准化创新发展试点工作方案》等政策，培育集成电路标志性产业链。2021年《浙江省数字经济发展“十四五”规划的通知》提出，做大集成电路、智能计算、新型显示、智能光伏等产业，加快培育自主可控产业生态及信息技术应用创新产业。打造数字安防、高端软件、集成电路、网络通信、智能计算等5个千亿级标志性产业链和产业集群。集成电路作为基础产业发展重点方向，要增强芯片设计能力，加快第三代半导体技术突破，开发5G、汽车、数字安防、智能家居等专用芯片和边缘计算、存储器、处理器等通用芯片。发展模拟及数模混合芯片生产制造、高端封装测试、关键材料和核心设备。

浙江已将集成电路产业列为全省重点打造的十大产业链之一。2020年《浙江省实施制造业产业基础再造和产业链提升工程行动方案(2020—2025年)》提出，到2025年浙江省的集成电路产业链要突破第三代半导体芯片、专用设计软件、专用设备与材料等技术，打造国内重要的集成电路产业基地。目前，浙江省集成电路相关上市企业共10家，一半以上来自杭州；其中半导体材料企业4家；集成电路设计企业3家；半导体设备、集成电路封测、集成电路制造企业各1家。

(二) 杭州市集成电路产业政策及发展

2021年，杭州市在“十四五”规划中明确将集成电路产业定为未来主攻的制造业九大标志性产业链之一，并提出重点布局高端射频芯片、RISC-V开源平台、新一代光电芯片等领域，推动电子设计自动化(EDA)软件、半导体核心设备和关键材料的自主攻关。2025年，杭州市集成电路产值达到800亿元。产业布局上，杭州市确立了“市级统筹，各区兼顾”的集成电路产业发展总体规划和导向，滨江区依托杭州国家“芯火”双创基地，形成国内领先的、较为完善的“芯片—软件—整机—系统—信息服务”的产业生态体系。

2022年，杭州市集成电路产业收入约为500亿元，同比增长约20%。2018—2021年，杭州市集成电路营业收入持续以两位数幅度增长，2021年营业收入414亿元，同比增长21.6%；其中，集成电路设计业销售额约为367亿元，较2020年增长72.5%。2020年全市集成电路营收330亿元，增长15.7%，占全省比重约30%。从2018年起，杭州的集成电路设计业销售规模一直稳居全国前四，全省85%以上的设计企业、95%以上的集成电路设计收入都集中在杭州。杭州集成电路设计销售过亿的企业数量占浙江省的比重约为75%,包括矽力杰、平头哥、国芯科技、华澜微电子、杭州朗迅科技等一批代表性企业;EDA软件领域,广力微、行芯科技、法动科技等企业也在加速突破。

2022年,杭州市发布《关于促进集成电路产业高质量发展的实施意见》,明确了杭州集成电路产业新的发展目标,提出实施五大行动,出台14条具体举措,为打造万亿级智能物联产业集群凝聚硬核力量。提出了实施高端设计引领、特色制造提升、关键材料设备攻关、平台能级跃升、长三角协同攻关行动五项重点任务。主要目标包括:第一,产业能级倍增。打造长三角集成电路核心城市,会同宁波、绍兴、嘉兴协同打造环杭州湾集成电路核心产业集聚区。到2025年,集成电路产业规模实现800亿元、冲刺1 000亿元,年均增长20%。第二,空间布局合理。打造"一核一廊多点"空间格局。"一核"即滨江创新核,强化国家集成电路设计杭州产业化基地和杭州国家"芯火"双创基地作用,打造高端芯片产业优质生态。"一廊"即城西科创大走廊,在高端芯片、核心材料、关键设备、支撑软件等领域形成一批重大创新成果。

七、长三角地区集成电路产业协同发展建议

(一) 国内外形势新变化与长三角集成电路产业的机会

首先,国家与地方层面长期性政策支持。未来较长时期的战略规划中,国家与地方都会继续支持集成电路产业的发展,强调突破集成电路关键技术,举国体制集中力量发展集成电路产业。国家层面对于集成电路产业的支持不仅体现在宏观战略规划与指导方面,更体现在税收优惠、财政补贴、人才激励以及各类产业基金的直接支持方面。通过这些活动尤其是近年来先后推出的三期国家产业大基金,以及地方性配套基金的推出,政策与市场机制结合促进产业发展与创新突破。

其次,国际环境恶化迫使产业自强。近年来,在中美贸易摩擦的背景下,美国主导包括欧盟以及日韩等都加大了对中国集成电路产业的一些限制,集成电路产业上升到了前所未有的国家战略层面。同时由

于集成电路产业在现代工业社会和制造业中的核心地位，其战略地位和经济意义也得到各国政府的广泛关注。AI、机器人、自动驾驶等产业的快速发展，进一步刺激各国政府强化集成电路等底层核心产业和核心技术的关注。集成电路产业作为制造大国向制造强国转变的关键，在很长时期内仍然会得到国家高度的关注，长三角作为中国集成电路产业的“基本盘”可以获得更好的发展机遇。

最后，长三角良好的产业生态保障。长三角地区是我国集成电路产业基础最扎实、产业链最完整、技术最先进的区域，目前占据了全国收入60%以上的市场规模。长三角各地区集成电路产业发展各具特色而且有很强的互补性，产业协调是长三角集成电路产业一体化高质量发展的核心。上海市全产业链完备、江苏省封测业发达、浙江省以集成电路设计为主、安徽省具备制造优势。各省市都出台了强有力的政策措施和配套的基金等保障，在较为成熟的产业园区以及便利的交通和区域协作机制下，尤其是更加贴近终端制造业的市场驱动，进一步促进了良性生态环境的形成。上海市在高端设计、关键设备和原材料领域的突破，浙江省在AI和机器人领域一些标志性企业的诞生，江苏省在先进封装领域以及安徽在高性能存储领域的持续改进等，将会在未来进一步强化长三角区域的领导地位。

（二）长三角区域协同发展建议

结合当前长三角区域集成电路产业在国内的地位以及全球的发展等综合因素，我们提出了五个方面的设想和一些应对策略：第一，定位：龙头引导，差异互补。在区域定位方面，继续强化上海市在集成电路产业的龙头地位，同时强化各省市的差异化互补，而不是区域内耗导致无序竞争。第二，机制：联盟助推，五链融合。区域协作发展中，形成松散型的地区联盟机制，强化政策链、产业链、资金链、创新链、人才链的深度融合。第三，需求：拓展应用，市场驱动。长三角区域集成电路产业要获得更为健康的发展，需要继续强化真正的市场需求驱动的发展，而不能仅仅依靠政策推动，市场需求方面要强化手机、PC、电器、汽车以及AI等方面的终端需求。第四，创新：关注未来，培育爆点。要获得更为快速和健康的发展，不能仅仅关注当前关键的“卡脖子”等技术，还要以动态变化的眼光超前思考,关注新技术的同时培育新的方向尤其是可能的“燃爆点”领域。第五,全球:开放互赢,国际协同。长三角地区甚至是全国的产业发展,都要意识到仅靠自己单打独斗很难在集成电路这一代表现代工业最高水平的产业领域实现全面的自主和控制,国际协同以及国际化仍然是未来重要的趋势。

1. 定位:龙头引导,差异互补

长三角区域有着国内最为完善的产业链布局,但这种产业链布局更多的是市场驱动和历史原因逐渐形成的。近些年在国家和省级产业政策的带动下,各市甚至区县都对集成电路产业给予了高度关注,出台力度较大的产业政策吸引投资和发展,但也在一定程度上造成了无序发展,一些新加入的企业由于缺乏配套支持或者无法与行业内的主导企业竞争而最终凋落。

长三角区域集成电路产业要获得更好的发展,需要继续强化上海市的龙头地位,各省市在自己强势产业的基础上差异化布局,壮大整个长三角区域性产业优势。主要包括:继续强化上海市的高端设计与先进制造,以及关键设备和原材料的产业突破。江苏省继续强化封装测试产业尤其是先进封装,弥补国内在先进生产制程方面的不足,另外要强化关键材料和设备、传感器、电源以及汽车应用等方面的优势。浙江省要在关键设备和材料方面继续突破,利用机器人、AI 等方面的新进展扩大与集成电路产业的关联,争取另辟蹊径获得新的发展;另外在集成电路相对较弱但与上海、苏州更为接近的嘉兴、湖州地区要主动融合。安徽省继续发挥合肥市的优势扩大存储和智能硬件的优势,争取扩大应用市场规模并在新一代高速存储方面实现突破,为国内高性能芯片如 AI 芯片等做出贡献。

一方面,上海市应该发挥引导作用,加强与各省市的沟通,鼓励上海市的企业在生产、市场、投资等方面优先扩大对长三角地区省市的投资,龙头企业驱动的产业布局具有更好的互补性。另一方面,江浙皖等省市也要关注上海市以及上海市内关键企业的布局,与自己的产业和区位优势结合,吸引集成电路企业进入。其次,江浙沪皖都应该以开放的心态关注全球以及国内的珠三角、北京等省市,以合作的方式引入国内外头部企业或者合作突破关键瓶颈。

2. 机制:联盟助推,五链融合

在发展机制方面,可以建立龙头企业主导、政府机构辅助的“松散式”区域产业联盟,按照不同的子行业领域等建立联盟和协作机制,进行信息沟通和政策分享,引导企业进行重点攻关,进而实现政策链、产业链、资金链、创新链、人才链的深度融合(孙琴等,2022;刘樱霞等,2023)。根本目的是支持区域内的集成电路企业获得更好的协同与发展,实现整个长三角区域乃至全国更好的发展,而不是死守一隅导致企业缺乏市场竞争力。

在政策链方面,长三角区域政府以及产业园区等进行一定协作,确保在政策制定中目前已具备优势的产业领域保持基本一致性,而在新型领域或者“卡脖子”领域适度放宽,但也要进行一定的沟通,以便向自己辖区内的企业进行宣传,帮助企业享受政策实现更好的发展。产业链方面,继续加强长三角区域内集成电路产业链上下游的协作,推动设计、制造、封测、装备、材料等环节在区域内部形成良性循环,以产业联盟强化信息和政策互动的基础上,也鼓励上海等龙头城市的关键企业扩大区域内产业布局,同时支持各地的头部企业在上海设立研发中心以及新业务拓展公司等。

在资金链方面,长三角地区具有较为充足的资金,但这些资金大多以各省市为中心,今后可以在投资上扩大到三省一市的范围,尤其是本地企业在其他地区开设新工厂或者技术含量较高的公司时,通过股权投资等方式降低地域限制,也可以采取本省市机构和长三角基金的联合投资等。在基金设立模式上,可以尝试跨省市的长三角产业基金。另外学习广东经验,进一步鼓励民营投资机构(如武岳峰资本类似的机构)进行长三角区域的跨省市投资。

在创新链方面,依托国家集成电路创新中心、科研院所等平台,强化以龙头企业和长三角产业联盟为主导的联合研发,追踪国外前沿进展,开展关键核心技术攻关。针对产业链的痛点、堵点以及未来高地等部署创新链,加速从基础研究到成果产业化的转化机制。除了长三角区域自身的企业和科研院所研发平台外,也要利用地区和资金优势、政策优势等吸引其他地区的企业和科研院所设立研发机构,多方面提升研发与创新能力。

支撑创新链以及资金链的保障是要有创新性的人才,因此在人才链方面需要更为关注,出台更具吸引力的人才政策。与广东等地区相比,绝大部分长三角省市的人才政策方面还存在一定的短板。创新人才的吸引力不足可能导致人才流失,成为资金更为宽裕的广东或者科研力量更强的北京等省市的潜在目标,甚至在当今激烈的竞争形势下远走海外。

3. 需求:拓展应用,市场驱动

对于任何一个产业,持续旺盛的市场需求是确保产业健康发展的根本保障,因此要利用各种方式扩大需求,尤其是占据重要位置的终端需求,如手机、电脑、电器、汽车以及新型的 AI 需求等。2022 年的半导体收入约 23%来自智能手机;服务器/PC 合计占 26%,其次是工业、消费电子、汽车和通信基础设施,分别占 11%、11%、10%和 8%(王大卫,童钰枫,2024)。通过旺盛的终端需求,传导到中上游的集成电路产业才能形成真正强健的产业链。长三角区域强大的制造业资源可以保证制造企业中间环节的芯片需求,但与广东和西南地区相比在终端需求方面略显不足。在国家和地方政府长期积极的产业政策引导下,长期的高强度投入可能忽视了最下游的终端市场需求,导致资源错配和产能过剩,最终会伤害到上游脆弱的集成电路产业链,尤其是一些成立时间较短、研发和固定资产投入较高的企业,可能面临着需求萎缩带来的严重冲击(汪金爱,王小玲,2024)。

为了避免这一问题的出现,各地在出台集成电路产业政策和园区招商时,也要关注关联企业的引入和扶持,如智能手机、PC、汽车电子、智能家电等厂商,缺乏这些客户需求的支撑,可能给过度享受政策优惠的“园区温室”中的企业带来致命打击。江苏、广东等省市在电子产业这一终端需求旺盛的领域具有很强的优势,也要促使集成电路企业与他们达成更密切的合作,通过更广范围的产业合作营造更为健康的产业环境。要意识到集成电路产业是许多工业制造的中间环节,很难脱离电子产业等来孤立发展集成电路企业。

除了传统的电子和其他制造业等,长三角区域集成电路产业的发展要利用 AI、机器人、自动驾驶、无人机、物联网等新型技术带来的契机,培育新的产业形态,如 AI 手机、AI 计算机与服务器、低空经济、智能汽车等,并在新一轮工业革命中建立产业优势,进而反哺更上游的集成电路产业,实现相互促进,建立更为强壮的集成电路和其他新型产业生态链。

4. 创新:关注未来,培育爆点

在目前较为成熟的领域,长三角区域的集成电路产业链最为完善,发展也最好,但也要持续关注一些新型领域,如AI、高带宽存储、汽车电子、物联网等领域。以ChatGPT为代表的大模型算法的推出,代表着AI时代的真正到来,支撑AI发展的算力、算法、数据等都对处于基础性的集成电路芯片提出了更高的要求。随着芯片计算能力的不断提升,高性能AI芯片将成为支撑大规模并行计算、实现万物互联的重要媒介,而边缘AI芯片的广泛应用则能够显著提高时延、功耗和安全性等方面的性能。生成式AI的重要意义不亚于PC或者互联网的出现,是一个划时代、颠覆式的应用,AI应用将很快从云端向边侧、端侧拓展,由此带动手机等智能终端、PC、电器、汽车、机器人等终端向AI转换,这些终端需求将会进一步引爆AI芯片和其他芯片市场。杭州DeepSeek公司AI模型的推出,极大地降低了对于高端AI芯片的需求,这给国产AI芯片带来了新的机会。在AI芯片设计领域,长三角区域具有一定的优势,但国内的领导者仍然是华为公司,应该再进一步强化合作,加速国产AI芯片的更新换代与大批量生产。

AI芯片对集成电路制造工艺带来的挑战主要为大算力和能效比。大算力需要在单位面积里集成更多的晶体管,提供更高的集成度、更高的芯片性能,目前主要还是依托于芯片工艺的缩微化和先进封装技术。由于美欧国家对于高端光刻机等的限制,直接进行芯片制造工艺提升可能在短期内存在较大难度,先进封装技术可以一定程度上暂时缓解这一不足。因此,上海和江苏作为AI芯片制造和封测重镇应该强化协作,加速这一进程。同时,利用国家和地方政府的家电购置补贴等政策加速AI PC和AI手机的应用,进而引爆更上游、性能要求相对较低的国产端侧AI芯片产业链。

尽管目前汽车电子的市场规模远不如手机等移动终端以及PC等电脑行业的需求,但未来汽车行业的新"四化"却是让汽车行业从过去的单一链状向生态网络进行演变。无论是电动化涉及的新能源动力系统领域、智能化带来的无人驾驶或者驾驶辅助电子系统、网联化涉及的车联网布局,还是共享化所指的汽车共享与移动出行等,都需要极高的汽车电子以及集成电路的支持。长三角三省一市在汽车产业、汽车电子方面都具有很强的优势,上海的特斯拉超级工厂、最新宣布的丰田雷克萨斯工厂,以及国内新能源和传统汽车产业链等,可以为长三角区域在汽车芯片及相关产业的发展提供保障。

5. 全球:开放互赢,国际协同

集成电路产业是高度国际化的产业,企业需要在全球配置资源,参与全球市场竞争。以长三角地区为中心的中国集成电路产业需要始终秉承"开放发展,合作共赢"的发展原则,充分利用全球资源,积极从市场、资金、人才和技术等多个层面深化国际合作(孙琴等,2022)。在强调"自主可控"的集成电路产业发展的同时,也要规避自己的主动"脱链",变成高端制造业领域的"闭关锁国"甚至"闭门造车"。

首先,中国是全球最大的集成电路消费市场,占全球需求的50%以上,但自给率仅为24%左右,尤其是高端芯片以及产业链中的高端软件、制造设备、原材料等仍然高度依赖进口。即使进行了强有力的产业扶持和企业竞争能力的突破,短时间内很难做到完全的国产替代。2022年、2023年中国进口半导体产品分别达到4 160亿、3 510亿美元,分别占全球半导体市场规模的73%、67%。2010—2023年,中国半导体行业自给率从2010年的10%大幅上升至2023年的24%;预计2028年中国半导体自给率或将达到27%,但总体自给率仍然处于较低的水平(王大卫、童钰枫,2024;罗党论等,2024)。

其次,中国作为全球最大的制造国,制造业及其核心部件集成电路产业的持续发展离不开国际化。作为全球科技产业价值链中最重要的参与者之一,中国制造或组装了大部分电子相关产品。2023年,全球近81%的PC、75%的智能手机、58%的电动汽车和32%的服务器均在中国境内生产。虽然最终产品大多数是由基地位于中国的供应商所制造,但集成电路等关键部件是由外国供应商所提供。

最后,集成电路产业作为现在工业的"心脏"产业,技术复杂性也处于极高的位置。无论是长三角地区还是全国的企业研发部门、科研院所等研发机构等,在研发链构建和研发能力提升方面都不能脱离国际前沿,研发上完全依靠自己或者个别国内头部企业的做法都无异于一种自损行为。

参考文献

陈志、胡晓珍:《集成电路产业现状与发展前景》,广东经济出版社 2015 年版。

高继卿、朱学彦、蒋娇燕:《支持长三角集成电路产业协同攻关的思路与举措》,《科学发展》2023 年第 5 期。

雷瑾亮、张剑、马晓辉:《集成电路产业形态的演变和发展机遇》,《中国科技论坛》2013 年第 7 期。

刘冰冰:《产业投资基金能够激励企业技术创新吗?——基于国家集成电路产业投资基金的研究》,《金融发展研究》2024 年第 1 期。

刘建丽、李先军:《基于非对称竞争的"卡脖子"产品技术突围与国产替代——以集成电路产业为例》,《中国人民大学学报》2024 年第 3 期。

刘雯、马晓辉、刘武:《中国大陆集成电路产业发展态势与建议》,《中国软科学》2015 年第 11 期。

刘樱霞、夔谦、仝雷雷、陈大明、杨露:《长三角集成电路产业链现代化发展路径》,《科技导报》2023 年第 6 期。

罗党论、张思宇、杨文慧:《大基金与"卡脖子"行业发展——来自半导体行业上市公司的证据》,《南方经济》第 6 期。

孙琴、刘戒骄、胡贝贝:《中国集成电路产业链与创新链融合发展研究》,《科学学研究》2023 年第 7 期。

孙琴、刘戒骄、徐铮:《中国集成电路产业"三链"融合:理论逻辑,现状与思路》,《经济与管理研究》2022 年第 12 期。

汪金爱、王小玲:《我国集成电路产业政策现状与上海引领发展的新机遇》,《现代管理》2024 年第 2 期。

王大卫、童钰枫:《中国集成电路设计行业首次覆盖:本土化进程或将加速》,交银国际证券有限公司 2024 年研究报告。

王龙兴:《探讨"十三五"期间上海集成电路产业发展的主要目标和主要任务》,《集成电路应用》2017 年第 2 期。

魏伟:《上海集成电路领域创新策源能力的研究》,《中国集成电路》2022 年第 8 期。

许学国、马聪聪、李烨:《面向关键核心技术突破的区域创新网络协同驱动研究——以长三角 IC 产业链为例》,《上海管理科学》2023 年第 1 期。

周子学:《集成电路产业面临的形势和发展特点分析》,《产业经济评论》2014 年第 6 期。

参考文献

[illegible]

调研报告

三螺旋架构视角下的协同创新

——记青浦中国北斗产业技术创新西虹桥基地的科创管理模式

上海市现代管理研究中心调研组*

一、引　言

2020年7月，习近平总书记宣布正式开通北斗三号全球卫星导航系统，这标志着中国航天人整整二十年的努力取得了完满的成功。从2000年10月第一颗北斗一号试验卫星成功发射，到2020年6月23日北斗三号最后一颗全球组网卫星完成部署，中国北斗的全球组网，达到世界先进水平，为世界贡献了全球卫星导航的"中国方案"。

在习近平总书记的关心和指示下，经过短短十多年的努力，中国北斗产业化就取得了快速进步。中国卫星导航定位协会发布《2024中国北斗产业发展指数报告》显示，截至2024年上半年，北斗产业综合指数已经达到1 431点，对比2013年北斗产业元年，指数增加幅度超过470%。同时，北斗系统的应用已经融入百姓生活，我国各种类型的北斗终端设备(不含消费类电子)应用超过2 700万台/套，2024年上半年国内智能手机出货量1.39亿部，其中，超过98%的手机支持北斗定位；北斗网络辅助公共服务平台(A-北斗平台)的日均访问次数约4.4亿

* 调研组成员包括：马湘临、蒋狄青、王玥、穆春唤、伏玉林，执笔：蒋狄青。

次,日均活跃用户数量约 5 700 万。

目前,各地纷纷建立起北斗产业园,形成了京津冀、长三角和珠三角等区域发展片。那么,上海的北斗产业发展如何?在这一发展过程中是否摸索出了新的科创管理模式?成效如何?带着这些问题,《现代管理》调研组访问中国北斗产业技术创新西虹桥基地(以下简称北斗西虹桥基地),与园区领导和管理人员进行座谈,对北斗西虹桥基地的发展模式及创新特色进行了深入了解。基于实地调研、资料搜集和座谈素材,调研人员认为北斗西虹桥基地的发展一方面是因为天时、地利、人和,另一方面,青浦领导和基地运营方通过制度改革,巧妙运用三螺旋理论,强化高校、企业和政府的关系,摸索出一条技术自主的快速发展模式,从而促进了新质生产力。

二、北斗西虹桥基地的发展背景

2012 年,中国北斗二号系统组网完毕,大大提高了定位精度,开通了区域服务,奠定了大规模产业化的基础。正如中国北斗系统首任总设计师孙家栋院士当时所言:"北斗应用和北斗产业化……迎来了最佳历史机遇期。"他督促要加快形成"北斗'天上好用、地上用好'"的格局与态势(张宏洲等,2020:5)。上海市青浦区政府领导看准了北斗导航产业化大潮机遇,组织精兵强将,紧锣密鼓布局建设,用了不到一年时间就于 2013 年在西虹桥商务区建立起中国北斗产业技术创新西虹桥基地。北斗西虹桥基地的成立发展可谓因势利导,既得到了国家政策的推动,也利用了上海的区位优势和科技人才资源。

(一) 国家政策推动北斗产业化

2012 年后,中国政府出台一系列产业政策,大力推动北斗系统产业化。2012 年,国务院颁布《国家中长期科学和技术发展规划纲要(2006—2020 年)》,北斗卫星导航系统被列入"前沿技术"。同年公布的《国家战略性新兴产业发展规划纲要》指出,要"做大做强卫星及其应用产业",明确提出"加快建设卫星导航空间系统和地面系统,建成北斗全球卫星导航系统,形成高精度全球服务能力"。之后国务院、工信部以及民航局等，都相继发布相关政策措施，旨在推动完善北斗导航基础设施，推进北斗导航服务模式和产品创新，扩大北斗应用规模。在各级政府的指导和推动下，北斗终端全面植入金融、电力、通信等在国民经济中具有系统重要性的基础设施，为国家经济安全提供了有效支撑。2023 年，全国安装北斗车载终端的重点运营车辆已超 800 万辆、邮政快递干线车辆超 4 万辆、船舶超过 4.7 万多艘。此外，北斗系统还融入了智慧城市建设。通过“北斗＋智能网联汽车”协同发展，北京、上海、广州等 16 个城市在建设智慧城市基础设施与智能网联过程中，把北斗天基系统（空中设施）和地基系统（地面配套设施，如电线杆、固定建筑等）结合起来，极大提高智慧城市交通的定位精度。据统计，450 余座城市中 500 多万辆共享单车载有国产北斗高精度定位芯片。

（二）上海科技创新发展注重北斗产业

上海市科委很早就前瞻性地重视北斗产业化趋势。2010 年上海市科委就提出，要以北斗为切入点，发展北斗导航产业。2013 年，上海市公布了《上海市推进战略性新兴产业“卫星导航”专项工程实施方案》，设立战略性新兴产业专项资金，从产业基础设施建设、关键共性技术攻关和推进重点行业应用等几个方面推动上海北斗产业发展。在上海北斗产业初具规模后，上海市经济和信息化委员会、上海市发展和改革委员会、上海市科委等 6 委办在 2021 年发布《上海市北斗产业高质量发展三年行动计划（2021—2023 年）》，进一步推动北斗产业发展。该计划指出：“以北斗全产业链发展为导向，瞄准高精度卫星导航市场需求……到 2023 年末，将上海打造成为北斗产业自主可控、多源融合创新策源地、高端产业引领集聚区。”尤其是，上海鼓励企业充分发挥北斗短报文和地面精准定位的优势，在城市治理、智能交通、无人系统、大众消费、航空应用等领域实现北斗应用的融合创新；强化在海洋、船舶、电力等关键行业的短报文通信特色服务。这些举措不仅激励相关企业进一步科技创新，而且也扩大了应用范围，推动北斗产业化向纵深发展。

（三）地处长三角中心与配套设施

北斗西虹桥基地落户于上海市青浦区西部，分为两个园区，高泾路园区和高光路园区，可谓地处长三角中心，具有明显的区位优势。它毗邻国际进口博览会的永久举办地——国家会展中心。周围通达性强，现有 2、9、17 三条地铁线，另外规划中的 13 号和 25 号地铁。如果自驾，则靠近 G50 沪渝高速和 G1501 绕城高速，10—15 分钟内可达上海虹桥国际机场和虹桥火车站。

园区占地面积虽然不大，但是环境宜人。高泾路园区占地 57 亩，高光路园区占地 43 亩，总建筑面积超 7.4 万平方米。园区采用花园式景观设计，成为绿色办公和休闲环境融为一体的生态园区。周边配套设施完善。建有大量高端国际居住小区、公寓和公寓式酒店，满足园区内各个阶层人士的居住需要。另有上海国家会计学院、世界外国语学校等多所高水平国际学校，提供高科技人才子女就学需要。同时，拥有虹桥中心和联美中心等多个城市综合体提供商业服务。

(四) 上海雄厚的科技人才资源

上海丰富的科教资源为北斗西虹桥基地提供了充沛的人才补给。上海交通大学电子信息与电气工程学院、同济大学测绘与地理信息学院和上海大学通信与信息工程学院都提供卫星导航与位置服务专业课程。复旦大学、华东师范大学、华东理工大学则开设微电子、计算机软件和材料课程，为北斗系统研制所需的芯片和电子产品提供人才库。上海建设管理职业技术学院则培养专业技术人员，助力北斗系统融入智慧城市建设。此外，上海还分布着数家致力于北斗产业化的研究院，比如北斗智慧应用创新研究中心、上海华东电信研究院、上海北斗导航创新研究院、上海产业技术研究院和上海空间信息与定位导航工程技术研究中心等，为打通北斗系统产学研链条提供助力。

三、北斗西虹桥基地的发展特点

从 2013 年成立，北斗西虹桥基地经过十年多发展，围绕着“规模化、产业化、国际化”的发展要求，以“创新时空、赋能产业”为使命，连续多年保持导航产业 30%以上的高增长率发展，产值从最初的六千多万到如今突破一百亿元。园区集聚了八百余家北斗导航与定位相关企业，其中，华测导航、联适导航、京济通信、合亿信息、海积信息、普适导航、川土微电子、道枢科技等企业已经成长为北斗产业细分领域中的领军企业，在业内公认达到第一梯队，成为国内技术综合竞争力最强、产业链最完整、公共支撑服务平台最完善的"北斗第一园"。

经历过去十多年的发展过程，北斗西虹桥基地表现出四大特点：自、高、精、全。

(一)"自"主可控的北斗产业化技术基础

与其他高科技产业显著不同，长达27年的三代北斗导航技术发展始终把基础研究和技术创新的自主性置于首位。小到配件和算法，大到系统软件和装备集成，均通过自主设计与实验积累了完整的数据，自成独立体系。比如说，与GPS单向定位模式不同，北斗首创"星间链路"技术，实现卫星间自主测距与数据传输，显著降低了对地面站的依赖，并支持全球无缝覆盖。截至2023年，北斗三号系统定位精度、高程和授时精度等关键指标与GPS、伽利略系统相差无几。更为重要的是，国产北斗芯片已实现28纳米工艺量产，功耗较早期降低60%，成本下降至10元级，支撑智能手机、车载终端等消费级产品普及。高精度板卡、天线等核心部件国产化率超过90%，摆脱了对外部供应链的依赖。除了硬件，我国已出台与卫星导航相关的政策法规1 000余件，全国北斗卫星导航标委会累计发布北斗领域国家标准32项、专项标准56项，完成国家北斗卫星导航标准体系修订，形成北斗规模化应用和产业化发展的市场环境。至此，北斗产业实现了全方位的技术、标准和制度体系的自主化。所以，北斗西虹桥基地的创建人之一、上海交通大学的郁文贤教授才有底气断言"未来肯定是北斗的"。北斗西虹桥基地鼓励园区企业立足国内技术基础，研发自主可控的技术。据统计，仅2013年到2018年，园区年均专利申请近200项，承担并完成30多个国家级、市级重大专项项目任务；累计获得国家级、省部级和上海市等各类奖项20余项(张宏洲等，2020：87)。

(二)"高"效、"高"增长和"高"科技的发展路径

北斗西虹桥基地从成立到开园后服务企业，一直秉持"高效服务"

的原则。2013年,当青浦区政府领导意识到北斗产业是一个可以带动高科技企业发展的朝阳产业,决策建设北斗产业园区后,在短短100多天里,青浦区科委先后开了10余次推进例会,许多会议协调区各部门主要负责人现场办公,当场确定和拍板,之后由区科委专人全程跟踪进程,及时反馈信息和处理问题,仅仅不到一年时间就完成了园区布局和初步的建设,在2014年前开始运营,接受企业入驻。开园后,北斗西虹桥基地为了支持企业开展创新,构建了高效运作的公共服务平台,其提供的创新服务体系涵盖了企业落户、产业政策咨询、知识产权保护、管理咨询、研发补助、资源共享等各个方面,促进了园区的发展。园区企业营收每年保持平均30%以上的高速增长,从2014年的4亿元增加到2024年的105亿元,产业增长率在全国名列前茅。园区企业税收从不到两千万增加到3.2亿元。每年保持29%的增长。入驻企业中,超80%为高新技术企业。虽然有部分企业规模不大,但都集中在北斗导航系统技术创新与解决方案研发的针对性垂直细分领域。有的侧重测绘设备的国产化,华测导航生产出了全国第一台登顶珠峰国产测绘装备,也有的主攻无人农机技术:联适导航研发的北斗高精度农机自联适动驾驶系统"明显地增加农产品的产量,降低农业生产成本,提高农业生产效率"(蔡耀君,2023)。

(三)"精"准招商、"精"细服务和"精"耕市场

从一开始,北斗西虹桥基地就确立了以技术引领带动企业集聚与培育,集中引入北斗基础产品、物流信息化、智能无人系统、3S应用服务相关技术和产业的企业,宁缺毋滥,拒绝了许多产值可观但是技术含量不高的企业。另外,许多入园的高科技企业的创始人都是大学教师或者业界青年工程师,掌握技术却未必精通管理,园区管理部门针对这种情况,与工商、财务、法律、协会、投融资机构等第三方机构合作。在企业孵化期,为创业者们提供管理方面的培训精准服务,提高企业运营规范化。在企业加速发展期,则为企业提供律师、融资、培训、协会等服务,到了规模扩张期则安排资本、上市、战略类服务机构与之洽谈。为了帮助高科技企业招到相应的技术人才,青浦区针对性地研究出台一系列政策和措施。《青浦区人才发展三年行动计划(2014—2016年)》

《人才开发激励办法》和《人才积分管理办法》等配套政策极大地激励和培育出创新创业人才。对符合条件的人才，青浦区不仅给予住房优惠、租房补贴、项目资助、直接奖励，以及医疗、教育等个性化服务等政策，还把第一批人才公寓优先提供给了北斗西虹桥基地优秀技术人员。正是在区政府和园区管理部门精心扶持下，西虹桥基地内企业蓬勃发展，到2024年，市级专精特新企业达到36家，市级小巨人(含培育)达到10家，国家级“专精特新”小巨人有8家之多。这些企业特点是规模不太大，但是却都在各自的细分市场精耕细作多年，成为隐形冠军。比如为中国海上民用海洋渔业提供北斗通信和导航服务的上海普适导航科技股份有限公司是相关领域的龙头企业，至今，超过50%的中国渔船搭载普适导航提供的北斗终端。

(四) 产业链完“全”的创业生态

北斗产业链是指基于北斗全球卫星导航系统的产业体系，涵盖了从上游基础元器件、中游终端设备到下游运营服务的完整产业链。具体来说，上游主要包括芯片、板卡、天线等基础元器件的研发和生产，它们是北斗系统实现自主可控的关键环节，也是整个产业链的基础。中游主要涉及终端设备的集成和系统集成及相关技术，包括车载终端、移动终端等。中游环节是北斗产业化的核心。下游主要是应用和运营服务，为政企用户、行业用户、服务商和大众消费者提供基于北斗的定位、导航、授时、短信报文等各类基础服务。下游环节直接面向消费市场和行业市场，应用领域广泛，包括交通、农业、测绘、防灾减灾等领域，北斗系统还可以应用在智能手机、可穿戴设备、车载导航等大众消费领域，市场需求强大。北斗西虹桥基地区针对产业链，细致布局，形成了较为完整的产业链架构。在处于上游的北斗芯片、天线、高精度板卡等方面，集聚了华测、海积、川土、尚远、卷积等公司；在中游终端集成环节，集聚了包括华测、联适、合亿、瀚界、仪耐等公司；在下游运营服务环节，集聚了普适、势航、策宇、瞰景等公司。还有一批“北斗+”跨界融合类企业，如禹点、诺力、道枢、复数时空等公司。无论处于产业链上的什么位置、无论是上市公司，还是小微初创企业，无一例外都是创新创业型高科技企业。即便类似华测这样的龙头企业，也不停投入巨资，扩展北斗导航的应用领域,进一步完善产业链。

四、三螺旋架构、制度创新与协同创新

除了利用天时、地利、人和因素之外,园区创建者和管理者充分借鉴硅谷的三螺旋结构创新经验,依据青浦的具体情况,大胆改革制度,创造性建立"用、管、产、学、研"一体管理模式,摸索出复合三螺旋模型,从而持续推动高速增长。

(一) 三螺旋理论及其在中国的应用

三螺旋理论是一种有关科技创新的学说。美国学者亨利·埃茨科维茨(Henry Etzkowitz)和洛埃特·雷德斯多夫(Loet Leydesdorff)在比较硅谷和波士顿等地区信息技术革命的研究基础上,于1990年提出了三螺旋理论,颠覆了传统创新理论。所谓三螺旋指的是政府、企业和高校三个主体的互动关系。经典创新理论取自于早期工业革命的经验,认为科技创新由私人企业主导。在19世纪,正是贝尔实验室、爱迪生公司等发明创造推动了电气化革命。政府在科创过程中毫无作为,仅仅扮演"守夜人"角色。但是,自20世纪70年代后爆发的信息技术革命,尽管美国波士顿、纽约等地大公司建立了庞大的科研机构和团队,研发出不少关键技术,但巨额投入呈现出边际效益递减趋势,最后许多技术发明未能适应市场需求。相比之下,硅谷数以千计的中小微企业在大学与政府的协同网络中紧贴市场,发现机遇,及时把先进技术转化成市场需要的产品。硅谷的成功说明单一主体无法持续驱动创新,政府、产业、大学三方需要在扁平化动态模式下互动才能催生出科技革命(亨利·埃茨科维茨,2005)。

在三重螺旋结构中,三个主体的功能都与传统角色大相径庭。首先,大学或研究机构从象牙塔变成了创新引擎。传统大学聚焦基础研究,而在新技术革命中,大学的功能得到扩展,不仅生产科学知识,培养跨学科应用型人才生产、还要通过知识产权共享机制激励产学研合作,换言之,大学需要承担创业功能。比如,斯坦福大学通过技术转移办公室(TTO)和孵化器,将科研成果转化为如谷歌、惠普等新科技巨头。

其次，企业核心功能变为促使技术落地。但是，不同规模的企业扮演不同角色。类似 IBM 或微软等大企业会设立研究院或开放性创新平台，主导产业的长期研发，而中小企业则以灵活性参与或者推动颠覆式创新。最后，政府的作用从监管者变为生态构建者，也就是政府通过税收优惠、专利保护等政策组合、科研基金、风投引导等资金投入和科技园区等基础设施来塑造创新生态。

三螺旋结构描述了信息革命时代创新生态。当然，政府、企业和大学之间的关系并非静态，它们随着技术周期演变而变化。在早期，科创依赖大学和科研机构的技术突破，然后需要政府在资金投入、市场开拓和基础建设方面的资助，到了后期，则由企业主导商业化进程，最后回归到由大学再次突破技术壁垒。

三螺旋理论虽然成功解释了新技术革命的产生，但它源于美国硅谷经验，与我国制度存在巨大差异。在美国，园区运营的土地是私有的，但我国是城市土地国有制。在西方发达国家，知识产权等制度较为完善，资本与科技人才充足，政府有限度参与各种事务。但在发展中国家中，科技实力较弱，高科技企业需要更多支持，因此政府角色更为重要，需要超前规划和精准扶持特定企业。进一步来说，三螺旋结构强调三者平等协作，但如果是行政机构主导，科层等级管理变为扁平式互动需要更多精细化管理。面对各种制度差异，青浦区政府和北斗西虹桥基地管理者们在发展规划、决策和运营机制、企业孵化上大胆改革，不仅重新诠释了“政府＋企业＋大学”中政府的作用，还创造性地通过创设和增强平台作用，有效推动政府、大学和企业之间的扁平式互动，促进有组织创新和推进北斗产业发展。

(二)“政府＋企业＋大学”:从规划到运营

北斗系统是国之重器，其技术研发、应用和传播的产业化进程也由发改委等部门宏观规划，因此，青浦区政府遵循国家发展战略，精准规划北斗产业园区。在规划过程中得到了上海市科委的大力支持。上海市科委在 2010 年前后已将北斗导航纳入上海市科技创新“十三五”规划中，并制定了详细的“十三五”发展目标。在科委的指导下，青浦区政府制定了专业发展规划，邀请了原科技部部长徐冠华任组长以及八位两院院士担任评审专家,评审北斗西虹桥基地的规划和发展路线图,最终确立了“一核两翼”的产业格局。具体来说,以北斗时空数字底座技术融合创新为“核心”,建设以产业链创新、产业关联创新与跨平台集成发展为特色的融合创新功能群;以“智能无人系统+(制造业)”与“+空间信息服务(服务业)”为“两翼”,规划领先方案,整合优质资源,构建行业生态,服务多方客户。

基地以科学家领先的新型研发机构、科研成果转化方向的产业支撑平台、精准赛道扶持的战略资本赋能、载体运营/定制化开发的特色产业园区等四个“1”协同创新发展路径,持续打造全产业链整合性、牵引性、聚变性协同创新工程,建设具有全球影响力的空间信息先导产业集群。

确定产品重点和范围后,北斗西虹桥基地在载体空间布局上实施“1+1+X”模式,以实现科研产品的量产并打造产业链。“1+1+X”分别指的是“创新孵化区+产融发展区+产业链关联区”。创新孵化区是集聚青浦北斗产业发展的源头,是上述“1+3”产品的研制生产的主要承载地,以及导航位置服务产业技术交易与会展贸易的主要功能区。载体空间主要包括高泾路园区和高光路园区,并计划在未来根据产业发展需要进一步拓展。

西虹桥地处长三角交通枢纽,寸土寸金,为了给予北斗产业化、规模化发展企业提供必要的发展空间,青浦区政府在花桥街道等地设立面积不低于10万平方米的产融发展区,提供总部经济与配套生产加工区建设用地。

此外,青浦区政府还通过制度改革,重新界定了“政府+企业+大学”中政府作用。自改革开放以来,各地政府纷纷开办工业园区,招商设厂。政府在园区的角色主要就是房东角色,提供基础设施服务和收取房租。因此,传统工业园区与激励科研创新的功能完全不同。为了能够理顺运营机制,青浦区政府大胆改革,采用PPP模式运营科技创新园区。使得地方政府、地方国企和民企在国有资产使用方面权责明晰。青浦区政府设立国有西虹桥商务公司,从资产和社会收益上管理西虹桥公司;西虹桥公司持有并维护园区房地资产;民营西虹桥导航产业发展公司提供园区企业的科研服务,包括招商、建设综合服务平台和产学研体系，以及协调争取政府相关部门外部支持。西虹桥导航产业发展公司的盈利预期源于租金收入、政府补贴收入和衍生服务收入；西虹桥商务公司则从资产升值、财政收入和优惠期后的资产经营收入等项目获得回报；政府的收益则来自北斗产业的健康发展及其对经济社会的正面效益。

确立合作模式后，所有参与方都在合理的激励机制下，分工协作，从改造装修北斗西虹桥基地的招标、设计、施工，入园企业的招商等所有工作同步进行，在短时间内高效完成预定目标。尤其是，为了能够迅速决策，北斗西虹桥基地探索出联席会议机制，即把不同部门的利益相关方都集中在一起开会，协商决策，大大提高了效率。比如，上海市政府召开北斗产业会议，青浦区政府、西虹桥公司和北斗西虹桥基地往往三方组团一块参会，其他区经常只有一名代表，遇到问题，当场解决，而其他区的代表则要回去商量。

（三）多重平台促进协作

在大数据时代，功能性平台已经成为优化整合科创资源，激励不断创新的重要工具。有效的平台可以快速传播技术和降低产业进入门槛，从而积聚产业和技术，完善产业链。北斗西虹桥基地管理者深明此理。他们在园区打造技术引导型和融资型平台，支撑技术融合创新，形成扁平化协同创新生态。

（1）技术引导型平台：上海北斗导航研发与转化功能型平台（以下简称功能型平台）

在经过前期几年的规划论证，上海北斗导航研发与转化功能型平台作为市级首批15家功能型平台之一于2018年入驻北斗西虹桥基地。功能型平台围绕高精度、高可用、高可信复杂场景，融合北斗导航技术提供研发、标准、测试服务和整体解决方案等共性服务，加速北斗导航领域创新成果转化。平台以“技术创新＋标准引领＋产业赋能”三位一体服务产业发展。实验室具备CNAS资质，牵头筹建市级唯一的高精度北斗导航产业计量测试中心并获筹牌；实验室已具备提供DBD产品计量测试服务能力；牵头主编上海市级DBD检测标准，并持续推动地方标准向国家标准转化。

为了更好地服务企业,功能型平台整合上海交通大学、同济大学和武汉大学等高端科研机构的技术资源,建立了联合实验室、导航和定位信号覆盖系统、现实场景信号环境和测试设备等硬件设施。功能型平台以远低于市场的价格,为初创企业提供产品测试、技术咨询等服务。这些服务大大便利了企业的研发,促进了企业与高校的深入交流,也吸引越来越多的北斗相关企业慕名而来西虹桥。功能型平台也是产教融合人才联合培养基地,强化高校—企业的产学研一体化。值得一提的是,功能型平台的技术支持力度并不因企业规模大小而有所区别,相反,他们特别重视许多刚来上海的初创高科技企业。比如,最近在国内汽车电子领域异军突起的禹点科技成立于 2017 年,属于北斗产业应用于大众消费部分的企业。入园后,专家们给予各种技术指导,辅导企业人员提高汽车电子控制的算法,并以较低的价格为他们进行各种测试。在禹点的产品获得市场认可、销量迅速增加后,还积极推荐禹点创始人房军先生申报科技人才项目,为公司介绍各类风投资本,从而使得禹点科技在红海市场中抢占细分领域,每年实现 30%的增长,成为西虹桥基地导航系统应用领域的明星企业。

(2) 搭建丰富多样的融资平台

现代科创中,风险资本等金融工具扮演了至关重要的角色。北斗西虹桥基地积极与银行、证券、保险机构开展横向合作,为园区企业提供全方位的金融服务和创新产品。

首先,北斗西虹桥基地定期组织召开各类会议,包括政府金融政策解读会,银企座谈会、金融产品推介会、贷款项目洽谈会,供银行、证券、保险机构与园区企业之间交流,减少高科技企业与金融机构的信息不对称,为西虹桥基地区及企业提供全方位的金融服务和创新产品。

其次,北斗西虹桥基地联合上海银行、交通银行、邮储银行、上海市中小微企业政策性融资担保基金管理中心等银行和担保公司建立投贷联动机制,为轻资产、科技型企业同股权投资、贷款及挂牌上市等一系列运作配套金融服务,满足企业不同阶段的融资需求。比如,北斗西虹桥基地在华测导航公司在创业板上市发展过程中,不仅提供上市政策讲解,而且给予产业发展奖励、上市财政补贴,帮助华测顺利完成改制、辅导、申报等各流程,助力华测在 2017 年成功上市,成为上海市第一家在A股上市的导航型企业。

北斗西虹桥基地也积极加快引进银行、保险、证券、担保、投资基金、财务公司,以及产权交易、信用评级、资产评估、会计师事务所、律师事务所、商标、专利事务所等金融服务机构,努力发展一批资本充足、内控严密、运营安全、服务和效益良好的投资和中介机构,发挥其引水注渠的作用,要在原有服务特色基础上,进一步开拓融资途径,发挥"投融资平台"的作用,切实成为中小科技企业与投资者实现对接的纽带。

通过上述活动,北斗西虹桥基地获得了闻先资本、海通创新资本、国投创合、中泰资本、建瓴资本、中信建投资本、鼎辉资本和中国创投等风投机构的支持,有力地支持了园区内企业的蓬勃发展。

总之,上述平台对于构建和促进创新集群发展具有重要作用,在整合内外部资源为集群成员共享、组织集群内部学习促进技术溢出、促进成员供应链融合提升竞争力、促进成员价值链融合提升竞争力、协同校正成员目标方向达成一致创新、组织成员联合对外彰显整体实力、构建集群文化并宣传倡导科技创新等方面发挥作用,从而以市场方式积极培育"热带雨林"式的创新生态,持续不断地支持北斗企业的发展。

参考文献

蔡耀君:《北斗导航系统在精准农业中的应用展望》,《科学与信息化》2023 年第 13 期。

亨利·埃茨科瓦茨:《大学—产业—政府三螺旋创新模式》,周春彦译,东方出版社 2005 年版。

张宏洲、郁文贤、曹冲、李冬航、董力伟、裴凌、李雪昆:《上海北斗西虹桥模式》,上海科学技术出版社 2020 版。

理论探索

全球价值链、政府补贴与企业加成率*

伏玉林　翁俊杰**

［摘　要］　本文采用中国工业企业数据库和世界投入产出数据库(WIOD)，在测算中国制造业企业成本加成率以及中国制造业各行业全球价值链前向和后向参与度基础上，实证研究全球价值链参与度、政府补贴对中国制造业企业成本加成率的影响。研究发现：(1)全球价值链前向参与有利于中国制造业企业成本加成率的提升，然而全球价值链后向参与对中国企业成本加成率具有抑制作用；企业异质性研究表明，中高技术企业、外资企业和西部地区企业能够从前向参与全球价值链中获得更高的加成率提升，低技术企业、外资企业和东部地区企业后向参与全球价值链对加成率的抑制作用更为显著。(2)政府补贴总体上抑制了企业加成率的提升，且补贴弱化了前向参与全球价值链对企业加成率的积极影响，强化了后向参与全球价值链对企业加成率的消极影响。(3)前向参与全球价值链通过"成本效应"提高了企业加成率；后向参与全球价值链通过"低端锁定效应"弱化了企业加成率。本研究

* 本文系国家社科基金项目"技术体制和国际寡占竞争视角下提升中国企业创新能力的政策及有效性研究"阶段性成果(基金编号：23JL036)。

** 伏玉林，华东理工大学教授，上海市金融学会理事，主要研究方向为产业经济学与国际经济学交叉领域；翁俊杰，华东理工大学数学学院研究生。

有助于加深理解中国制造业企业参与全球价值链以及政府补贴对企业加成定价的影响,为企业定价策略和相关产业政策提供了经验支持。

[关键词] 全球价值链　前向参与　后向参与　成本加成率　政府补贴

一、引　言

随着全球价值链的发展,新型国际分工模式逐渐形成,企业通过参与全球价值链,可以获得巨大的贸易利得(Koopman *et al.*, 2010)。参与全球价值链的程度反映出本国企业在全球生产网络中的地位、定价能力和获利水平,一国企业参与全球价值链包括前向的研发、设计环节和后向的组装加工环节两种方式,其中前向参与反映了一国企业出口中间品的能力,后向参与反映了一国对中间品的依赖程度。中国企业广泛参与到全球生产分工体系中,生产可分性、分散化和全球化赋予了发展中经济体参与新型国际分工和实现贸易利得的新机遇,且通过多种途径融入全球价值链,实现中间品贸易自由化、技术和产业升级以及资源再配置。改革开放以后,中国利用低成本等比较优势,将本国价值链和全球价值链相结合,凭借"干中学"、技术外溢效应不断转型,提高了企业在国际市场竞争力。但由于发达国家先发优势牢牢占据全球价值链的上游环节,导致后发国家对发达国家的技术依赖,一旦后发国家威胁到发达国家利益,发达国家就会对发展中国家进行打压,将发展中国家"锁定"在价值链中低端环节。为扶持本国企业发展,后发国家实施了一系列补贴政策,如补贴企业出口创汇、鼓励企业研发(R&D)增加投入,以增强企业国际竞争力,但也导致了寻租和资源错配,抑制了政府补贴的效果。企业的成本加成率(markups)是企业的产品或服务价格高于其边际成本的部分,反映了企业盈利能力和经营绩效。本文旨在探究中国企业参与全球价值链和政府补贴对企业加成率的影响。

国内外鲜有文献涉及存在政府补贴情形下、企业参与全球价值链对企业加成定价的影响。国外学者从贸易的视角对影响成本加成率的原因进行了讨论，企业想要进入出口市场，必须有足够的资金，有能力支付高昂的固定成本且获利。生产率较高的企业容易满足这一点(Melitz and Ottaviano, 2008)，因此相较于非出口企业而言，出口企业往往收取更高的成本加成(Bellone *et al.*, 2009; Kugler and Verhoogen, 2012)。另外，进口贸易对成本加成的影响与市场集中度有关，进口导致成本加成的上升主要分布在市场集中度较高的行业中(Konings *et al.*, 2005)。此外，最终品贸易自由化会导致成本加成率普遍降低(Goldar and Aggarwal, 2005; Noria, 2013; De Loecker *et al.*, 2016)，中间品贸易自由化反而提高了成本加成率(Brandt *et al.*, 2017)。Hagemejer 和 Popowski(2012)经验研究发现，企业加成率会随着货币的升值而下降，企业加成率还会受到反倾销保护政策的提出而增加。此外，生产税、出口税、财政政策和货币政策等政策因素均能影响成本加成率(Eaton and Grossman, 1986; Silvestre, 1993)。国内学者根据中国企业特征，对影响企业成本加成率的因素进行了探讨。中国的出口企业成本加成率反而低于非出口企业(盛丹、王永进，2012；刘啟仁、黄建忠，2015；黄先海等，2016)，这与现有国外文献得出的结果不一致，原因主要在于出口退税与政府补贴政策(盛丹、王永进，2012)、企业间相互竞争加剧(盛丹、王永进，2012；刘啟仁、黄建忠，2015)，以及生产率水平较低，处于“低加成率陷阱”(黄先海等，2016)。与国外文献结果类似，中间品贸易自由化提升了成本加成率(毛其淋、许家云，2017; Fan *et al.*, 2017；祝树金等，2018)。余淼杰和袁东(2016)使用三种关税指标考察贸易自由化对企业成本加成的影响，发现成本加成率会随外国关税和中间品关税下降而上升，随最终品关税下降而下降。任曙明和张静(2013)采用中国装备制造业面板数据，发现补贴企业的寻租与贿赂导致补贴企业成本加成率低于非补贴企业。此外，产品创新、对外直接投资、平均工资水平、汇率变动等都一定程度上影响成本加成率(刘啟仁、黄建忠，2016；毛其淋、许家云，2016；诸竹君等，2017；盛丹、刘竹青，2017)。企业嵌入全球价值链会通过成本节约效应、技术外溢效应和质量外溢效应而显著提高该企业的成本加成率(盛斌、陈帅，2017)。全球价值链嵌入对企业加成率呈倒 U 形关系，当嵌入程度继续增长时，会受到来自发达国家的阻碍作用，使之锁定在全球价值链的低端环节,二者之间存在一个改善区间(刘磊等,2019)。本文的边际贡献在于:聚焦我国政府补贴政策在制造业参与全球价值链中对企业加成率的影响,探究全球化时期产业政策能否对企业在国际市场的定价能力发挥积极作用;考虑到产业的前向效应和后向效应,本文分别考察了前向参与度和后向参与度对企业加成率的影响及其作用机制;采用基于倾向得分匹配的倍差法,有效缓解了样本选择问题,从政府补贴外生冲击的角度加以识别。

二、理论分析与假设构造

企业参与全球价值链导致了生产分割,从而能促进企业间相互交流、模仿和学习先进技术,导致生产率水平提升(Koopman *et al.*, 2010;宋建、王静,2021)。参与全球价值链还通过资源再配置提高生产率,生产要素会从低生产率部门流动到高生产率部门,低生产率部门逐渐退出市场,导致整体生产率水平提高(郑玉、姜青克,2019)。中间品出口使得企业在全球的市场规模不断增大,拥有更广阔的市场空间,边际成本会随着规模扩大被平摊降低,从而提高生产率。而且由于规模扩大,企业更愿意增加创新投入,创新所需要的边际成本降低,导致生产率不断提高(Aghion *et al.*, 2005)。发达地区掌握了高技术、高质量及新设计产品,中国融入全球价值链会直接参与到国际竞争中,使得企业努力提高自身生产率水平,才更具竞争实力,在国际市场中得以生存(孙学敏、王杰,2016; Hummels *et al.*, 2001)。竞争会激励企业创新,创新使得企业生产差异化产品(Aghion *et al.*, 2005)。当前向参与度较高时,企业通过出口中间品进而促进创新,随后再出口新的中间品,这样企业创新能力和前向参与度都会不断提高,形成了正向循环(沈国兵、于欢,2017),从而促使边际成本降低。

虽然全球价值链上后向参与度高的国家在全球价值链中的地位较低,处于价值链高的国家会给予一定的帮助,协助企业提高产品质量和技术工艺水准,而一旦这些企业的竞争力和技术提高至足以威胁发达国家市场地位时,发达国家会通过设置更高质量、更高技术等进口门槛条件,迫使企业从发达国家进口更多高端设备,而且由于发达国家中间品质量更高、技术更优，企业使用本土投入品频率将低于使用国外中间品，形成对发达国家更强的依赖（Felice *et al*., 2015），导致被俘获在价值链的中低端环节，成本加成率也随之下降（刘志彪、张杰，2000；刘维林等，2014）。企业的创新能力会受进口中间品影响而有所下降，因为进口高质量中间品使企业对产品研发热情降低，限制了创新能力的提升（Eaton *et al*., 2001）。此外，由于后向参与主要是通过大量进口，形成对发达进口国的强烈依赖，它们凭借高技术、高质量形成高端垄断地位，向发展中国家索取高额的价格。而发展中国家主要是加工贸易，在出口低端产品时没有定价主导权，大买家借机开低价对出口产品进行压榨。这两种效应一方面提高了边际成本，另一方面降低了产品价格，两种力量相互作用使得成本加成率显著降低。基于上述分析，得到如下待检验假说：

假说 1：全球价值链前向参与度对本国企业成本加成率产生积极影响，前向参与通过“成本效应”提升了企业成本加成率。

假说 2：后向参与全球价值链对本国企业成本加成率产生消极影响，后向参与通过“低端锁定效应”降低了企业成本加成率。

政府补贴通常会提高企业的投资规模和产出水平，成本加成率会因此提高（Bernard *et al*., 2003）。但事实并非一定如此。首先，当经济处于转型升级的关键时期，地方政府掌控了企业发展所需的资源，企业技术进步受到诸多限制（顾元媛、沈坤荣，2012）。其次，由于补贴具有非随机性，并非所有企业都能获得，某些企业凭借关系得到的补贴更多（余明桂等，2010）。这种非随机性使企业需要与地方建立关系，寻租对企业和地方产生的作用是双向互利的。企业在进行寻租时，需要支付寻租成本，导致企业用于创新活动的支出比重降低，成本上升的压力抑制了企业加成率的增加（毛其淋、许家云，2015）。再次，由于政府补贴往往是生产性补贴，获得补贴的企业的生产成本随之下降，导致企业转而进行低价竞争，由于企业普遍受到融资约束，使得企业减少 R&D 投入，进一步陷入低成本低利润模式，由于缺乏提升产品质量的激励，导致竞争力逐渐减弱，影响企业加成率的提升（张杰等，2015）。最后，地方往往会补贴生产水平低的企业，一定程度上完成就业以及国内生产总值（GDP）增长的目标，地方也能从中获得政绩提升。获得补贴的低生产率企业就不会退出市场,企业成本加成率因此较低(任曙明、张静,2013)。

补贴企业前向参与全球价值链时,高额的寻租成本使得企业生产成本提高,从而限制了成本效应带来的加成率提升,同时补贴企业的低成本低利润竞争模式使得竞争效应无法充分发挥,在国际市场的主导权逐渐丧失,定价能力减弱。政府补贴对后向参与全球价值链的企业加成率的影响,通常是通过抑制正向作用和强化负向作用来实现的。一方面,寻租成本同样会提升边际成本,进而削弱成本效应;另一方面,获得补贴的企业的惰性导致企业对 R&D 投入减少,使得企业更依赖发达国家的中间品,受到低端锁定的程度更为严重,进一步降低了自身的成本加成率。基于上述分析,得到第三个待检验假说:

假说 3:政府补贴会降低企业加成率,同时补贴弱化了前向参与对企业加成率的促进作用,加剧了后向参与对企业加成率的抑制作用。

三、研究设计

(一) 数据来源与整理

受数据可获得性限制,本文采用 1998—2011 年中国工业企业数据库和 2000—2014 年世界投入产出表数据库(WIOD)。前者统计口径为国家统计局公布的国民经济行业分类(GB/T 4754—2002),后者包含了样本期内 43 个国家或地区 56 个行业的投入产出数据,统计口径为国际标准行业分类(ISIC Rev.4)。两个数据库匹配步骤如下:首先,删除中国工业企业数据库表中制造业之外的行业,保留剩下的 30 个制造业数据。参照 Brandt *et al*. (2012)的方法,对工业企业原始数据进行合并,对于少数由于统计原因引起的异常值,根据通用会计准则(GAPP),剔除不符合逻辑关系的样本。同时以 1998 年为基期,对变量进行平减。以中国国民经济行业分类为基础,将国际标准行业分类代码中 56 个二位码行业匹配到中国国民经济行业分类中的四位码行业中去,最终得到 2000—2011 年 1 828 534 个观测值的数据集。

（二）核心变量测度与估计

1. 企业加成率的估计

测度成本加成率的主要方法包括会计法和生产函数法。生产函数法采用行业层面数据估计企业成本加成率。会计法采用工业增加值、工资总额和中间投入成本来测算，本文采用会计法计算企业加成率的理由在于：计算方法简明，指标在中国工业企业数据库中刚好有相应数据；生产函数法需要产品价格信息而数据缺失严重；本文样本期跨度较短，会计法受经济周期和突发因素影响较小；会计法可以较好地反映行业间差异。采用会计法的加成率计算公式如下：

$$\left(\frac{p-c}{p}\right)_{it}=1-\frac{1}{mkp_{it}}=\left(\frac{va-pr}{va+ncm}\right)_{it} \tag{1}$$

其中，mkp_{it}表示企业 i 在 t 年成本加成率，p 表示产品价格，c 表示边际成本，va 表示企业本年工业增加值，pr 表示企业本年应付工资总额，ncm 表示企业本年净中间要素投入成本。

2. 全球价值链参与度的估计

参考 Wang *et al*. (2017)计算全球价值链前向参与度和后向参与度的方法，从价值角度对全球价值链进行考量，能更好地反映各国制造业在全球价值链中的地位。一国生产活动可以被分解为四个部分，每个部分代表该部门最终品中国内或国外增加值。

$$\hat{V}B\hat{Y}=\hat{V}L\hat{Y}^D+\hat{V}L\hat{Y}^F+\hat{V}LA^FL\hat{Y}^D+\hat{V}LA^F(B\hat{Y}-L\hat{Y}^D) \tag{2}$$

式(2)表示任意国家任意部门三类生产活动的增加值：一是国内生产且在国内消耗的增加值($\hat{V}L\hat{Y}^D$)；二是出口最终品中包含的增加值($\hat{V}L\hat{Y}^F$)；三是体现在中间品和服务进出口中的增加值($\hat{V}LA^FB\hat{Y}$)，该指标表示了来源国以外的跨国生产活动，而价值增值活动至少跨境一次或多次完成，因此该矩阵可以进一步分解为两部分：简单的仅跨境生产一次的国内外增加值($\hat{V}LA^FL\hat{Y}^D$)，复杂的跨境生产多于一次的国内外增加值($\hat{V}LA^FB\hat{F}-L\hat{Y}^D$)。根据上述分析，分别从两个角度探讨全球价值链参与程度。沿着行方向对式(2)求和，根据去向可将任意国家任意部门的增加值分解为：

$$Va'=\hat{V}BY=\underbrace{\hat{V}LY^D}_{(1)\text{-}V\_D}+\underbrace{\hat{V}LY^F}_{(2)\text{-}V\_RT}+\underbrace{\hat{V}LA^FLY^D}_{(3a)\text{-}V\_GVC\_S}+\underbrace{\hat{V}LA^F(BY-LY^D)}_{(3b)\text{-}V\_GVC\_C} \quad (3)$$

沿着列方向对式(2)求和,根据来源可将任意国家任意部门的最终品增加值分解为:

$$Y'=VB\hat{Y}=\underbrace{VL\hat{Y}^D}_{(1)\text{-}Y\_D}+\underbrace{VL\hat{Y}^F}_{(2)\text{-}Y\_RT}+\underbrace{VLA^FL\hat{Y}^D}_{(3a)\text{-}Y\_GVC\_S}+\underbrace{VLA^F(B\hat{Y}-L\hat{Y}^D)}_{(3b)\text{-}Y\_GVC\_C} \quad (4)$$

依据式(3),将全球价值链前向参与度定义为任意国家任意部门通过下游企业的全球生产活动产生的国内增加值占该国家该部门总增加值的比重,它反映了该国家该部门提供中间品的能力:

$$Gvc\_f=\frac{V\_GVC}{Va'}=\frac{V\_GVC\_S}{Va'}+\frac{V\_GVC\_C}{Va'} \quad (5)$$

式(5)右端的分母表示该国家该部门产生的总增加值,分子表示该国家该部门中间品出口的国内总增加值。

依据式(4),将全球价值链后向参与度定义为任意国家任意部门最终品总产出的百分比,它表示通过上游企业参与全球生产活动的增加值,反映了该国家该部门对中间品的依赖程度:

$$Gvc\_b=\frac{Y\_GVC}{Y'}=\frac{Y\_GVC\_S}{Y'}+\frac{Y\_GVC\_C}{Y'} \quad (6)$$

式(6)右端第一项表示中间品进口所体现的国外增加值占总产出的比重,反映出国外要素参与本国任意部门最终品生产的程度;第二项表示通过国际贸易返回国内满足最终需求的增加值占总产出的比重。

接下来,本文借鉴 Koopman *et al*. (2010)构造的全球价值链分工地位的计算方法,综合式(5)和式(6)得到如下测算本国参与全球价值链分工地位的公式:

$$gvcs=\ln(1+gvc\_f)-\ln(1+gvc\_b) \quad (7)$$

式(7)的数值越大,说明企业所在行业与全球价值链上游的距离就越接近。

表 1 报告了 2011 年中国制造业二位码行业平均的前向参与度、后向参与度和全球价值链地位指数。其中,前向参与度最高的行业为电

表1　中国制造业二位码行业的前向参与度、后向参与度和全球价值链地位

行　业	行业代码	前向参与度	后向参与度	全球价值链地位
农副食品加工业	13	0.048	0.096	−0.045
食品制造业	14	0.048	0.096	−0.045
饮料制造业	15	0.048	0.096	−0.045
烟草制品业	16	0.048	0.096	−0.045
纺织业	17	0.127	0.132	−0.004
纺织服装、鞋、帽制造业	18	0.127	0.132	−0.004
皮革、毛皮、羽毛(绒)及其制品业	19	0.127	0.132	−0.004
木材加工及木、竹、藤、棕、草制品业	20	0.134	0.153	−0.017
家具制造业	21	0.132	0.127	0.004
造纸及纸制品业	22	0.176	0.188	−0.010
印刷业和记录媒介的复制	23	0.148	0.158	−0.009
文教体育用品制造业	24	0.132	0.127	0.004
石油加工、炼焦及核燃料加工业	25	0.169	0.298	−0.105
化学原料及化学制品制造业	26	0.223	0.229	−0.005
医药制造业	27	0.073	0.119	−0.042
化学纤维制造业	28	0.223	0.229	−0.004
橡胶制品业	29	0.221	0.215	0.005
塑料制品业	30	0.089	0.178	−0.078
非金属矿物制品业	31	0.166	0.238	−0.060
黑色金属冶炼及压延加工业	32	0.166	0.238	−0.060
有色金属冶炼及压延加工业	33	0.200	0.199	0.001
金属制品业	34	0.138	0.204	−0.056
通用设备制造业	35	0.138	0.204	−0.056
专用设备制造业	36	0.084	0.183	−0.087
交通运输设备制造业	37	0.068	0.211	−0.126
电气机械及器材制造业	39	0.266	0.327	−0.047
通信设备、计算机及其他电子设备制造业	40	0.266	0.327	−0.046
仪器仪表及文化、办公用机械制造业	41	0.132	0.127	0.004
工艺品及其他制造业	42	0.089	0.132	−0.039

注:作者先按照WIOD分类标准计算出每个行业指标后再与国内分类标准匹配所得的结果。

气机械及器材制造业(39)和通信设备、计算机及其他电子设备制造业(40),同时这两个行业的后向参与度也是最高的,但是两个行业的全球价值链地位却比较低。这表明我国这两个行业为其他经济体提供中间品的能力比较强,同时这两个行业所生产的中间品价值中很大一部分是源于其他经济体的进口,我国的自主创新和研发能力较弱,因此在全球价值链中的地位比较低。全球价值链地位最高的行业为橡胶制品业(29),该行业的前向参与度较高(0.221),后向参与度位于全行业的中间位置(0.215),这表明该行业对进口中间品的依赖程度较小,而出口中间品的能力却比较强,因此全球价值链地位较高。总体而言,我国虽然是全球制造业第一大国,但是绝大多数制造业的全球价值链地位都比较低,只有家具制造业(21)、文教体育用品制造业(24)、橡胶制品业(29)、有色金属冶炼及压延加工业(33)和仪器仪表及文化、办公用机械制造业(41)的全球价值链地位指数为正数,地位较高。

3. 其他变量的估计

生产率水平的测度。为了缓解全要素生产率估计中的内生性问题,本文采用 Levinsohn 和 Petrin(2003)在 Olley 和 Pakes(1996)基础上发展起来的半参数方法估计全要素生产率。假设企业采用 Cobb-Douglas 生产技术:

$$Y_{it}=\alpha_L l_{it}+\beta_K k_{it}+u_{it} \tag{8}$$

其中,y_{it}表示i 企业t 年产出的对数,l_{it}表示i 企业t 年劳动投入的对数,k_{it}表示i 企业t 年资本投入的对数,α_L 表示劳动产出弹性,β_K 表示资本产出弹性,u_{it}表示生产率冲击。

4. 其他控制变量

① 全要素生产率(ln *tfp*)。提高生产率会对成本加成率产生显著的积极影响。我们采用 LP 半参数方法估计全要素生产率。②企业规模(ln *size*)。企业规模反映了企业议价能力的强弱以及成本控制能力的高低,采用 ln(企业员工人数)表示企业规模。③资本密集度(*kl*)。资本密集度描述了企业在资本和劳动两种要素上的技术选择,资本密集度越高,行业壁垒越高,加成率也越高。采用 ln(固定资产净额/企业员工人数)来衡量资本密集度。④企业年龄(ln *age*)。企业运营时间越

长，通常对市场认知与敏感度较刚开业的企业更深刻，更有竞争能力，采用 ln(当年年份－开业年份＋1)来表示企业年龄。⑤资产负债率(fin)。资产负债率反映了企业财务状况，采用企业总负债/企业总资产表示。⑥平均工资($wage$)。平均工资反映了企业的劳动生产率，用年应付总工资除以年员工人数来表示。⑦出口虚拟变量($export$)。企业出口行为通常对加成率产生影响，企业有出口行为取 1，否则取 0。⑧市场集中度(HHI)。以赫芬达尔—赫希曼指数表示，计算公式为 $HHI=\sum_{j=1}^{n}(tsales_{ij}\Big/\sum_{i=1}^{n}tsales_{ij})^2$，其中 $tsales_{ij}$ 表示 i 行业中的 j 企业的总销售收入。表 2 给出了主要变量的定义、符号及描述性统计。

表 2　主要变量描述性统计

变量名称	符号	观测值	均值	标准差	P5	P95
企业成本加成率	mkp	1 828 534	1.287	0.222	1.074	1.661
全球价值链前向参与度	$\ln gvc\_f$	1 828 534	−2.073	0.524	−3.044	−1.325
全球价值链后向参与度	$\ln gvc\_b$	1 828 534	−1.720	0.353	−2.345	−1.092
全要素生产率	$\ln tfp$	1 828 534	6.111	0.973	4.727	7.846
企业年龄	$\ln age$	1 828 534	2.026	0.777	0.693	3.401
企业规模	$\ln size$	1 828 534	4.716	1.082	3.091	6.650
资本密集度	kl	1 828 534	3.407	1.405	0.970	5.545
资产负债率	fin	1 828 534	0.620	0.368	0.095	1.297
平均工资	$wage$	1 828 534	12.054	12.216	0.275	28.906
出口虚拟变量	$export$	1 828 534	0.271	0.445	0	1
行业竞争程度	HHI	1 828 534	0.016	0.029	0.001	0.057

注：P5、P95 分别表示各变量 5%、95%分位数值。

四、实证结果与分析

(一) 政府补贴对企业加成率影响的实证检验

1. 模型设定

为了检验第二节提出的前两个假说，构造如下计量方程：

$$mkp_{ijt}=\beta_0+\beta_1\ln gvc_{it}+\lambda X_{ijt}+\nu_i+\nu_t+\nu_k+\nu_l+\varepsilon_{ijt} \quad (9)$$

其中,mkp_{ijt}代表i行业j企业t年的成本加成率,$\ln gvc_{it}$代表i行业t年的全球价值链前向参与度的对数值$\ln gvc_f_{it}$以及全球价值链后向参与度的对数值$\ln gvc_b_{it}$,X_{ijt}是控制变量向量,ν_i、ν_t、ν_k、ν_l分别表示控制行业、年份、省份和企业所有制固定效应的虚拟变量。

2. 基准回归

表3报告了全球价值链参与度对企业成本加成率影响的基准回归结果,Hausman检验强烈地拒绝了原假设,因此选择固定效应模型进行回归,同时采用逐步加入控制变量的方式进行检验。其中第(1)、(2)列报告了全球价值链前向参与度、后向参与度对企业加成率的回归结果;第(3)、(4)列报告了加入控制变量,以及所有制、省份和行业固定效应的回归结果,可以看出,全球价值链前向参与度的系数为正,且在1%显著性水平上统计显著,即通过前向参与全球价值链显著提高了企业加成率。同时,全球价值链后向参与度的系数为负且也通过了1%的显著性检验,这说明通过后向参与全球价值链会抑制企业成本加成率的增加。从第(5)列可以看出,中国企业的全球价值链分工地位越高,成本加成率就越高。控制变量均在5%显著性水平上对企业加成率产生影响:生产率越高的企业加成率越高,高生产率企业能够有效地降低边际成本,从而提升企业加成率。企业规模更大、资本密集度更高,其加成率更高。企业年龄越大,市场活力越低,结果导致其定价能力越弱。企业资产负债率越高,其加成率也越高。企业平均工资提高会降低企业加成率。出口企业加成率低于非出口企业,市场集中度越高,企业加成率也越高。

表3 基准回归

	(1)	(2)	(3)	(4)	(5)
$\ln gvc\_f$	0.009*** (5.02)		0.013*** (5.20)		
$\ln gvc\_b$		−0.004 (−1.28)		−0.058*** (−16.13)	
$gvcs$					0.176*** (12.39)

续表

	(1)	(2)	(3)	(4)	(5)
ln*tfp*			0.218*** (260.10)	0.219*** (260.39)	0.218*** (260.16)
ln*age*			−0.012*** (−18.41)	−0.012*** (−18.73)	−0.012*** (−18.49)
ln*size*			−0.086*** (−92.65)	−0.086*** (−92.73)	−0.086*** (−92.70)
kl			0.002*** (4.41)	0.002*** (4.47)	0.002*** (4.43)
fin			0.007*** (5.25)	0.007*** (5.03)	0.007*** (5.14)
wage			−0.002*** (−17.84)	−0.002*** (−17.82)	−0.002*** (−17.84)
export			−0.012*** (−11.00)	−0.011*** (−10.78)	−0.012*** (−10.94)
HHI			0.033*** (2.57)	0.032** (2.44)	0.035*** (2.69)
_*cons*	1.312*** (302.50)	1.283*** (227.67)	0.953*** (5.35)	0.756*** (4.23)	0.917*** (5.14)
企业所有制	N	N	Y	Y	Y
行业固定效应	N	N	Y	Y	Y
省份固定效应	N	N	Y	Y	Y
年份固定效应	Y	Y	Y	Y	Y
N	1 828 534	1 828 534	1 828 534	1 828 534	1 828 534
R^2	0.682	0.682	0.790	0.790	0.790

注：*、** 和 *** 分别表示在 10%、5%和 1%显著性水平上统计显著，括号内为 t 统计量。回归均使用聚类到企业层面的稳健标准误。

3. 异质性分析

(1) 不同技术水平的回归结果

本文参照伏玉林和苏畅(2013)对制造业行业技术水平的分类方法，将全部样本划分为高技术行业和非高技术行业。中高技术产业包括医药制造业、专用设备制造业、通信设备计算机及其他电子设备制造业、交通运输设备制造业、电气机械及器材制造业、仪器仪表及办公器械与精密仪器制造业、化学原料及化学制品制造业。其余为低技术产业。表4报告了不同技术水平的回归结果,可以看出,中高技术行业的前向参与度对企业加成率产生积极的显著影响,低技术行业的系数为正但不显著。中高技术和低技术行业的后向参与度对企业加成率产生显著抑制作用,而且中高技术行业的抑制作用比低技术行业稍弱,这进一步验证了提高技术水平对企业定价的积极影响。

表4 不同技术水平的回归结果

	中高技术		低技术	
	(1)	(2)	(3)	(4)
ln *gvc_f*	0.022*** (5.23)		0.003 (0.97)	
ln *gvc_b*		−0.044*** (−3.94)		−0.063*** (−15.84)
ln *tfp*	0.230*** (126.20)	0.230*** (126.33)	0.216*** (224.66)	0.216*** (224.95)
ln *age*	−0.009*** (−6.46)	−0.010*** (−6.57)	−0.013*** (−17.71)	−0.013*** (−17.97)
ln *size*	−0.092*** (−47.58)	−0.092*** (−47.61)	−0.084*** (−75.60)	−0.084*** (−75.80)
kl	0.002* (1.86)	0.002* (1.75)	0.004*** (6.37)	0.004*** (6.41)
fin	0.002 (0.95)	0.002 (0.97)	0.009*** (5.81)	0.008*** (5.45)
wage	−0.002*** (−19.60)	−0.002*** (−19.61)	−0.002*** (−13.11)	−0.002*** (−13.10)
export	−0.009*** (−3.90)	−0.009*** (−3.92)	−0.012*** (−10.15)	−0.012*** (−9.92)
HHI	0.005 (0.21)	0.008 (0.34)	0.045*** (2.83)	0.041*** (2.59)
_cons	0.661*** (18.03)	0.540*** (13.27)	1.060*** (4.17)	0.883*** (3.44)
企业所有制	Y	Y	Y	Y
行业固定效应	Y	Y	Y	Y
省份固定效应	Y	Y	Y	Y
年份固定效应	Y	Y	Y	Y
N	421 890	421 890	1 406 644	1 406 644
R^2	0.797	0.797	0.794	0.795

注:*、** 和 *** 分别表示在10%、5%和1%显著性水平上统计显著,括号内为 *t* 统计量。回归均使用聚类到企业层面的稳健标准误。

（2）不同所有制类型的回归结果

为进一步考察不同所有制下全球价值链参与度对企业加成率的影响，按照实收资本中不同产权性质资本占比最高的类型，将企业划分为国有企业、集体企业、独立法人企业、私人所有企业、港澳台企业和外商投资企业。表5报告了三种较为典型的所有制类型企业的回归结果。

表5　不同所有制类型的回归结果

	国有企业		私营企业		外资企业	
	(1)	(2)	(3)	(4)	(5)	(6)
ln *gvc_f*	0.023 (1.34)		0.011*** (3.48)		0.020* (1.95)	
ln *gvc_b*		−0.003 (−1.01)		−0.056*** (−11.15)		−0.148*** (−8.51)
ln *tfp*	0.275*** (56.69)	0.275*** (56.70)	0.203*** (156.15)	0.203*** (156.31)	0.286*** (75.08)	0.287*** (75.34)
ln *age*	−0.006 (−1.60)	−0.006 (−1.62)	−0.012*** (−12.97)	−0.012*** (−13.09)	−0.036*** (−7.11)	−0.037*** (−7.31)
ln *size*	−0.098*** (−15.16)	−0.098*** (−15.15)	−0.079*** (−61.92)	−0.079*** (−61.88)	−0.111*** (−23.64)	−0.110*** (−23.50)
kl	0.003 (0.85)	0.003 (0.83)	0.001* (1.93)	0.001* (1.86)	0.011*** (4.17)	0.012*** (4.28)
fin	0.004 (0.60)	0.004 (0.59)	0.014*** (6.88)	0.013*** (6.58)	−0.015** (−2.47)	−0.015*** (−2.57)
wage	−0.002*** (−2.85)	−0.002*** (−2.85)	−0.002*** (−24.50)	−0.002*** (−24.46)	−0.001*** (−5.80)	−0.001*** (−5.47)
export	−0.018*** (−2.70)	−0.018*** (−2.69)	−0.009*** (−5.99)	−0.009*** (−5.89)	−0.011** (−2.41)	−0.010** (−2.19)
HHI	0.115** (2.24)	0.115** (2.25)	0.031 (1.54)	0.029 (1.44)	0.061 (1.08)	0.055 (0.97)
_cons	0.650*** (34.15)	0.206** (2.06)	0.650*** (34.15)	0.467*** (23.41)	0.152*** (2.56)	−0.305*** (−4.61)
企业所有制	Y	Y	Y	Y	Y	Y
行业固定效应	Y	Y	Y	Y	Y	Y
省份固定效应	Y	Y	Y	Y	Y	Y
年份固定效应	Y	Y	Y	Y	Y	Y
N	88 308	88 308	883 575	883 575	132 451	132 451
R^2	0.795	0.795	0.841	0.841	0.818	0.818

注：*、** 和 *** 分别表示在10%、5%和1%显著性水平上统计显著，括号内为 *t* 统计量。回归均使用聚类到企业层面的稳健标准误。

可以看出,国有企业的前向参与度系数不显著,私营企业的系数显著为正,外资企业的系数通过了10%显著性检验。从后向参与的角度来看,国有企业的系数不显著,私营企业和外资企业后向参与全球价值链对其加成率产生显著的抑制作用。

(3) 不同地区的回归结果

为了研究不同地区企业参与全球价值链对加成率的影响,本文采用国家统计局的区域划分标准,检验了不同地区之间的异质性。表6报告了不同地区的回归结果:东部、中部和西部地区企业全球价值链前向参与度的系数均显著为正;从后向参与度来看,西部地区的系数不显著,东部地区和中部地区企业后向参与全球价值链对加成率的抑制作用显著。

表6 不同地区的回归结果

	东部		中部		西部	
	(1)	(2)	(3)	(4)	(5)	(6)
ln *gvc_f*	0.007*** (2.82)		0.017** (1.94)		0.031** (3.22)	
ln *gvc_b*		−0.065*** (−17.02)		−0.035*** (−2.66)		0.023 (1.36)
ln *tfp*	0.210*** (218.55)	0.210*** (218.82)	0.230*** (107.72)	0.230*** (107.75)	0.264*** (101.25)	0.264*** (101.25)
ln *age*	−0.011*** (−15.59)	−0.011*** (−15.90)	−0.015*** (−9.27)	−0.015*** (−9.30)	−0.011*** (−5.31)	−0.011*** (−5.32)
ln *size*	−0.085*** (−84.81)	−0.085*** (−84.76)	−0.085*** (−35.49)	−0.085*** (−35.49)	−0.112*** (−33.38)	−0.112*** (−33.23)
kl	0.002*** (4.55)	0.002*** (4.57)	0.003** (2.28)	0.003** (2.24)	0.001 (0.52)	0.001 (0.64)
fin	0.002 (1.28)	0.001 (1.01)	0.015*** (4.15)	0.015*** (4.15)	−0.001 (−0.22)	−0.001 (−0.20)
wage	−0.002*** (−14.78)	−0.002*** (−14.76)	−0.002*** (−13.53)	−0.002*** (−13.52)	−0.003*** (−9.28)	−0.003*** (−9.28)
export	−0.011*** (−9.74)	−0.011*** (−9.54)	−0.016*** (−5.40)	−0.016*** (−5.38)	−0.016*** (−3.24)	−0.016*** (−3.23)
HHI	0.034** (2.36)	0.031** (2.17)	0.034 (0.97)	0.035 (0.99)	0.097* (1.95)	0.094* (1.91)
_cons	0.972*** (4.69)	0.776*** (3.73)	0.500*** (13.12)	0.350*** (8.40)	0.489*** (10.70)	0.439*** (8.39)

续表

	东部		中部		西部	
	(1)	(2)	(3)	(4)	(5)	(6)
企业所有制	Y	Y	Y	Y	Y	Y
行业固定效应	Y	Y	Y	Y	Y	Y
省份固定效应	Y	Y	Y	Y	Y	Y
年份固定效应	Y	Y	Y	Y	Y	Y
N	1 389 783	1 389 783	307 443	307 443	145 972	145 972
R^2	0.781	0.781	0.792	0.792	0.780	0.780

注：*、** 和 *** 分别表示在 10%、5%和 1%显著性水平上统计显著，括号内为 t 统计量。回归均使用聚类到企业层面的稳健标准误。

(二) 政府补贴对企业加成率影响的实证检验

1. 研究设计

本节旨在评估政府补贴对企业加成率的影响，同时检验政府补贴对参与全球价值链影响企业加成率的作用。然而政策评估的一大难点在于样本选择偏误，即补贴对企业而言是非随机的。为保证估计结果的可靠性，同时控制一些外部需求的影响，本文采用基于倾向得分匹配(PSM)的倍差法(DID)进行研究。

首先进行倾向得分匹配估计，其思想主要是计算变量的倾向得分，从而按照一定的规则进行匹配。将全样本分为两组：处理组为样本期内至少获得一次补贴的企业，对照组为样本期内从未获得补贴的企业。定义分组虚拟变量 $Subsidy_i=\{0,\ 1\}$，企业 i 位于处理组取 1，位于对照组取 0。同时设定另一个虚拟变量 $Post_{it}=\{0,\ 1\}$，对于处理组企业 i，第一次受到补贴之前的年份取 0，第一次受到补贴时以及之后的年份取 1；对于对照组企业 i，该变量均取 0。记 Δmkp_{it}^1 为处理组企业 i 在补贴前后即 $Post_{it}=0$ 和 $Post_{it}=1$ 的成本加成率之差，Δmkp_{it}^0 为对照组企业 i 在该时段成本加成率之差，此时企业受到补贴对成本加成率的影响表示为：

$$\begin{aligned} M &= \mathrm{E}(\mu_i \mid Subsidy_i=1) \\ &= \mathrm{E}(\Delta mkp_{it}^1 \mid Subsidy_i=1)-\mathrm{E}(\Delta mkp_{it}^0 \mid Subsidy_i=1) \end{aligned} \tag{10}$$

然而式(10)中的 $E(\Delta mkp_{it}^{0} | Subsidy_i = 1)$ 是处理组企业在未获得补贴情景下的“反事实”(counter-factual),无法直接观测。因为对于获得补贴的企业 i,是否补贴已经事先决定,无法对同样的企业考虑未获得补贴产生的效应。因此,参照 Rubin *et al.* 提出的倾向得分匹配法解决上述问题。主要思路是在对照组中配对与该补贴企业相近的对照组,从而用配对后的企业替代处理组企业作为非补贴企业的“反事实”,即 $E(\Delta mkp_{it}^{0} | Subsidy_i = 1) = E(\Delta mkp_{it}^{0} | Subsidy_i = 0)$。为了成功地找到对照组中的企业,需要确定协变量,本文的协变量主要包括:全要素生产率($\ln tfp$)、企业规模($\ln size$)、资本密集度(kl)、企业年龄($\ln age$)、资产负债率(fin)、平均工资($wage$)、行业竞争程度(HHI)、国有企业虚拟变量($state$)以及外资企业虚拟变量($foreign$)等。随后再使用 logit 回归估计倾向得分:

$$P(Subsidy_{it} = 1) = \Phi(X_{I,\, t-1}) \tag{11}$$

其中,$X_{I,\, t-1}$ 为滞后一期协变量,该回归的概率预测值即为倾向得分,分别用 $\hat{P}_i$ 和 $\hat{P}_j$ 表示处理组和对照组的倾向得分。随后进行最近邻一对一匹配:

$$\Psi(i) = \min_j (\hat{P}_i - \hat{P}_j)^2,\ j \in \{j | Subsidy = 0\} \tag{12}$$

其中,$\Psi(i)$ 为处理组中与对照组匹配的企业集合,匹配之后,可用 $E(\Delta mkp_{it}^{0} | Subsidy_i = 0,\ i \in \Psi i)$ 作为 $E(\Delta mkp_{it}^{0} | Subsidy_i = 1)$ 的近似替代。此时式(10)变为:

$$\begin{aligned} M &= E(\mu_i | Subsidy_i = 1) \\ &= E(\Delta mkp_{it}^{1} | Subsidy_i = 1) - E(\Delta mkp_{it}^{0} | Subsidy_i = 0,\ i \in \Psi i) \end{aligned} \tag{13}$$

根据倍差法的设定,得到如下计量模型:

$$Mkp_{ijt} = \beta_0 + \beta_1 Subsidy_i \times Post_{it} + \lambda X_{ijt} + \nu_i + \nu_t + \nu_k + \nu_l + \varepsilon_{ijt} \tag{14}$$

其中,与一般倍差法不同的是,本文没有单独控制 *Subsidy* 或 *Post* 的虚拟变量,而是控制企业固定效应和时间固定效应,原因在于每个企业的补贴时间不尽相同,若控制虚拟变量会引起多重共线性。

2. 基于倾向得分匹配倍差法的结果首先对样本进行逐年匹配,为保证结果可靠，我们进行了平衡性检验，受篇幅限制，表7仅提供了2000年样本的平衡性检验结果。可以看出，匹配后各变量标准偏差均在5%以内，同时匹配后t统计量大多不显著，其余年份样本结果类似。表明本文匹配变量和匹配方法恰当，最近邻一对一匹配估计结果可靠。

表7　2000年样本的平衡性检验

变量	处理	均值		标准偏差（%）	标准偏差减少幅度（%）	t统计量	p值
		处理组	对照组				
ln*tfp*	匹配前	6.117	6.009	11.5	95.1	12.26	0.000
	匹配后	6.117	6.112	0.6		0.65	0.516
ln*age*	匹配前	2.256	2.226	3.3	22.4	3.52	0.000
	匹配后	2.256	2.233	2.6		2.97	0.003
ln*size*	匹配前	5.303	5.157	12.7	95.3	13.46	0.000
	匹配后	5.303	5.296	0.6		0.68	0.496
kl	匹配前	3.714	3.636	6.4	76.3	6.89	0.000
	匹配后	3.714	3.733	−1.5		−1.75	0.079
fin	匹配前	0.625	0.631	−1.9	40.7	−2.08	0.037
	匹配后	0.625	0.628	−1.1		−1.34	0.180
wage	匹配前	10.141	9.322	9.3	93.2	10.05	0.000
	匹配后	10.141	10.085	0.6		0.67	0.504
HHI	匹配前	0.023	0.022	1.4	68.1	1.45	0.146
	匹配后	0.023	0.023	−0.4		−0.49	0.621
state	匹配前	0.183	0.171	3.2	32.9	3.38	0.001
	匹配后	0.183	0.175	2.1		2.46	0.014
foreign	匹配前	0.075	0.069	2.5	5.4	2.63	0.009
	匹配后	0.075	0.081	−2.3		−2.61	0.009

表8报告了匹配后样本的估计结果。第(1)列为式(14)的估计结果，交互项系数为负且在1%显著性水平上统计显著，这表明政府补贴反而显著降低了企业的成本加成率。这可能是由于虽然政府补贴能够缓解企业的生存压力，但补贴引起的寻租成本，以及低价格、低质量的竞争会使得边际成本提高和价格下降，从而导致企业加成率的降低；第(2)、(3)列为加入全球价值链参与度以及参与度和政策变量的交互项

表 8　政府补贴对企业加成率的影响

	(1)	(2)	(3)
Subsidy×*Post*	−0.004*** (−5.80)	−0.012*** (−4.75)	−0.013*** (−4.29)
ln *gvc_f*		0.018*** (7.41)	
ln *gvc_b*			−0.072*** (−20.26)
ln *gvc_f*×*Subsidy*×*Post*		−0.003*** (−3.07)	
ln *gvc_b*×*Subsidy*×*Post*			−0.005*** (−2.78)
ln *tfp*	0.238*** (484.77)	0.238*** (484.74)	0.238*** (485.51)
ln *age*	−0.006*** (−10.65)	−0.006*** (−10.60)	−0.007*** (−11.16)
ln *size*	−0.102*** (−155.77)	−0.102*** (−155.91)	−0.102*** (−156.08)
kl	0.007*** (16.83)	0.007*** (17.02)	0.007*** (16.91)
fin	−0.001 (−0.51)	−0.001 (−0.54)	−0.001 (−0.92)
wage	−0.002*** (−71.18)	−0.002*** (−71.19)	−0.002*** (−70.82)
export	−0.014*** (−14.56)	−0.014*** (−14.55)	−0.014*** (−14.22)
HHI	0.044*** (4.12)	0.045*** (4.19)	0.042*** (3.96)
_cons	1.038*** (13.05)	1.099*** (13.75)	0.848*** (10.60)
企业所有制	Y	Y	Y
行业效应	Y	Y	Y
省份效应	Y	Y	Y
年份效应	Y	Y	Y
N	749 353	749 353	749 353
R^2	0.795	0.795	0.795

注：*、** 和 *** 分别表示在 10%、5%和 1%显著性水平上统计显著，括号内为 t 统计量。回归均使用聚类到企业层面的稳健标准误。

的回归结果。可以看出，政府补贴的系数均为负且通过1%显著性检验，前向参与度系数仍然为正，后向参与度的系数仍然为负，参与度与政府补贴的交互项均显著为负，这表明政府补贴弱化了前向参度对企业加成率的正向影响，政府补贴加剧了后向参度对企业加成率的负向影响。这可能是由于政府补贴带来的寻租成本弱化了“成本效应”；同时由于企业对政府补贴产生了依赖，降低了研发投入的激励，从而企业会转而进口中间品，这强化了企业后向参与全球价值链带来的“低端锁定效应”，使得企业加成率进一步下降。假说3得到验证。

（三）影响机制检验

上述前向参与全球价值链部分是通过提高生产率水平进而促进企业加成率的提升，而后向参与全球价值链通过“低端锁定效应”弱化企业加成率。本节将从作用机制上分别加以检验。

1. 成本效应

接下来，将采用中介效应模型对前向参与全球价值链的成本效应进行检验。将企业全要素生产率（$\ln tfp$）作为中介变量，使用Baron和Kenny提出的“逐步检验法”对影响机制进行检验。步骤如下：第一步用成本加成率对前向参与度回归；第二步用全要素生产率对前向参与度回归；第三步用成本加成率同时对前向参与度和全要素生产率进行回归。中介效应模型构造如下：

$$mkp_{ijt}=c_0+c_1\ln gvc\_f_{it}+\lambda X_{ijt}+\nu_i+\nu_t+\nu_k+\nu_l+\varepsilon_{ijt} \tag{15}$$

$$\ln tfp_{ijt}=a_0+a_1\ln gvc\_f_{it}+\lambda X_{ijt}+\nu_i+\nu_t+\nu_k+\nu_l+\varepsilon_{ijt} \tag{16}$$

$$mkp_{ijt}=c'_0+c'_1\ln gvc\_f_{it}+b\times\ln tfp+\lambda X_{ijt}+\nu_i+\nu_t+\nu_k+\nu_l+\varepsilon_{ijt} \tag{17}$$

其中，X_{ijt}表示剔除全要素生产率之后的控制变量向量，$\ln tfp$表示全要素生产率，其余解释变量与前一节完全相同。表9报告了中介效应模型回归结果。第（1）列是对式（15）估计结果，前向参与度系数均符合预期且统计显著。第（2）列是对式（16）估计结果，前向参与全球价值链会提高全要素生产率，这与既有文献研究结果一致。第（3）列是对式（17）估计结果，所有主要变量系数均显著，全要素生产率对企业加成率具有正向影响,且前向参与度系数和 t 值都比第(1)列小,这表明全球价值链前向参与对企业加成率存在成本效应,中介效应的相对大小为 41.70%,这表明前向参与全球价值链部分是通过提升生产率而对加成率产生正向影响的。

2. 低端锁定效应

为识别企业后向参与全球价值链对企业加成率的影响机制,构造如下调节效应方程:

$$mkp_{ijt}=\beta_0+\beta_1\ln gvc\_b_{it}+\beta_2 LOCK+\beta_3\ln gvc\_b_{it}\times LOCK+\lambda X_{ijt}+\nu_i+\nu_t+\nu_k+\nu_l+\varepsilon_{ijt} \tag{18}$$

其中,$LOCK$ 表示低端锁定的代理变量,根据中国制造业二位码分类的行业全球价值链地位均值由低到高排序,将位于后 1/3 的行业定义为高端地位行业,其余的行业定义为中低端地位行业。由于全球价值链地位越高,与发达国家的技术距离越近,激烈竞争更容易招致发达国家的技术锁定。回归结果如表 9 第(4)列所示,交互项为负且通过了 1%显著性检验,表明低端锁定确实强化了后向参与全球价值链对企业加成率的负向影响,企业位于全球价值链的地位越高,受到发达国家的抑制作用就越大,从而抑制其定价能力的提高。假说 2 得到验证。

表 9 影响机制检验

	成本效应			低端锁定效应
	mkp (1)	ln *tfp* (2)	*mkp* (3)	*mkp* (4)
$\ln gvc\_f$	0.023*** (7.78)	0.044*** (4.96)	0.013*** (5.20)	
$\ln gvc\_b$				−0.053*** (−14.23)
$\ln tfp$			0.218*** (260.10)	0.219*** (260.40)
$LOCK$				0.049*** (3.54)
$\ln gvc\_b\times LOCK$				−0.018*** (−4.31)

续表

	成本效应			低端锁定效应
	mkp (1)	ln *tfp* (2)	*mkp* (3)	*mkp* (4)
ln *age*	0.002** (2.46)	0.063*** (25.73)	−0.012*** (−18.41)	−0.012*** (−18.69)
ln *size*	−0.021*** (−23.88)	0.298*** (93.72)	−0.086*** (−92.65)	−0.086*** (−92.66)
kl	0.009*** (16.66)	0.057*** (31.70)	0.002*** (4.41)	0.002*** (4.41)
fin	−0.016*** (−9.40)	−0.107*** (−14.93)	0.007*** (5.25)	0.007*** (5.01)
wage	−0.001*** (−17.95)	0.003*** (13.95)	−0.002*** (−17.84)	−0.002*** (−17.81)
export	−0.003** (−2.51)	0.039*** (10.56)	−0.012*** (−11.00)	−0.011*** (−10.77)
HHI	0.016 (1.03)	−0.079 (−1.84)	0.033*** (2.57)	0.031** (2.38)
_cons	1.917*** (9.51)	4.414*** (14.53)	0.953*** (5.35)	0.769*** (4.31)
企业所有制	Y	Y	Y	Y
行业固定效应	Y	Y	Y	Y
省份固定效应	Y	Y	Y	Y
年份固定效应	Y	Y	Y	Y
N	1 828 534	1 828 534	1 828 534	1 828 534
R^2	0.684	0.883	0.790	0.790

注：*、** 和 *** 分别表示在 10%、5%和 1%显著性水平上统计显著，括号内为 *t* 统计量。回归均使用聚类到企业层面的稳健标准误。

上述结果的可靠性是建立在企业加成率不影响企业全球价值链参与度基础之上的。事实上加成率较高的企业拥有着较优越的资源以及较强的市场实力，因此企业加成率可能会影响全球价值链参与度。为缓解内生性问题，采用滞后一期和滞后两期的全球价值链参与度作为工具变量，使用两阶段最小二乘法(2SLS)进行稳健性检验。进一步地，采用不可识别检验、弱工具变量检验以及过度识别检验来验证工具变量的有效性。表 10 的回归结果与基准回归一致，本文研究结论稳健。

表 10　稳健性检验(1)

	(1)	(2)
ln *gvc_f*	0.038** (2.36)	
ln *gvc_b*		−0.070*** (−5.12)
ln *tfp*	0.249*** (206.15)	0.249*** (206.19)
ln *age*	−0.001 (−1.31)	−0.002* (−1.75)
ln *size*	−0.096*** (−72.62)	−0.095*** (−72.53)
kl	0.005*** (7.07)	0.005*** (6.87)
fin	−0.008*** (−3.33)	−0.008*** (−3.48)
wage	−0.002*** (−17.86)	−0.002*** (−17.83)
export	−0.011*** (−8.06)	−0.011*** (−7.68)
HHI	0.024 (1.48)	0.019 (1.17)
_cons	0.238*** (6.60)	0.088*** (3.17)
企业所有制	Y	Y
行业固定效应	Y	Y
省份固定效应	N	N
年份固定效应	Y	Y
N	443 538	443 538
R^2	0.406	0.407
不可识别检验(Kleibergen-Paap rk LM 统计量)	5 415.446*** [0.00]	140 000 [0.00]
弱工具变量检验(Kleibergen-Paap rk Wald F 统计量)	1 302.804	2 458.624
过度识别检验(Hansen J 统计量)	0.146 [0.70]	1.883 [0.17]

注：*、** 和 *** 分别表示在 10%、5%和 1%显著性水平上统计显著，括号内为 *t* 统计量。回归均使用聚类到企业层面的稳健标准误。

为进一步检验结论稳健性，分别用ln(销售收入)和ln(固定资产净值)作为企业规模替代变量进行回归。表11报告了稳健性检验的结果。可以看出，前向参与对企业加成率的促进作用以及后向参与对企业加成率的抑制作用均通过1%显著性检验，表明研究结论稳健。

表11　稳健性检验(2)

	ln(就业人数)		ln(销售收入)		ln(固定资产净值)	
	(1)	(2)	(3)	(4)	(5)	(6)
ln *gvc_f*	0.013*** (5.20)		0.011*** (5.30)		0.010*** (3.96)	
ln *gvc_b*		−0.058*** (−16.13)		−0.024*** (−8.65)		−0.058*** (−16.01)
ln *tfp*	0.218*** (260.10)	0.219*** (260.39)	0.371*** (306.24)	0.371*** (306.29)	0.223*** (261.63)	0.223*** (261.89)
ln *age*	−0.012*** (−18.41)	−0.012*** (−18.73)	−0.003*** (−6.21)	−0.003*** (−6.41)	−0.012*** (−18.62)	−0.012*** (−18.92)
ln *size*	−0.086*** (−92.65)	−0.086*** (−92.73)	−0.242*** (−192.88)	−0.242*** (−192.75)	−0.082*** (−102.05)	−0.082*** (−102.13)
kl	0.002*** (4.41)	0.002*** (4.47)	0.016*** (47.29)	0.016*** (47.39)	0.037*** (74.37)	0.037*** (74.57)
fin	0.007*** (5.25)	0.007*** (5.03)	0.014*** (10.60)	0.014*** (10.54)	0.013*** (8.74)	0.013*** (8.59)
wage	−0.002*** (−17.84)	−0.002*** (−17.82)	−0.0004*** (−13.54)	−0.0004*** (−13.48)	−0.001*** (−18.80)	−0.001*** (−18.78)
export	−0.012*** (−11.00)	−0.011*** (−10.78)	0.002** (2.06)	0.002** (2.17)	−0.014*** (−13.00)	−0.013*** (−12.78)
HHI	0.033*** (2.57)	0.032** (2.44)	0.012 (1.10)	0.011 (1.01)	0.038*** (2.90)	0.036*** (2.78)
_cons	0.953*** (5.35)	0.756*** (4.23)	1.737*** (9.73)	1.636*** (9.15)	1.158*** (6.25)	0.972*** (5.23)
企业所有制	Y	Y	Y	Y	Y	Y
行业固定效应	Y	Y	Y	Y	Y	Y
省份固定效应	Y	Y	Y	Y	Y	Y
年份固定效应	Y	Y	Y	Y	Y	Y
N	1 828 534	1 828 534	1 828 139	1 828 139	1 828 534	1 828 534
R^2	0.790	0.790	0.853	0.853	0.790	0.790

注：*、** 和 *** 分别表示在10%、5%和1%显著性水平上统计显著，括号内为 *t* 统计量。回归均使用聚类到企业层面的稳健标准误。

五、结论与启示

采用中国工业企业数据库和世界投入产出表数据库(WIOD)匹配的数据集,实证研究全球价值链参与度、政府补贴对企业加成率的影响,结果表明:(1)全球价值链前向参与度会通过“成本效应”对企业成本加成率产生积极影响;全球价值链后向参与度会通过“低端锁定效应”对企业成本加成率产生消极影响。(2)中高技术行业的全球价值链前向参与度对企业加成率产生显著的积极影响,中高技术和低技术行业的全球价值链后向参与度对企业加成率产生显著的消极影响,而且中高技术行业的消极影响比低技术行业稍弱;国有企业的全球价值链前向参与度不显著,私营企业的全球价值链前向参与度系数显著为正,外资企业全球价值链前向参与度系数通过显著性检验。国有企业的全球价值链后向参与度系数不显著,私营企业和外资企业全球价值链后向参与度对其加成率产生显著的消极影响;东部、中部和西部地区企业全球价值链前向参与度对企业加成率产生显著的积极影响;西部地区的全球价值链后向参与度系数不显著,东部地区和中部地区企业全球价值链后向参与度对其加成率的消极影响显著。(3)政府补贴对企业加成率产生了显著的消极影响,从而抑制了全球价值链前向参与的积极影响,强化了全球价值链后向参与的消极影响。

目前全球化浪潮深刻演化,但融入全球价值链对企业提高生产率、技术创新及提高国际市场定价权具有重要影响。本文的启示在于:第一,深化全球价值链参与。企业要提高自身研发水平,通过出口中间品来提升全球价值链地位,增强国际市场实力与产品竞争力,融入全球生产网络,整合全球经济资源。企业需要尽快进行贸易转型,延长产业链长度,提高定价权,优化商品结构,向全球价值链的高端攀升。第二,加强与发达国家合作交流。更主动与发达国家合作沟通,在开发设计、市场研究等方面深入交流,形成自己的体系。积极参与发达经济体会议论坛,了解国际分工最新状况,提升自身竞争优势。第三,政府部门应引导民营企业对先进技术的吸收以及创新,积极建设以企业为主体的创新体系,为企业提供良好的研发环境,合理修改及完善补贴政策,依照不同企业特点决定补贴内容,优化当前竞争环境,对补贴企业进行严格审查,落实补贴对企业创新及竞争力的促进作用。

参考文献

顾元媛、沈坤荣:《地方政府行为与企业研发投入——基于中国省际面板数据的实证分析》,《中国工业经济》2012 年第 10 期。

黄先海、诸竹君、宋学印:《中国出口企业阶段性低加成率陷阱》,《世界经济》2016 年第 3 期。

刘啟仁、黄建忠:《异质出口倾向、学习效应与“低加成率陷阱”》,《经济研究》2015 年第 12 期。

刘志彪、张杰:《从融入全球价值链到构建国家价值链:中国产业升级的战略思考》,《学术月刊》2009 年第 9 期。

毛其淋、许家云:《政府补贴对企业新产品创新的影响——基于补贴强度“适度区间”的视角》,《中国工业经济》2015 年第 6 期。

任曙明、张静:《补贴、寻租成本与加成率——基于中国装备制造企业的实证研究》,《管理世界》2013 年第 10 期。

盛丹、王永进:《中国企业低价出口之谜——基于企业加成率的视角》,《管理世界》2012 年第 5 期。

宋建、王静:《全球分工背景下中国企业加成率提升研究》,《数量经济技术经济研究》2021 年第 4 期。

余明桂、回雅甫、潘红波:《政治联系、寻租与地方政府财政补贴有效性》,《经济研究》2010 年第 3 期。

郑玉、姜青克:《全球价值链双向参与下的生产率效应——基于 WIOD 数据库的实证研究》,《财经研究》2019 年第 8 期。

祝树金、张鹏辉:《出口企业是否有更高的价格加成:中国制造业的数据》,《世界经济》2015 年第 4 期。

Ackerberg D. A., Caves K. and Frazer G., 2015, “Identification Properties of Recent Production Function Estimators”, *Econometrica*, 83(6), pp. 2411—2451.

Bernard A. B., Eaton J., Jensen J. B. and Kortum S., 2003, “Plants and Productivity in International Trade”, *American Economic Review*, 93(4), pp. 1268—1290.

Brandt L., Van Biesebroeck J. and Zhang Y., 2012, “Creative Accounting or Creative Destruction? Firm-Level Productivity Growth in Chinese Manufacturing”, *Journal of Development Economics*, 97(2), pp. 339—351.

De Loecker J., 2007, “Do Exports Generate Higher Productivity? Evidence from Slovenia”, *Journal of International Economics*, 73(1), pp. 69—98.

De Loecker J., Goldberg P. K., Khandelwal A. K. and Pavcnik N., 2016, “Prices, Markups, and Trade Reform”, *Econometrica*, 84(2), pp. 445—510.

Edmond C., Midrigan V. and Xu D. Y., 2015, "Competition, Markups, and the Gains from International Trade", *American Economic Review*, 105(10), pp. 3183—3221.

González X., Jaumandreu J. and Pazó C., 2005, "Barriers to Innovation and Subsidy Effectiveness", *RAND Journal of Economics*, 36(4), pp. 930—950.

Grossman G. M. and Rossi-Hansberg E., 2008, "Trading Tasks: A Simple Theory of Offshoring", *American Economic Review*, 98(5), pp. 1978—1997.

Konings J. and Vandenbussche H., 2005, "Antidumping Protection and Markups of Domestic Firms", *Journal of International Economics*, 65(1), pp. 151—165.

Koopman R., Wang Z. and Wei S. J., 2012, "Estimating Domestic Content in Exports When Processing Trade Is Pervasive", *Journal of Development Economics*, 99(1), pp. 178—189.

Koopman R., Wang Z. and Wei S. J., 2014, "Tracing Value-Added and Double Counting in Gross Exports", *American Economic Review*, 104(2), pp. 459—494.

Levinsohn J. and Petrin A., 2003, "Estimating Production Functions Using Inputs to Control for Unobservables", *The Review of Economics and Statistics*, 70(2), pp. 317—341.

Loecker J. D. and Warzynski F., 2012, "Markups and Firm-Level Export Status", *American Economic Review*, 102(6), pp. 2437—2471.

Melitz M. J., 2003, "The Impact of Trade on Intra-Industry Reallocations and Aggregate Industry Productivity", *Econometrica*, 71(6), pp. 1695—1725.

Melitz M. J. and Ottaviano G. I. P., 2008, "Market Size, Trade, and Productivity", *The Review of Economic Studies*, 75(1), pp. 295—316.

要素市场化指数：文献评述、框架构建与实证分析

刘正山*

［摘　要］　要素市场化改革是当前和未来我国经济保持一定发展速度并向高质量发展转型的必由之路。从学术文献观察，无论是综合要素还是某特定要素市场化水平的测度，均存在指标的选择偏差、维度的覆盖欠缺、指标数值的可靠性等问题。构建要素市场化指数，可以从不同的角度入手：一是从我国要素市场化改革的需要出发，根据改革总安排，设置要素市场化评价指标体系；二是从比较的角度出发，以市场经济体系为参照系构建要素市场化指数体系。本文通过计算和分析1978—2023年中国要素市场化指数，提出了相应的建议。

［关键词］　要素市场化指数　体制性冗余　全要素生产率

一、引　言

党的二十大报告提出："加快建设现代化经济体系，着力提高全要素生产率。"周天勇（2019，2020，2021，2022）、卢现祥和王素素

* 刘正山，东北财经大学国民经济工程实验室常务副主任，中国城市发展研究会副秘书长。

(2021)、祝宝良(2021)等诸多学者研究发现,提升我国潜在经济增长的关键靠提高要素配置效率。目前,要素市场仍然存在着要素错配和市场扭曲等问题(吴涵、郭凯明,2023)。要素市场化配置改革的潜力非常大,若改革到位,“一年产生10万亿元,10年100万亿元,30年就是300万亿元的红利”(卢现祥、王素素,2021),或者说未来16年年均获得两个百分点左右的经济增长潜能,从而在这一阶段,“支撑和实现国民经济7%—6%—5%的中高速增长还是有可能的”(周天勇,2020)。

推进我国要素市场化配置改革,需要进行要素市场化配置效率的定量分析。在这方面,我国学者从不同角度进行了探索,但总体上,要素市场化程度评价的理论和方法存在缺陷,评价维度残缺不全,所需数据难以准确获取或主要依靠主观判断。本文拟基于现有文献研究,从要素市场化改革的实际需要出发,从工作目标法(即按照改革目标,设定指标进行评价)和反事实法与条件还原法(考虑现实的要素市场扭曲程度等作为判断和评价的依据),构建要素市场化指数或者评价指标体系。

二、文献评述

1992年我国提出建立社会主义市场经济体制目标以后,零零星星地出现经济市场化测度的研究成果(刘烈龙,2001)。其中一些研究,涉及了要素市场化的测度,比如,樊纲、王小鲁1997年开始的中国市场化指数项目,在测度市场化指数的时候,采用的一个二级指标“要素市场的发育程度”——这个指数由三个一级分项指数组成,分别为“技术市场发育”(技术市场成交额)、“劳动力的流动性”和“引进外资的程度”,反映科技市场、人力资本市场、金融市场的市场发育情况(樊纲、王小鲁等,2003, 2011)。然而,“要素市场的发育程度”并未涉及一个非常重要的要素——土地;而且,其指标体系中关于劳动力市场的指标比较单一,不能充分反映劳动力市场各种制度障碍并完整描绘劳动力市场发展状况。

2001年加入世界贸易组织(WTO)以来,学术界关于要素市场化程度的测度文献开始增多,尤其是到“新常态”之后的经济发展需要阶

段。从学术界的分析看,要素市场化测度的研究主要集中于两个方面:

第一类,对于要素市场化配置水平或者程度的测算主要是集中于对于某一种特定要素的市场化程度进行测算,比如利率市场化测算(刘金山、何炜,2014),土地市场化测度(李尚蒲、罗必良,2016;王亚晨,2023),金融市场化水平测度(查华超、裴平,2016;赵茂、杨洋、刘大鹏,2019),劳动市场化指数(原国家计委市场与价格研究课题组,1996;张灿、谢思全、董利,1998;陈宗胜,1999;赵彦云、李静萍,2000;孙文凯、赵忠、单爽等,2020),资本市场化程度测定(陈秀梅、周国强,2014;耿成轩、吴瑾、孙雪,2023),数据要素市场化测度(颜蒙、王超贤、张伟东,2021)等。

第二类,对于综合或者多要素市场水平的测度,研究成果相对少一些。卢现祥、王素素(2021)基于市场化环境水平、市场化运作水平和市场准入水平三大维度39项指标构建了要素市场化配置水平指标体系,进而测度2005—2018年我国要素市场化配置水平综合指数及分维度指数。张虎、刘宇笛(2022)构建了包含土地、劳动、资本、技术和数据五大要素市场53个具体指标的要素市场化配置水平指标评价体系。

从目前我们所能收集到的文献分析,生产要素市场水平的测度,理论和方法上均存在一定的不足之处。第一,无论是对于特定要素的市场化程度测度,还是综合或者多要素市场化程度测度,均涉及某种生产要素市场化的测度,而文献中可见的测度方法,逻辑上大多难以成立。例如,张虎、刘宇笛(2022)所提出的要素市场化指数,指标体系存在很多缺陷,以土地市场化指标为例:(1)整个土地市场化指标体系,只反映城市土地市场情况,农村土地市场相关指标缺乏;(2)土地保障力度指标中,违法案件查处率与市场化没什么关系,因为大多数土地违法是地方政府违法;(3)指标的选择,存在简单罗列和严重的重复问题,比如土地配置规模下设土地出让宗数、土地出让面积、土地成交价款。又如,耿成轩、吴瑾、孙雪(2023)采用的"市场准入放宽程度",选择的指标为"各地金融从业人数占当地从业人数的比重",显然不合适,若非市场金融机构从业人员占比很大,也能说明是市场准入放宽吗?孙文凯、赵忠、单爽等(2020)对于劳动力要素市场化衡量的标准则有问题,实际上"最低工资"与市场化无关,发达市场经济国家也存在。颜蒙、王超贤、张伟东(2021)对数据要素市场化的测度有问题,数据要素市场化不等同于数字经济发展的测度。

第二,综合评价的维度或者指标的覆盖面问题。樊纲等(2003)对于“要素市场的发育程度”的测度涉及技术、劳动和外资三个指标,卢现祥、王素素(2021)使用了 39 项指标,张虎、刘宇笛(2022)使用了 53 个具体指标。丁梦桐、张丽娜、冉苒(2023)选取了全要素生产率、土地要素、劳动力要素、资本要素、技术要素、数据要素、资源环境要素等 7 个一级指标,28 个二级指标和 151 个三级指标,作为要素市场化的指标。从现有的学术研究看,对于要素市场化侧重点的理解不尽相同;而且,多指标综合评价,较为忌讳的指标之间的边界不清,存在多重共线性的可能等。

第三,使用生产函数综合测度要素市场化水平的问题。张明海(2002)以反映资本/劳动力比例对其相对价格变化灵敏度的要素替代弹性衡量市场化程度,要素替代弹性随市场化程度加深而上升。段文斌、尹向飞(2009)先估算出不同要素投入组合的生产前沿面,再测度被评价单元实际产出与生产前沿面之间的距离。王宁、史晋川(2015)通过测算每种要素边际产出与实际价格的对比,测度要素价格的扭曲程度,相当于测度的是现实情况与全面竞争的理想状态之间的距离。高辰颖(2023)以资本、劳动、土地三大生产要素投入份额与产出效率实际数据为基础,利用柯布—道格拉斯生产函数及其推广函数梯度定义生产要素局部结构错配度,进而对所考虑生产要素总体错配程度进行测算。沈开艳、韩定夺(2023)采用生产函数法测算各省劳动、资本、土地的价格绝对扭曲度及相对扭曲度。胡飞(2024)采用随机前沿分析(SFA)方法,以柯布—道格拉斯函数为生产函数形式,测度生产函数及要素配置效率,实际上相当于测度实际产出与最优产出的距离。上述测度,均是理想上的考量,好比物理学上的“真空”,现实世界中并不存在。

此外,还涉及指标度量方法。据耿成轩、吴瑾、孙雪(2023)归纳,学者们对指标的度量方法可分为赋值法和数据法两种。赋值法的通常做法为对分项评价指标涉及的改革领域,按改革事件重要程度的强弱给予不同的赋值,考虑资本要素市场化的渐进性特点,将每年赋值逐一累加,反映出各分项领域资本要素市场化改革的渐进性特征,该种方法是测算我国总体资本要素市场化进程时普遍采用的方法。但正如周天勇(2020)所说,这些测度没有摆脱专家权重打分这样的主观"猜测"方法。至于数据法,则指各分项指数所依据的指标必须是可度量的,而且数据是能够实际取得的。相比之下,数据法能较为客观地反映我国各地区的实际资本要素市场化进程,但是现实中受制于统计体系,很多维度的数据很难获得。

三、要素市场化指数构建:两种思路及理论框架

根据我们前期的研究(周天勇,2020;刘正山,2024),要素市场化指数构建,可以从两个不同的视角进行研究。

第一种思路,是基于我国要素市场化改革的要求而构建相应的评价指标体系。

按照《国务院办公厅关于印发要素市场化配置综合改革试点总体方案的通知》(国办发〔2021〕51号)及其他中央文件的相关要求,要素市场化改革,是为了破除阻碍要素自主有序流动的体制机制障碍,全面提高要素协同配置效率,完善要素市场制度,为推动经济社会高质量发展提供强劲动力。的确,如卢现祥、王素素(2021)所说,目前我国商品和服务的价格97%以上由市场定价,但土地、劳动力、资本、技术数据要素市场发育相对滞后,市场决定要素配置范围有限、要素流动存在体制机制障碍、新型要素市场规则建立相对滞后。那么,深化改革提升要素配置效率是做好当前经济工作的重点任务,开展要素配置效率测算分析是支撑要素改革取得实效的重要举措(胡飞,2024)。

那么,从国家要素市场化改革进程的监测需要而言,参考《国务院办公厅关于印发要素市场化配置综合改革试点总体方案的通知》(国办发〔2021〕51号),可以针对不同的要素设置不同的指标:土地要素配置效率、劳动力要素有序流动、资本要素服务实体经济发展、技术要素向现实生产力转化、数据要素流通规则、资源环境市场制度建设;还需要考虑综合情况,如要素市场治理、要素协同配置效应。由此,可以设计指标体系如表1。

表1 要素市场化评价指标体系(改革目标法)

一级指标	二级指标
土地要素配置效率	地方土地配置自主权
	产业用地供应方式多样化
	存量用地盘活利用率
	城乡建设用地市场一体化
	海域市场利用率
劳动力要素有序流动	户籍准入与公共服务均等
	劳动力和人才社会性流动
	人才创新创业活力
资本要素服务实体经济发展	有效金融服务供给
	多层次股权市场
	金融监管和风险管理
技术要素向现实生产力转化	职务科技成果产权制度
	科技创新资源配置
	技术和资本要素融合发展
数据要素流通	公共数据开放共享
	数据流通交易规则构建
	数据开发利用场景
	数据安全保护
资源环境市场制度建设	资源市场化交易机制
	绿色要素交易机制
要素市场治理	要素市场化交易平台
	要素交易市场监管
	要素配置法治保障
要素协同配置效率	先进要素集聚能力
	按要素分配机制

表1是基于国家要素市场化配置综合改革试点总体方案的目标要求设计的,其作用在于评估和监测各个要素市场化改革的推进程度。各个指标的含义,参见国务院办公厅2021年第51号文件。其中一部分指标难以量化,但主管部门可以将其作为工作进展评估手段。

第二种思路,是以市场经济体系为参照系,从要素市场化改革成果对于经济增长的作用而言推导要素市场化的评价指标体系。

我们团队此前的研究(周天勇,2020;刘正山,2024),以市场经济条件标准化、差距化和数量化的思路,用反事实法和条件还原法的逻辑,以索洛模型为基础,形成要素市场化改革所能获得经济增长潜能实用性的分析逻辑。那么,测度要素市场化水平之时,应当以市场化经济体系的相应要素市场化数值(而非经济学上所谓的理想值)作为标准值,将我国相应的要素市场化程度与之比较,既可实现对我国要素市场化水平的测度,也为推进我国要素市场化改革提供了参考。由此,我国各个要素市场化改革的空间,就是现行体制下的体制扭曲和市场发育程度等不足导致的结果,与向市场化标准值靠近的程度。由此,可以构建劳动力、土地、资本等主要生产要素市场化指数,如表2。

表2 要素市场化指数(参照系法)

资本要素市场化	宏观税负差值
	权益资本利润率差值
	国有企业资本剩余额
劳动力要素市场化配置	工资水平差值
	劳动力农业就业比率差值
	生育率差值
	城镇化率差值
	城乡劳动力要素体制性冗余
土地要素市场化配置	土地市场价格差值
	土地开发率差值
	农民土地交易分配差值
	城乡土地(村庄建设用地、农村宅基地、城镇建设用地、工矿用地、耕地等)闲置和低效利用数量

据周天勇(2019,2021,2023)的研究,可以使用反事实法和条件还原法等方法估算我国各个要素的市场化配置的差值和闲置值等。(1)资本要素的市场化配置差值与闲置值。国民收入在政府财政和企业资本配置方面,标准值:中高收入发展中国家宏观税负率为25%—28%,转轨国家为29.1%;扭曲值:2021年中国为33.43%。资产净利润

率方面,标准值:2021 年竞争性民营企业平均为 5.5%;扭曲值:国有企业为 1.06%。据此可估算出国有企业资本剩余额。(2)劳动力要素配置差值与闲置值。一定发展水平农业就业劳动力比例方面,标准值:横向人均国内生产总值(GDP)为 12 500 美元水平为标准值,纵向同样发展水平的日本、韩国,横向同样发展水平的墨西哥、土耳其、马来西亚等,为 7%;扭曲值:中国 2021 年为 22.87%。据此可以计算市场经济体系下的劳动力农业就业比率与我国体制约束导致的实际劳动力农业就业比率之间的差值。二元结构转移不同人群工资水平和变化方面,标准值:一般发展中国家城乡和工农劳动力收入水平随着工业化进程和剩余劳动力的减少,不同劳动力人群间工资差距在缩小;扭曲值:1980—2021 年中国城市职工工资、农民工工资和种地农民收入间差距为从 100∶150∶25 变为 100∶50∶10,改革开放迄今这种差距逐步拉大,而不是逐步缩小,出现了“刘易斯悖论”。此外,还有人口生育管制差值,例如,不存在人口计划生育的生育率与我国采取计划生育之后的生育率的差值;市场经济体系下的人口城镇化率,与我国体制约束下的人口城镇化率的差值。从闲置角度看,还存在城乡劳动力要素的体制性冗余,包括农村体制性剩余劳动力、行政职业单位和国有企业中体制性剩余劳动力,据周天勇(2023)估计,2020 年体制性冗余劳动力达 1.9 亿人。(3)土地要素配置差值。因为没有竞争性的土地市场,也没有土地要素的市场标准值;扭曲值:2021 年在行政垄断的土地市场上价格为 159 万元/亩,划拨使用的土地价格为零,禁止市场配置的城乡土地价格为零。调节水资源分配和土地国土开发率利用率方面,标准值:调水强国人均调水量为 100 立方米左右,大部分国家国土开发利用率在 80%—85%之间;中国 2021 年人均调水量不足 25 立方米,国土开发利用率为 71%。此外,还有农民土地交易分配比例的市场经济标准值与我国体制约束下的扭曲差值;村庄建设用地和宅基地,因为体制约束导致的闲置;城镇闲置和低效率利用土地;工矿用地闲置和低效率利用;耕地撂荒与低效率利用等。由此,可以计算要素市场化指数值并进行分析。

四、中国要素市场化指数(1978—2023)计算与分析

前文所构建的两套要素市场化指数的指标体系，都是从理论或者理想的角度进行考虑的。其中，第一类要素市场化指数（或评价指标体系），相当一部分指标数值难以获得，从而对于学者的研究而言是无法计算的；第二类要素市场化指数，尽管我们团队前期的研究可以对其中相当一部分指标的数值进行估算，但是，后期的研究发现，从数据的可获得性或获取的难易程度看，一些国家的相关数据获取难度很大或成本很高。因此，笔者最终决定按照第二种指数构建的思路，从世界银行数据库入手，选择数据相对齐备、具备国际可比的指标，形成第三种要素市场化指数的指标体系，整理如表 3。

表 3　中国要素市场化指数指标体系

指标类别	子维度	解　释
资本要素市场化	私营部门的国内信贷占 GDP 的百分比	评估资本流动的活跃度和效率，分析金融市场对私营部门的支持力度
劳动力要素市场化	农业就业人员占就业总数的百分比	分析劳动力市场的流动性和优化配置情况，评估劳动力的教育水平和技能水平对劳动力市场效率的影响
	识字率与人力资本指数	
土地要素市场化	城镇化率	结合城镇化进程，评估土地资源的优化配置和利用效率
技术要素市场化	信息和通信技术产品出口占产品出口总量的百分比	评估技术要素在市场中得到配置和利用的程度，分析技术创新和市场竞争力的关系
制度与政策环境保障	法律权利力度指数	评估法律体系对市场主体权利的保护程度，包括产权保护、合同执行、司法公正等方面
	税收占国内生产总值(GDP)的比例	分析税收政策对生产要素市场化水平的影响，包括税率、税收优惠、税收征管等方面

（一）指标选取的理由

表 3 各种指标选择的理由如下：

1. 资本要素市场化程度评估，选择“私营部门的国内信贷占 GDP

的百分比”。这一指标直接反映了资本要素在市场中流动的活跃度和效率。私营部门信贷占比越高,说明资本更多地流向了市场导向的部门,有利于提升资本配置的效率。

2. 劳动力要素市场化程度评估。(1)“农业就业人员占就业总数的百分比”。这一指标间接反映了劳动力市场的流动性。农业就业占比的下降意味着劳动力更多地从农业转向非农业,这通常与城市化进程和劳动力市场的优化配置相关。(2)“识字率与人力资本指数”。这两个指标共同反映了劳动力的教育水平和技能水平,是劳动力市场效率和质量的重要体现。较高的教育水平和技能水平有利于劳动力在市场中更高效地流动和配置。

3. 土地要素市场化程度评估,选择“城镇化率”。虽然城镇化率本身并不直接反映土地要素的市场化水平,但它与土地资源的配置和利用效率密切相关。城镇化进程的推进通常伴随着土地资源的优化配置和更高效地利用。

4. 技术要素市场化程度评估,选择“信息和通信技术(ICT)产品出口占产品出口总量的百分比”。这一指标反映了技术要素在市场中得到配置和利用的程度。ICT 产品出口的占比越高,通常意味着该国在技术领域的创新能力和市场竞争力越强,技术要素在市场中得到更有效地利用和配置。

5. 制度与政策环境评估。(1)制度环境,选择“法律权利力度指数”。一个强有力的法律体系是保障生产要素市场化配置的重要前提。法律权利力度指数反映了法律体系对市场主体权利的保护程度,是评估制度环境对市场影响的重要指标。(2)税收政策,选择“税收占国内生产总值(GDP)的比例”。税收政策是影响生产要素市场化水平的重要因素之一。合理的税收政策能够降低企业的成本负担,激发市场活力,促进生产要素的优化配置。

(二) 数据的收集、整理与计算

各个指标的原始数据,来自世界银行数据库。指标数据的计算,为了便于比较,此处采取两种算法:

第一种算法,采取反事实法和条件还原法,统一取中高等收入国家

的均值为参照系。使用中国相应指标年度数据与中高等收入国家的均值的相对数(即差异系数):

$$差异系数=\frac{中国年度数据-中高等收入国家年度均值}{中高等收入国家年度均值}$$

这个指标可以告诉我们中国在该指标上是高于还是低于中高等收入国家的平均水平,以及差距有多大。如果计算结果为正数,说明中国在该指标上高于中高等收入国家的平均水平;如果为负数,则说明低于平均水平。个别指标的数据存在缺失值,采取线性插值法和均值填补法及专业判定法进行处置。

数据整理完成之后,合成指数采取如下方法:(1)有二级指标的,按照等比赋权法合成一级指标。没有二级指标的,直接使用计算的相对数。(2)中国市场化指标的合成计算,采取直接相加法,即将所计算的资本要素市场化、劳动力要素市场化、土地要素市场化、技术要素市场化、制度与政策环境保障等 5 个一级指标的相对数值直接相加。

第二种算法,直接使用中国各个指标的原始数据。标准化处理,采取最小—最大标准化(min-max 标准化),将数据缩放到一个特定的区间[0, 1]。在处理指标时,根据每个指标的性质(正向或逆向)分别进行标准化。

数据整理完成之后,合成指数采取如下方法:(1)有二级指标的,按照等比赋权法合成。没有二级指标的,直接使用标准化处置后的数值。(2)中国市场化指标的合成计算,采取等比赋权法,即将所计算的资本要素市场化、劳动力要素市场化、土地要素市场化、技术要素市场化、制度与政策环境保障等 5 个一级指标等比赋权 0.2,然后将乘权的数值相加。

(三) 中国要素市场化指数(1978—2023)计算结果及分析

首先看基于非比较数据计算的中国要素市场化指数,见图 1。从图 1 可见,我国自改革开放以来,生产要素市场化程度持续攀升,相应地,GDP 数值也保持了持续的增长,二者相关系数值高达 0.857 8。这表明,要素市场化改革可能在相当程度上推动了经济增长。

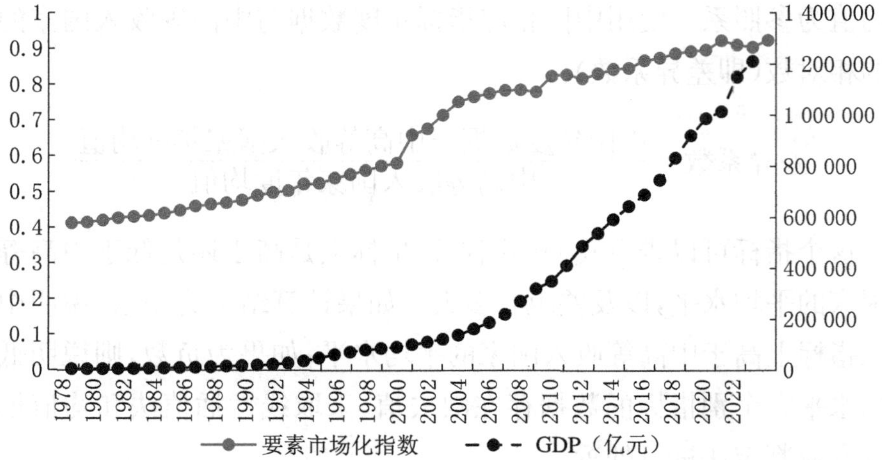

图 1　要素市场化指数与 GDP 走势比较(非比较数据)

其次看基于参照系(采取反事实法和条件还原法)计算的中国要素市场化指数,见图 2。

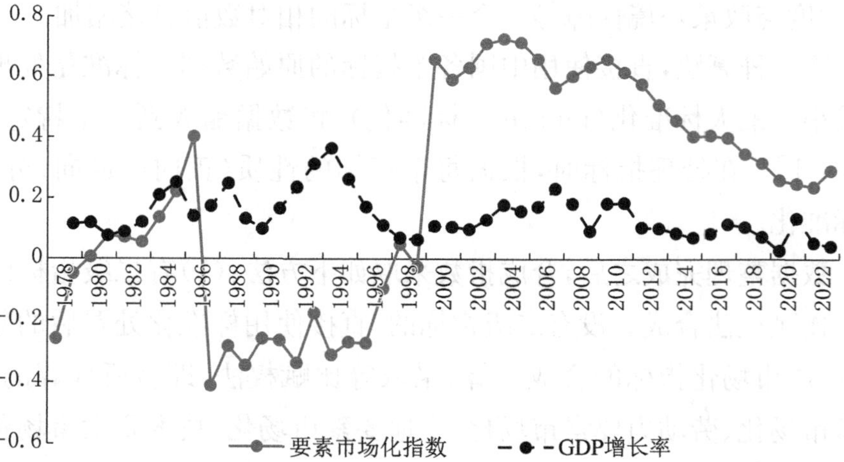

图 2　要素市场化指数与 GDP 增长率走势比较(参照系数据)

从图 2 可见,采取反事实法和条件还原法等测度的中国要素市场化指数,并非持续攀升的态势,而是存在波动。这主要是因为其他国家也在推行市场化的改革,在某些年度我国的要素市场化改革的力度相对较大,但有些年份的改革力度虽然也很大但相比较而言数值略低。不过,从图 2 可以得出与图 1 相似的结论,即市场化改革的力度与经济增长率存在较高的相关性:改革开放开始至 20 世纪 80 年代中期,要素市场化走势与 GDP 增长率走势保持一致,均持续上升;20 世纪 80 年代末期至 90 年代初期,二者基本上保持波动式的正向相关;21 世纪以来,要素市场化指数值从高位开始波动,波幅收缩的过程中,GDP 增长率也呈现一定程度的收缩。

综合图 1 和图 2 的情况,可以发现,一方面,我国的要素市场化改革不断推进,相应地推动了 GDP 的增长;另一方面,若相比其他中高等收入国家的要素市场化改革均值而言,如果我们的改革力度有所收缩,则可能导致我国 GDP 的增长率出现一定的收缩。

五、结论与思考

通过回顾学术界关于要素市场化测度的相关文献,结合我国要素市场化改革的总体安排和现实需要以及国际比较的角度,本文构建了相应的要素市场化配置的评价指标体系(指数),并采取不同的算法计算了 1978—2023 年度的中国要素市场化指数。基于前述的分析,并考虑学术研究和现实需要,提出如下建议:

一是建议国家有关部门加快开展要素市场化改革进程的评估研究,参考前文表 1 的指标体系,按照国务院办公厅 2021 年第 51 号文件等改革目标安排,定期测度或者考察要素市场化水平,并用好测度成果,为及时调整改革措施、推进要素市场化改革提供支撑。

二是要素市场化水平的测度,要坚持“把论文写在大地上”,避免采用主观评价类指标和看起来“很美”却无法落地的指标,指标也并非“越多越好”。也就是说,学术上的要素市场化测度不能仅仅从理论上的理想状态出发,而是需要落到实践中、可行性和科学性上,要尽可能避免使用主观值,应当使用客观数据进行测度;不要使用边界不清的指标,指标之间应保持相互独立。

三是处理好不同的要素市场化指数或者评价体系成果的关系。相关部门的要素市场化水平测度,侧重于政策目标导向,为工作的开展服务;学术界的要素市场化水平测度,则着眼于国际比较视野下的不同要素的市场化改革空间、要素市场化改革的经济发展潜力等方面的研究,不仅限于学术研究,还应当为我国要素市场化改革提供第三方意见和智库建议。比如,本文的测度表明,非比较数据的要素市场化程度与GDP之间具有高度的相关系,参照系的要素市场化指数与GDP增长率之间有很大的相关性,我国下一步的要素市场化改革,不仅要基于我国现实情况进一步推进改革,还要参考海外的情况适当扩大改革的力度,以更好推进经济发展,为实现中国式现代化奠定良好基础。

参考文献

陈秀梅、周国强:《中国资本市场化程度的测定(1990—2010)》,《求索》2014 年第 1 期。

陈宗胜:《测度我国市场化改革里程》,《中国改革报》1999 年 7 月 28 日第 5 版。

丁梦桐、张丽娜、冉苒:《如何构建要素市场化配置综合改革评价指标体系?》,《企业改革与发展》2023 年第 12 期。

段文斌、尹向飞:《中国全要素生产率研究评述》,《南开经济研究》2009 年第 2 期。

樊纲、王小鲁、马光荣:《中国市场化进程对经济增长的贡献》,《经济研究》2011 年第 9 期。

樊纲、王小鲁、张立文等:《中国各地区市场化相对进程报告》,《经济研究》2003 年第 3 期。

高辰颖:《生产要素市场化改革不协调的经济效应分析》,《经济论坛》2023 年第 7 期。

耿成轩、吴瑾、孙雪:《我国资本要素市场化水平测度、空间格局及动态演化》,《统计与决策》2023 年第 22 期。

国家计委市场与价格研究所课题组:《我国经济市场化程度的判断》,《宏观经济管理》1996 年第 2 期。

胡飞:《要素配置效率及其测度研究》,《中国物价》2024 年第 1 期。

李尚蒲、罗必良:《中国城乡土地市场化:估算与比较》,《南方经济》2016 年第 4 期。

刘金山、何炜:《我国利率市场化进程测度:观照发达国家》,《改革》2014 年第 10 期。

刘烈龙:《我国经济市场化测度与评价》,《理论月刊》2001 年第 10 期。

刘正山:《我国要素市场化指数框架构建初探》,《企业改革与发展》2024 年第 5 期。

卢现祥、王素素:《中国要素市场化配置水平的南北差异及形成机理》,《数量经济技术经济研究》2021 年第 11 期。

沈开艳、韩定夺:《考虑传统要素价格扭曲后的技术进步偏向测度》,《上海经济研究》2023 年第 6 期。

孙文凯、赵忠、单爽等:《中国劳动力市场化指数构建与检验》,《经济学(季刊)》2020 年第 4 期。

王宁、史晋川:《中国要素价格扭曲程度的测度》,《数量经济技术经济研究》2015 年第 9 期。

王亚晨:《农村土地要素市场化配置程度测度及影响机制研究》,郑州大学博士论文 2023 年。

吴涵、郭凯明:《双循环视角下要素市场化配置、产业结构转型与劳动生产率增长》,《经济研究》2023 年第 9 期。

颜蒙、王超贤、张伟东:《中国分省份数据要素市场化发展指数构建与分析》,《新经济导刊》2021 年第 4 期。

查华超、裴平:《中国金融市场化水平及测度》,《经济与管理研究》2016 年第 10 期。

张灿、谢思全、董利:《中国劳动力市场化进程测度》,《经济改革与发展》1998 年第 5 期。

张虎、刘宇笛:《中国要素市场化配置水平的动态演进、结构差异与收敛性研究》,《经济问题探索》2022 年第 11 期。
张明海:《中国经济的增长和要素配置的市场化:1978—1999》,《世界经济文汇》2002 年第 3 期。
赵茂、杨洋、刘大鹏:《中国金融市场化指数的度量研究》,《统计与决策》2019 年第 10 期。
赵彦云、李静萍:《中国市场化水平测度、分析与预测》,《中国人民大学学报》2000 年第 4 期。
周天勇:《解释中国经济增长的一个新数理逻辑框架——基于二元体制扭曲差值的分析方法》,《学术月刊》2023 年第 11 期。
周天勇:《索洛模型在分析中国经济问题时的困境和改进思路》,《财经问题研究》2019 年第 8 期。
周天勇:《体制剩余:转轨经济学的一个重要范畴——体制性剩余要素市场化改革及经济增长的新潜能》,《学术月刊》2021 年第 4 期。
周天勇:《要素配置市场化改革释放经济增长潜能的定量估计》,《财经问题研究》2020 年第 7 期。
祝宝良:《完善生产要素配置、提升潜在经济水平》,《中国经济报告》2021 年第 4 期。

企业管理

显隐性价值链下品牌孵化的协同模式探析

马湘临*

[摘　要]　孵化器是提高科技创新转化率的重要引擎，在国际上已经演化到第四代，但是缺乏相应的理论支撑以及对品牌孵化的专题考察。本研究基于协同效应和价值链理论，运用文献综述和理论推导，结合案例分析，聚焦区域品牌/虚拟平台/产业集群中品牌孵化的价值链及其协同模式，探索品牌孵化的有效机制。研究结论表明：品牌孵化的显性价值链体现为创建品牌—品牌开发—品牌设计—品牌推广。品牌孵化的隐性价值链体现为服务轴—产业轴—产品轴的协同效应，它是节省性效应与增值性效应叠加的结果。区域品牌/虚拟平台/产业集群对品牌孵化的协同效应主要体现为节省性效应，它在品牌孵化价值链下体现为共享性—催化性—转让性—网络性。企业品牌对品牌孵化的协同效应主要体现为增值性效应，它在品牌孵化价值链下体现为关联性—创新性—赋予性—扩张性。本研究的主要贡献是区分了显性价值链与隐性价值链，探索了两条价值链在品牌孵化过程中的协同模式与路径，对于政府、平台和企业的实践具有参考价值。

[关键词]　显性价值链　隐性价值链　协同效应　品牌孵化　协同模式

---

* 马湘临，上海市现代管理研究中心副研究员。

一、引　言

我国第一家企业孵化器“武汉东湖新技术创业者中心”诞生于1987年。我国最早一批孵化器是由政府出资建立的公益性科技服务机构，由中央政府的“火炬计划建设资金”结合地方政府的财政支持投入孵化器的初始成本和大部分运营成本(用于建筑、设施、工资和办公费用)。根据习近平新时代中国特色社会主义思想，我国对标世界一流，优化科创生态和促进经济高质量发展，以创新资源集聚、科技成果转化、硬科技企业孵化和未来产业培育为着力点，培育新领域新赛道，塑造新动能新优势。上海市人民政府办公厅颁布了《上海市高质量孵化器培育实施方案》，到2025年培育不少于20家高质量孵化器，示范带动不少于200家孵化器，实现专业化、品牌化、国际化转型升级。

在英国，企业孵化器的诞生缘于20世纪70年代的两项运动。一项运动是建筑师将老旧的空置建筑细分为设计类公司的“工作社区”，共享住宿、服务和管理。另一项运动是再开发和利用历史建筑，作为工匠和手艺人的工作室。相较之，美国的第一批企业孵化器于20世纪50年代成立(Adkins, 2002)，其发展有三个历史根源(Campbell and Allen, 1987)。第一个根源是重新开发市中心的凋敝地区，后来发展到包括中西部和东北部的凋敝地区。第二个历史根源是通过大学相关的孵化器或创新中心来加强创新和创业。第三个根源则源于成功企业家和投资人团体发起的倡议，他们尝试通过一种有利于技术创新和商业成功的环境，将其创业经验传授给初创公司。

本文运用文献综述和理论推导，结合二手案例资料，聚焦区域品牌/虚拟平台/产业集群中品牌孵化的价值链及其协同模式，探索品牌孵化的有效机制。研究结论表明：品牌孵化的显性价值链体现为创建品牌—品牌开发—品牌设计—品牌推广。品牌孵化的隐性价值链体现为服务轴—产业轴—产品轴的协同效应，它是节省性效应与增值性效应叠加的结果。区域品牌/虚拟平台/产业集群对品牌孵化的协同效应主要体现为节省性效应，它在品牌孵化价值链下体现为共享性—催化性—转让性—网络性。企业品牌对品牌孵化的协同效应主要体现为增值性效应，它在品牌孵化价值链下体现为关联性—创新性—赋予性—扩张性。

二、孵化器及其演变：品牌孵化的趋势

（一）孵化器及其作用

美国国家企业孵化协会（NBIA，2007）、英国企业孵化器（UKBI，2007）、欧洲委员会（欧共体，2002）、经济合作与发展组织（经合组织，1997）、Aernoudt（2004），以及 Sherman 和 Chappell（1998）都对孵化器做出了定义。在此，选取两个代表性定义作为参考：一个权威组织的定义和一个学界的定义。联合国开发计划署指出，“孵化器是一种受控制的工作环境，这种环境专为培育新生企业而设计。在这种环境中试图创造一些条件来训练、支持和发展那些成功的小企业家和盈利的企业”（赵佳宝，2003）。Walker 等（1997）将孵化器定义为一种企业辅助机构，为企业家提供合理的建议、忠告和服务，并根据需要作为其他人及资源服务的转化中心。

宏观而言，孵化器是政府促进创业和经济增长的政策组成部分（Mian *et al.*，2016），有助于国家经济转型与创造就业，推动国家创新科技的商业化应用。虽然政府主导的公共型孵化器提供了低成本空间和办公设备（Shepard，2014），解决了创业资源供给的“有与无”问题，但是难以满足新创企业多样化的资源需求（周文辉、孙杰，2020）。

微观而言，孵化器有助于提高新创企业的存活率和获得合法性，是促进企业活力、扶持技术型成长企业的一种发展路径。并且，企业主导的商业型孵化器提供知识服务，管理内外部资源，解决了创业资源供给的“多与少”问题（周文辉、孙杰，2020）。在科技品牌快速迭代的背景下，曾经的强势品牌（例如柯达）战略失误的原因在于未能及时转型并孵化出新的强大品牌（李靖，2012）。

（二）孵化器的演变亟待考察品牌孵化

随着创业公司的需求在不断变化，孵化器所提供的服务呈现多元

化发展(Grimaldi and Grandi, 2005)。因此,企业孵化器存在的关键因素(获得先进能力、学习经验、知识、关系网、协同效应)与商业模式(价值主张)也随之演变。经文献梳理,本文厘清了国际上已出现的四代企业孵化器(Grimaldi and Grandi, 2005; Bergek and Norrman, 2008; Bruneel *et al*., 2012; Hjorth, 2013)(参见表1)。总体而言,孵化器的演变特征呈现为:由有形向无形、由设施向过程、由早期孵化到全程扶持、由实体向内涵(品牌)、由机构化向机制化发展。可见,“孵化器”在向“孵化”发展,品牌孵化成为趋势。随着价值链的逐步完善,品牌孵化的进程得以加快,强势品牌的诞生需要一个完整的支撑系统。

表1 企业孵化器的演变阶段

	第一代	第二代	第三代	第四代
提供	办公空间和共享资源	辅导和培训支持	获得技术的、专业的和金融的网络	加速器:流动资源提供营销与品牌管理
理论依据	规模经济	加速学习曲线	社会资本理论、合法性	目前文献空白

资料来源:作者基于 Bruneel *et al*. (2012)更新。

第一代孵化器。第一代企业孵化器于20世纪50年代创立于美国,至20世纪80年代普及至世界其他地区(Bergek and Norrman, 2008)。孵化器的初始任务是以较低的成本为新创公司提供办公场所(Noordhoorn and Joshevski, 2013),为企业提供负担得起的办公空间和共享资源(Barrow, 2001; Lalkaka and Bishop, 1996)。提供基础设施是各类企业孵化器的基本功能(Allen and McCluskey, 1990),包括将办公空间以优惠条件租给受孵企业(Bergek and Norrman, 2008)。因此,该阶段孵化器的主要价值主张是为初创企业提供办公场所和共享资源,使企业能够从规模经济中获益(Bergek and Norrman, 2008; Bruneel *et al*., 2012)。

第二代孵化器。20世纪80年代中期,欧洲和美国的汽车与工程等主流行业遭遇高失业率(Bruneel *et al*., 2012),企业孵化器成为促进新创技术密集型公司的流行工具(Lewis, 2001)。但是,企业需要的不只是办公场所和共享资源,还需要额外的专业服务。20世纪90年代,一些支持学习过程的扶持服务开始显现(Lalkaka and Bishop, 1996)。

因此,第二代企业孵化器的价值主张纳入了基于知识的服务,提供咨询、辅导和培训等扶持服务(Hjorth, 2013)。

第三代孵化器。20 世纪 90 年代中期强调通过外部网络提供服务(EC, 2002; Lalkaka and Bishop, 1996),为租户提供获得技术、专业和金融的关系网络,以及与潜在客户、供应商、技术合作伙伴和投资者接触的有利机会(Hansen *et al.*, 2000; Scillitoe and Chakrabarti, 2010)。随着企业孵化器概念在创建信息通信技术类公司中流行起来,促成了虚拟孵化器的诞生(Fiti, Hadzi Vasilev a-Markovska and Bateman, 2007)。因此,第三代企业孵化器管理的制度化关系网络得以确保初创企业不再仅仅依赖其有限的个人关系和人脉(Bruneel *et al.*, 2012; Hjorth, 2013)。

第四代孵化器。随着市场、产业和社会的变化,初创企业实现可持续增长的能力面临巨大挑战,出现了混合组织形式、复杂网络、开放式创新和共享知识产权(Hansen *et al.*, 2000; Chesbrough, 2007)。管理主导型第三代孵化器不再适合后工业时代(Chesbrough, 2007),出现了所谓"加速器"(excubator)的第四代企业孵化器(Hjorth, 2013),即成为流动的资源跟随初创企业到市场的任何角落提供服务。其核心理念是:企业孵化器不只是保护初创企业免受恶劣环境影响的"巢穴"(Hjorth, 2013),而应发挥机构企业家(institutional entrepreneur)的作用,提供面向外部的资源和专家知识(Hjorth, 2013)。因此,重点强调的不再是发明或技术,而是如何创造价值以及企业如何获取,孵化器要解决品牌和营销方面的挑战(Salvador, 2011)。

该趋势在我国的理论研究和实践探索中亦有体现。目前品牌孵化途径的研究存在两种论述(夏宇寰、刘小童,2023):第一种认为区域品牌建立在一定的经济总量基础上,通过产业集群形成区域产业品牌。第二种认为有了市场份额的基础上,还需要区域文化或特色的创新性引导,通过区域品牌提高影响力和知名度(Papadopoulos, 2004)。夏宇寰和刘小童(2023)研究了县域知名品牌孵化的影响路径与机制,发现当前产生高品牌孵化的路径有电商驱动型、要素集聚型两条。显然,品牌孵化已经不止于概念,我国各地出现了积极的实践。例如,山东省科技企业孵化器行业协会 2022 年发布了省内 80 家品牌孵化载体名单

(山东省人民政府网站,2022)。随着我国制造业的竞争力由低成本优势向效率优势与品牌优势转变,“渠道为王”在服装业界形成共识(佚名,2011)。纺织服装产业集群、专业市场逐渐演变为“品牌孵化基地”。例如,合肥市新站综合开发试验区建立了“安徽服饰第一街品牌孵化基地”(李艳、宋传梅,2008)。为提高品牌整体水平,广州白马市场将品牌孵化工作总结为 4 个方面 20 多项指标(胡晶,2014)。在“中国服装成长型品牌”名单中,柔妆、BASIC EDITIONS、安纳云妮、柏仙太子、古铁骑士等品牌,均是通过专业市场孵化出来的优秀品牌(佚名,2011)。

三、研究理论

(一) 协同效应理论与品牌协同效应

20 世纪 60 年代美国战略管理学家伊戈尔·安索夫(Igor Ansoff, 1965)首次提出了协同战略理论,企业通过寻求合理的销售、运营、投资与管理战略安排,有效配置生产要素、业务单元与环境条件,实现一种类似报酬递增的协同效应。安德鲁·坎贝尔等(2000)说:“协同就是‘搭便车’。当从公司一个部分中积累的资源可以被同时且无成本地应用于公司的其他部分的时候,协同效应就发生了。”他们还指出:“互补效应主要是通过对可见资源的使用来实现的,而协同效应则主要是通过对隐性资产的使用来实现的。”坎贝尔等(2000)认为,当若干领域可以同时使用某种资源而不会影响其他领域对这种资源的使用时,协同效用就产生了。邱国栋和白景坤(2007)则提出:协同效应=共用效果+互补效果+同步效果。韵江等(2006)认为,企业利用协同的最一般目的,并不是降低原有成本,而是在不增加额外的固定投入的前提下,以较快的速度,使各经营单元通过有效组合创造出更大的价值增值,而这一增加的价值是各经营单元独立存在时所难以获得的。

品牌协同效应是指企业在战略管理的支配下,对企业内部实现整体性协调后,由企业整合的品牌功能而形成的整体性功能,远远超出企业各种品牌的功能之和(王山宝,2004)。这种隐性的、不易被识别和模仿的整合品牌管理模式所带来的增值,为企业带来了竞争优势。Shine

等(2007)用"协同效应"一词来描述品牌延伸对其评价的互利效应。当组合中的一组元素的值超过这些元素单独出现时的值之和时,就会出现协同效应。因此,如果两个延伸产品的组合的评估大于单独引入两个产品的评估总和,就产生了协同效应。Shine 等(2007)研究了多品牌延伸中的品牌协同效应(Brand Synergy Effect),发现当品牌延伸是互补时(例如,数码相机和数码照片打印机)会发现协同效应;但是,当它们属于司一品类(数码相机的两种型号)或不相关品类(数码相机和滑雪板)时,这种协同效应并不显著。

(二) 价值链理论及其协同效应

迈克尔·波特(1988)认为价值蕴藏在一连串的活动之中,价值链是被一个组织用来设计、生产、营销、交付和支持的产品和服务的各种活动的集合。价值链上的每项活动都增加或减少价值,而且每项活动都影响之前或之后活动的价值(邱国栋、白景坤,2007)。在传统的价值链管理中,价值链中各环节基本上按照局部目标运作,而这些局部目标加起来,并不一定导致价值链整体性能的最优,而且很可能是相互冲突的(王山宝,2004)。在企业众多的价值活动中,并不是每一个环节都能单独创造价值,但是把它放在价值链上就能产生协同价值。价值链管理的核心是使企业内部的各个价值链环节和与企业外部价值链互动形成协同效应。

王琛等(2004)提出实施价值链一体化是企业获取协同效应的途径之一。价值链一体化指企业打破自身价值链条的界限,向所在产业的上游或下游伸展,形成一个价值系统。表现为:(1)对价值系统内垂直分工中的不同生产技术作业进行合并,提高企业生产效率。(2)加强价值系统内部各个价值环节的控制和协调。(3)完善价值系统内的信息化体系。建立价值信息系统,及时监视市场变化、预测供求和价格浮动。(4)建立稳定的购销关系。通过上下游环节间的销售、定价、谈判、履约监督等市场机制的健全,利用专业化的协作关系稳定彼此的购销关系。

实际上,在现代市场竞争中,品牌已经超过单个企业的层面,它所面对的价值链一般有(但不限于):供应商价值链、销售渠道价值链和顾客价值链。因此,价值链的实质是一个节点的活动能为相邻或非相邻的其他业务环节带来增值性效果和节省性效果(邱国栋、白景坤,2007)。所谓增值性效果,指品牌扩张实际上是隐性资产扩散到了新产品上,以有利于该种产品的市场价值实现与增长。这种扩散过程的实质是一个企业内部核心业务的信誉记录对其他业务的贡献,即品牌所凝结的价值,被多个业务单元所共享与共用。所谓节省性效果,指一种专有或成熟的技术用于不同的多种业务单元。

四、整合协同效应和价值链理论探索品牌孵化模式

根据协同效应和价值链的理论特征,二者具有互补性,理论上可以整合运用。显然,品牌孵化的行为主体首先是企业,企业是品牌的直接实施方。但是,企业生产活动是有边界的,因此存在资源和技术的互补需求(夏宇寰、刘小童,2023)。诸多企业在进行品牌孵化时,须兼顾内、外部资源。外部资源包括企业的合作网络、战略伙伴、供应商等(丁威旭、李白露,2019)。此外,企业还需整合虚拟资源与实体资源。例如,韩都衣舍的互联网品牌创新孵化器,即云孵化+场内孵化,诠释了创新的虚拟空间和物理空间,为各类品牌提供销售渠道、促销经验和内外部资源。企业整合内外部资源、虚拟与实体资源的过程,就是价值链优化的过程。

区域品牌、虚拟平台或产业集群都是企业可以凭借的重要外部资源。品牌孵化的过程中,由企业端直接控制的显性价值链和区域品牌、虚拟平台或产业集群支撑的隐性价值链出现协同趋势。价值链优化实质上是隐性资产共享和实体资产共用的程度最大化(邱国栋、白景坤,2007)。Rosenfeld(2002)认为,基于产业集群实施品牌战略是打造区域品牌的重要方式,也是增强市场竞争力的重要途径。在当今生态群落丛生的商业环境下,单纯依靠企业内部价值链的优化已难以与众多生态群落相抗争,因此,企业积极整合外部价值链、融入区域品牌、虚拟平台或产业集群成为必然趋势。

(一)显性价值链体现为消费者需求驱动的品牌生命周期

显性价值链体现为以消费者需求驱动的价值创造链条,它扶持产品品牌从无到有,围绕品牌生命周期(例如,大多化妆品品牌的生命周

期存续1—5年)的每一个节点进行价值创造。通常,企业品牌被视为公司所有产品的代言人,而产品品牌只代表基本产品(Kapferer, 2012)。新创企业在不同阶段对资源需求差异较大,获取匹配的创业资源才能提高孵化的有效性,孵化器服务能力要与新创企业生命周期相匹配(Fukugawa, 2018)。通过对显性价值链有效节点的划分,使复杂的品牌孵化过程简约化、规律化。

本文认为以消费者需求驱动的品牌生命周期主要由创建品牌—品牌开发—品牌设计—品牌推广构成。在创建品牌阶段,对所培育的品牌进行市场调查和可行性分析,例如顾客需求、目标客户群、目标市场、经济实力、行业分布等。在品牌开发阶段,提出新的价值主张,进行品牌立项与品牌定位,创建使命、愿景与理念。在品牌设计阶段,运用品牌的特定工具如名称、标识(色)、音频、视频、吉祥物、制服/品牌服装、互联网域名等,进行品牌识别系统设计与包装设计。在品牌推广阶段,通过广告、公共关系、赞助、在线营销、时事通讯、结构化招聘流程、内部沟通规则等进行渠道覆盖和品牌传播。

以上显性价值链的一个显著特征是以消费者需求驱动,由企业在内部形成孵化制度与激励机制,形成新品牌的孵化常态,助力品牌生命周期的迭代。例如,韩都衣舍设立专门的品牌规划组,为孵化新品牌规划品牌额度和提供资金支持,将提成比例提高到2.5%。为孵化新品,韩都衣舍设立了品牌孵化小组制,产品小组由设计师、页面制作专员(负责产品页面推广,传统商业里的导购角色)和货品管理专员(负责供应链的组织,就是采购的角色)组成。每个小组独立核算、自负盈亏(徐鹏杰,2017)。

(二) 品牌孵化的隐性价值链体现为服务轴、产业轴和产品轴的协同

在隐性价值链协同下所孵化出的品牌,其竞争优势更具有模糊性,更难以被竞争对手模仿。价值链的实质是节点之间的"联系"效果或相关影响,即一个节点的活动能为相邻或非相邻的其他业务环节带来增值或节省(邱国栋、白景坤,2007)。这种隐性的、不易被识别和模仿的协同式品牌孵化模式所带来的增值,为企业带来了竞争优势。中国第

一位研究科技企业孵化器的颜振军博士认为孵化器的功能是节约企业创新创业成本,提供创客聚集平台并且提高创新创业效率(丁威旭、李白露,2019)。隐性价值链上的利益相关者,包括原料供应商、股东、科研机构、顾客以及区域品牌、虚拟平台或产业集群。根据相关性,它们大致可以划分为服务轴、产业轴和产品轴。在品牌孵化的协同过程中,服务轴、产业轴和产品轴内生地具有相互增强和节省的机制。企业与科研机构联合,不断进行技术创新转化,使产品在功能上满足市场需求,同时品牌还能满足消费者的情感需求和象征需求。例如,区域品牌、虚拟平台或产业集群以及科研机构属于服务轴,原料供应商、股东和企业属于产业轴,而产品、顾客则属于产品轴。

隐性价值链的传导过程通常是由一个区域品牌、虚拟平台或产业集群作用于企业品牌,再由企业品牌作用到产品品牌。例如,北京国际企业孵化中心作为服务轴,整合网络内资源,聚集了新材料、生物医药、物业管理、商业服务、宾馆服务等产业轴的14个成员单位,入孵企业借助这些资源,促进自身产品与品牌的开发(吴岚,2005)。又如,成都高新区有包括6家国家级孵化器在内的24家孵化器。优聚科技在成都高新区通过天府软件园创业孵化平台,以"零成本"入驻创业孵化平台软件工作室,除了房租免费,还享受各项专业设施、设备及资源、税收优惠政策等,尤其是能享受斥资逾亿元打造的国家软件技术公共平台资源(王舒芹、肖朝德,2011)。当然,韩都衣舍创建智汇蓝海平台,场内孵化品牌219个,云孵化品牌290个(周文辉、孙杰,2020),则是虚拟平台发挥服务轴作用的案例。场内孵化指进入孵化器的品牌入驻基地内,基地向进入孵化器的品牌或项目导入"政府—韩都衣舍—社会"三方的资源。云孵化则是基于互联网平台的虚拟空间,由韩都衣舍的全资子公司韩都动力全权负责,打破了传统物理空间的地理限制,孵化服务范围扩大到全国乃至全世界(丁威旭、李白露,2019)。

此外,隐性价值链上还涉及品牌知识的分享与传递,对知识链的创新能力有重要影响。在价值链上的核心知识单元一般具有如技术、品牌、管理、市场等特殊的知识优势。在区域品牌、虚拟平台或产业集群与企业品牌之间存在品牌知识协同与增值,各主体的创新能力越强,对价值链中知识增值的贡献就越大。例如,武汉生物医药科技企业孵化器注重"企业孵化"和"项目孵化"两手抓，着力构建CRO新药开发专业技术服务模式，搭建专业技术平台服务体系，努力打造生物医药孵化器专业特色品牌(佚名，2003)。入孵企业则整合武汉乃至湖北地区的医药领域优势资源，形成一条"科研—产业—市场"的创新链，使"技术、产业化、信息、资金"四大孵化平台有机结合(佚名，2003)。

(三) 服务轴对品牌孵化的协同主要体现为节省性效应

1. 共享性

区域品牌的培育需要在产业本身鲜明形象的基础上，将产品与区域相互作用、相互认可(夏宇寰、刘小童，2023)。通过相关利益主体之间以及与环境形成协调、共生的关系促进品牌培育(齐文娥等，2021)。区域产品的表现、区域内公司的形象等对品牌培育有直接的影响(关辉、董大海，2008)。形象鲜明的地理品牌可以在政府、行业协会等实施的地理标志产品产业化战略下培育成区域品牌，通过纳入地方发展战略、设计培育路径等方式促进区域品牌形成(夏宇寰、刘小童，2023)。一个受孵品牌与其所处的区域品牌、虚拟平台或产业集群必定具有一定的共性。产业共性技术决定了其多主体协同的研发方式和组织模式，从而达到分散研发风险、缩短研发周期和提高技术能力的目的(刘洪民、杨艳东，2016)。从品牌建设的角度而言，这种协同模式既有品牌叠加效应，又有渠道共享效应，从而可以在品牌化塑造中实现"品"的价值提升和"牌"的价值认同与传播。通过各主体的协同，形成一个以品牌为中心的管理系统。

节省性效应在品牌创建阶段主要体现为区域品牌等服务对资源的共享性，产品品牌在初始期即可依托一揽子基础性服务以及专业化的"打包"服务。区域品牌等服务轴可提供：创业培训体系搭建(例如，提供财务、税务、融资政策、创新基金、技术合同认定登记、技术产权交易等方面的培训)、设施设备共享(例如，实验室共享体系、品牌展示展览)、投融资服务体系(例如，金融担保、搭建金融机构战略伙伴关系、举办融资培训与银企洽谈会、提供品牌发展专项资金)，汇聚中介服务资源(例如，进出口业务代理)。还可以发挥桥梁作用，召集区域内企业聚会、讨论，利用企业间的社会网络资源。

2. 催化性

以区域品牌、虚拟平台或产业集群为代表的服务轴还会为受孵品牌提供聚焦于品牌塑造的服务。刘洪举(2008)将孵化器理论发展为名牌孵化基地战略,并引入区域经济领域,即在区域空间内,给企业群体系统注入区域优势资源;既对大型企业进行品牌升级,又对中小型企业进行品牌孵化。

节省性效应在品牌开发阶段主要体现为品牌的催化性。在商标选择和品牌立项时,搭建专家资源,提供品牌诊断与咨询与培训;拓展品牌价值应用,为孵化品牌提供融资。例如,三明市农商银行出台《商标专用权质押贷款管理暂行办法》,支持尤溪"沈郎乡""田伯"、三元"味孚"、梅列"斧头山"等4件商标办理质押贷款870万元,积极探索商标质押融资(罗昌专、张慧明,2020)。

3. 转让性

服务轴多数情况由政府或行业巨头搭建,为企业提供品牌孵化服务。当然,也有企业品牌开发和利用外部资源,搭建一体化的服务平台,助力内部孵化新品牌。例如,韩都衣舍形成了"小前端大后端"的组织结构,打造了智汇蓝海互联网品牌孵化基地,在导入韩都衣舍运营能力和系统能力的基础上,建成了拥有资本、咨询、银行、政府、法律事务等一系列创业服务生态体系(徐鹏杰,2017)。韩都衣舍逐渐形成了集韩都智能、韩都传媒、韩都储运、韩都客服、韩都质造、韩都运营、韩都映像、韩都大学、韩都伙伴九大系统为一体的"大后端"形成服务型平台,实现由传统的互联网品牌商向服务商的转变(徐鹏杰,2017)。总之,节省性效应在品牌设计阶段主要体现为品牌的转让性。在品牌识别系统设计、包装设计时,通过可转让的视觉形象识别系统,体现共享的品牌形象,实现品牌统一化。

4. 网络性

节省性效应在品牌推广阶段主要体现为网络性,涉及公众形象、媒体关系、市场网络、需求市场网络和客户数据库、公众资金(风险投资)。区域品牌/虚拟平台/产业集群搭建品牌渠道体系,不断开拓市场,打造品牌通路。建立了信息网络体系,通过传播矩阵注重整体策划与造势,为受孵品牌提供品牌传播。

例如，北京国际企业孵化中心发挥媒体与北京 IBI 网站的优势，为孵化服务提供信息交流平台（吴岚，2005）。又如，由政府与企业联合运营的“智汇蓝海互联网品牌孵化基地”采用 GCP（Government-Company-Partnership）模式，依托数字化商业系统，使韩都衣舍在腾讯、京东、唯品会等“互联网基础设施一级生态”的基础上建立了“互联网品牌二级生态”系统，其实质是在“云孵化＋场内孵化”的体系下进行电商代运营（丁威旭、李白露，2019）。

（四）产业轴对品牌孵化的协同主要体现为增值性效应

增值性效应指所反映出来的协同效应是“1＋1＞2”，这个式子左边并不是简单地加总，式子右边所多出来的部分即协同效应产生的企业溢价收入，也是企业所获得的竞争优势（王山宝，2004）。一个产业的龙头企业品牌常常是主导该效应的行为主体，它们运用企业内部庞大的资源，链接平台资源，与消费者共创，为初创品牌赋能，最终创造出新的品牌价值。少数领先企业基于互联网正发展为创业孵化平台，并取得显著的孵化成效。大公司已然开发了三种孵化模式（Wiggins and Gibson, 2003）：英特尔、惠普、戴尔等企业设立了企业风险基金，投资企业之外的初创企业。三星等企业将技术团队分拆，在企业外孵化。还有一些公司，如 UPS、松下、Adobe、福特、朗讯和 Trilogy，则建立了更为传统的孵化器。Trilogy 是一家总部位于得克萨斯州奥斯汀的私营软件公司，每年开办两次 Trilogy 大学，招收学员将商业计划转化为互联网公司，如 CarOrder. com、ApplianceOrder. com、CollegeHire. com 和 PCOrder. com。

企业品牌有三个重要组成部分：品牌认同（价值主张、品牌表达、宗旨与愿景、品牌文化、品牌内核、品牌个性、品牌定位、品牌关系、品牌竞争力）、品牌传播和品牌声誉（Urde and Greyser, 2014）。由于利益相关者将企业品牌视为信任的象征（Kapferer, 2012），企业品牌的引入必须在创业初期进行（Juntunen *et al*., 2010）。产业轴在品牌孵化协同中实现增值性效应表现为关联性、创新性、赋予性和扩张性等四个特征。

1. 关联性

在创建品牌阶段，作为第一步，企业品牌必须在其目标群体中广为人知,因为品牌的力量取决于其利益相关者(Juntunen, 2012)。企业品牌在孵化新品牌时,无论是通过收购,还是从内部产生,都要制造某种关联性,尤其强调一致的品牌个性和价值理念。试图将部分企业形象转移到产品品牌上,从而提高后者的品牌认可度和品牌意识。一方面,创建品牌时即与消费者产生关联。联合利华与宝洁运用初创品牌与消费者之间共创、共生的生态关系,使消费者也在通过多种渠道和方式构建品牌(杨红燕,2022)。另一方面,新产品品牌与企业品牌具有关联性。联合利华孵化的两个新品牌虽然在目标客户和渠道上各不相同,但是在品类上仍与联合利华相关。其孵化的植物性护发和身体清洁产品品牌ApotheCare,由联合利华美国总部的小型初创团队研发,目标顾客是千禧一代,在 CVS 药店与电商亚马逊、Birchbox 出售。Love Beauty and Planet 则是在美国市场推出的第二个品牌,其分销渠道更加广泛。

2. 创新性

在品牌开发阶段,新品牌产品、名称、徽标、宣传材料以及相关业务,要具有创新性,打破已有格局,扩张品牌矩阵。Burberry 拥有孵化品牌 Burberry London、Burberry Brit、Burberry Prorsum 等,旨在通过不同的定位和策略来适应不同的消费需求。Burberry 纯粹以定价区隔,从高端到低端进行孵化品牌的分类。江南布衣打破了其常规的做法,按风格、年龄区间、价格区间分类了十大品牌:女装 JNBY、高端女装 LESS、男装设计师品牌速写 CROQUIS、SAMO、童装 jnby by JNBY、青少年装蓬马 Pomme de terre、环保时尚品牌 RE-VERB、家居品牌 JNBYHOME 和家具品牌悖论集。与通过收购形成的多品牌集团不同,江南布衣的子品牌是内部孵化的(刘雨晨,2019)。

3. 赋予性

在品牌设计阶段,企业品牌与利益相关者在孵化新品牌的过程中,都会赋予直接的资源、技术、知识与创意。品牌共创是由初创品牌与其他利益相关者(如朋友、家人、研究人员、其他公司、广告公司、金融家、律师、平面设计师以及最终的客户)合作推动的(Merz *et al*., 2009; Juntunen, 2012)。

智汇蓝海互联网品牌孵化基地是韩都衣舍时尚品牌生态系统的主要承接平台,其任务就是对中小品牌"赋能"。在外部孵化方面,智汇蓝海的核心业务之一是电商品牌孵化和代运营业务，孵化成熟后韩都衣舍集团将进行收购，最终实现韩都衣舍在2020年完成基于服饰等品类的50个以上的品牌集群布局，实现100亿元以上的交易规模目标(佚名，2017)。在内部孵化方面，韩都衣舍围绕小组制，发展出多个细分职能部门为小组提供服务，包括淘内、淘外运营，统筹全局的企划部，负责供应链的生产和储运部，摄影、技术、客服等专业部门，再加上财务、人资和行政等后台部门，公司成为一个提供资源的赋能型平台(徐鹏杰，2017)。再如，从事电商代运营业务的青木股份针对在华有成长潜力的海外新兴品牌，根据自身在电商零售行业多年的经验积累以及对中国消费市场的判断，进行筛选品类和具体品牌，将之引入中国市场，全盘负责品牌在华的品牌推广、线上线下全渠道销售工作，助力品牌在华快速成长(杜玥莹，2024)。

4. 扩张性

在品牌推广阶段，企业品牌充分运用自身的禀赋和资源，一方面在线上线下全渠道推广新品牌，使品牌实现横向扩张；另一方面，在定位上不断爬升，通过孵化新品使品牌实现纵向扩张。鉴于传统广告比较昂贵，初创品牌最常用的品牌塑造工具是网络营销，例如，独立站、社交账号、搜索引擎优化、电子手册、小视频、直播等。当然，公关、参与和组织活动、赞助亦是推广手段，不过一般更适用于产品品牌后期或者企业品牌。

江南布衣品牌实行“依托线下，辅以线上，注重体验的全渠道模式”的新媒体运营哲学(刘雨晨，2019)。线下入驻各大商场广场，开设实体店，注重顾客体验；线上通过淘宝、天猫旗舰店、微信公众号和小程序等多平台推广。在这些渠道上，新品牌与老品牌、主品牌与子品牌资源共享。江南布衣还通过顺应品牌生命周期的更新，将中高档品牌逐渐向高端品牌过渡，不断改进品牌风格(刘雨晨，2019)。这种品牌价值的提升过程孕育和渗透在各个孵化品牌之中，为品牌发展增加附加值，为品牌持续向上提升夯实了根基。又如，从事电商代运营业务的青木股份通过打造完备的服务生态体系，横向联动天猫、京东、抖音、唯品会等多个主流电商平台，针对不同平台实现差异化运营，例如公司设立子公司旺兔柏专注抖音运营(杜玥莹，2024)。

五、结论与讨论

(一) 结论

显隐性价值链下品牌孵化的协同模式(如图1所示)是指,通过以创建品牌—品牌开发—品牌设计—品牌推广为核心的显性价值链(图1中的横轴)为主体,与以服务轴—产业轴—产品轴为核心的隐性价值链(图1中的虚线竖轴)相互协同,产生节省效应和增值效应,使参与价值链的各单元良性链接,形成一个网络生态,以确保可持续地孵化品牌,最终实现受孵品牌的竞争力提升。

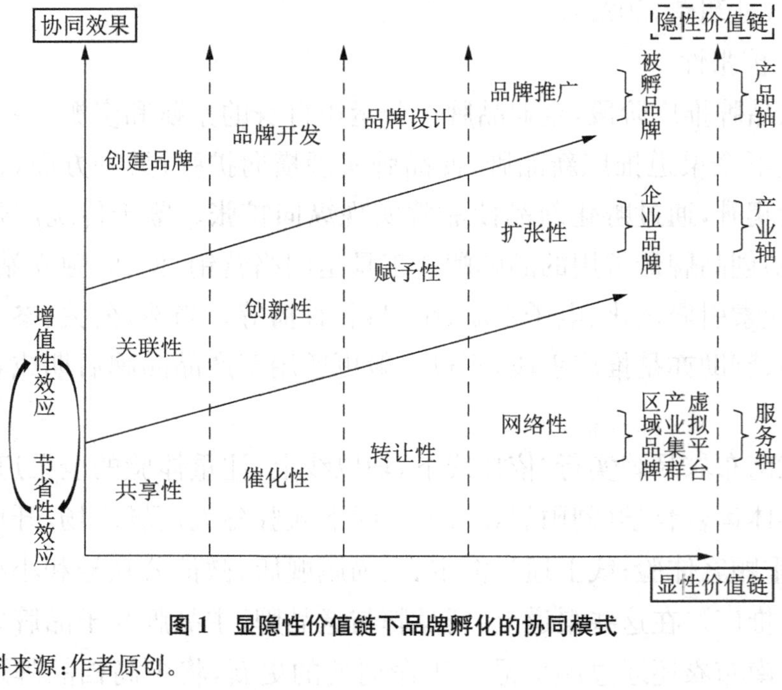

图1 显隐性价值链下品牌孵化的协同模式

资料来源:作者原创。

品牌孵化的协同模式形成的动因是受孵品牌的价值需求。在品牌孵化中,受孵品牌因在该领域内的资源存量不足而造成资源势差,通过服务轴和产业轴的协同,转移和共享互补型或增强型资源,获取性价比较高的资源。显隐性价值链的核心节点通过协作不断优化,保证价值链的稳定性和有效性,提高价值链的创新性和竞争力。品牌孵化的协同能力决定了价值链的创新效率。协同主体间的协同性越高,价值链的协同效率越高。品牌孵化中显隐性价值链的运行绩效决定了品牌研发效率和品牌竞争力。品牌孵化的显隐性价值链与协同机制相适宜，达到并行性最大化，同时尽可能地维持协同个体的独立性。

根据前文的讨论，本文提出以下命题：

命题 1　品牌孵化的显性价值链体现为创建品牌—品牌开发—品牌设计—品牌推广。其中，创建品牌包括市场调研、品牌可行性分析；品牌开发包括品牌立项、品牌定位；品牌设计包括品牌识别系统设计、包装设计；品牌推广包括渠道覆盖、品牌传播。

命题 2　品牌孵化的隐性价值链体现为服务轴—产业轴—产品轴的协同效应，它是节省性效应与增值性效应叠加的结果。服务轴通常以区域品牌、虚拟平台或产业集群为代表，产业轴通常以企业品牌为代表，产品轴则通常体现为产品品牌。

命题 3　以区域品牌/虚拟平台/产业集群为代表的服务轴对品牌孵化的协同主要体现为节省性效应，它在品牌孵化价值链下体现为共享性—催化性—转让性—网络性。

命题 4　以企业品牌为代表的产业轴对品牌孵化的协同主要体现为增值性效应，它在品牌孵化价值链下体现为关联性—创新性—赋予性—扩张性。

(二) 理论贡献

现有文献对第四代孵化器的发展模式缺乏理论架构与价值链管理层面的机制研究。本研究以“价值链和协同效果”为逻辑主线，以受孵品牌、孵化企业、孵化集群为研究对象，探索品牌孵化的协同模式。最重要的贡献是提出了“隐性价值链”及其构成，与显性价值链（品牌孵化过程）相比，隐性价值链涉及服务轴—产业轴—产品轴的协同效应，以及三者之间的价值传导和价值共生，它将有助于品牌实现任何单一一方难以实现的竞争优势，且这种竞争优势较难被模仿和拷贝。

孵化器的发展趋势已经由拓展实体空间的外延延伸转向为提升网络化价值链协同的内涵夯实，因此隐性价值链的建设处于重要地位。目前，阻碍我国品牌管理竞争力提升的诸多因素多归结于隐性价值链的基础支撑能力较弱。应认识到，显隐性价值链的协同是品牌孵化过程中实现品牌创新力与竞争力的原动力,未来品牌竞争的实质是价值链管理之间的竞争,尤其是隐性价值链长期赋能之间的竞争。

(三)实践启示

1. 促进品牌孵化的战略联盟建设,加强显隐性价值链的协同

明确区域品牌/虚拟平台/产业集群的服务定位与思想,充分发挥服务轴所具有的共享性、催化性、转让性和网络性的功能,为品牌孵化建立服务托底,发挥节省性效应。以企业品牌为代表的产业轴在服务轴托底的支持下,得以发挥产业赋能模式,为孵化产品品牌提供具有关联性、创新性、赋予性和扩张性的资源,发挥增值型效应。由此,聚集在同一区域品牌下的主体能够逐渐完善协同价值链的自组织、自适应能力,提高价值链的动态响应水平,在动态构成的价值网络中完成资源共享和协同工作,进而提升品牌孵化的研发与管理能力。

2. 加强区域品牌/虚拟平台/产业集群的服务轴建设

以区域品牌/虚拟平台/产业集群为代表的服务轴为产业轴和产品轴主体间的价值交互与协同提供了一个利于孵化的温室。未来,宜进一步强化这种服务轴的建设,充分运用政府营造的政策环境、本区域资源,以及龙头企业品牌的赋能作用,优化隐性价值链的绩效与集成性。本文提出的框架有助于推动区域品牌建设,解决地方民营企业小而散的现象,对于扶持骨干企业实施国际品牌战略以及促使地方孵化具有高竞争力的品牌群,具有一定的启发意义。

3. 加强显性价值链过程中价值的流动性与增值性

品牌孵化过程体现为一个连贯的显性价值链,该价值链经过优化可以反复发挥作用。受孵品牌主体不仅从区域品牌和产业品牌中获取新的价值,实现自身价值的增值,还将新价值融入显性价值链中,直接应用于品牌孵化,促进新品牌的创新和增值。显性价值链中需研究的关键问题包括使节点高效运行的协同技术,体现产业品牌在显性价值链中创造价值的融合能力,提高显隐性价值链协同稳定性的控制机制与方法,从而确保品牌孵化协同价值链的高效运行。在品牌更新换代日益加剧的背景下,助力企业成为实施名牌孵化基地战略的主体,建立显性价值链的孵化机制,促使产品品牌成群迭代孵化实现可持续发展。

参考文献

安德鲁·坎贝尔等:《战略协同》,北京:机械工业出版社 2000 年版。

丁威旭、李白露:《"守,破,离"与企业创新"ba"(场)——以韩都衣舍电商集团品牌创新孵化模式为例》,《清华管理评论》2019 年第 9 期。

杜玥莹:《青木股份深耕代运营一站式综合服务商,品牌孵化有望贡献增量》,《国盛证券研究报告》2024 年 7 月 2 日。

关辉、董大海:《中国本土品牌形象对感知质量—顾客满意—品牌忠诚影响机制的实证研究——基于消费者视角》,《管理学报》2008 年第 4 期。

胡晶:《广州白马服装市场:品牌孵化之路的领跑者》,《纺织服装周刊》2014 年第 1 期。

李靖:《中国体博会:转型"品牌孵化器"》,《中外管理》2012 年第 8 期。

李艳、宋传梅:《市场与产业共同催生品牌孵化基地　安徽服饰第一街品牌孵化基地正式启动》,《纺织服装周刊》2008 年第 11 期。

刘洪举:《名牌孵化基地战略:推动民营经济腾飞的有效对策》,《求实》2008 年第 S2 期。

刘洪民、杨艳东:《制造业共性技术研发协同知识链及知识流动模型》,《科技进步与对策》2016 年第 9 期。

刘雨晨:《中国本土设计师服装品牌孵化式运营模式研究——以"江南布衣(jnby)"为例》,《西部皮革》2019 年第 8 期。

罗昌专、张慧明:《推进商标品牌孵化　打造质量发展高地》,《福建市场监督管理》2020 年第 10 期。

迈克尔·波特:《竞争优势》,中国财政经济出版社 1988 年版。

齐文娥、欧阳曦、周建军:《区域品牌成长路径及其机理——基于赣南脐橙的案例分析》,《中国流通经济》2021 年第 12 期。

邱国栋、白景坤:《价值生成分析:一个协同效应的理论框架》,《中国工业经济》2007 年第 6 期。

山东省人民政府:山东评出 2022 年度 80 家品牌孵化载体,http://www.shandong.gov.cn/art/2022/11/9/art_97904_562290.html, 2022 年。

王琛、赵英军、刘涛:《协同效应及其获取的方式与途径》,《学术交流》2004 年第 10 期。

王山宝:《从价值链的角度看协同效应与品牌策略》,《经济与管理》2004 年第 7 期。

王舒芹、肖朝德:《成都高新区打造天府大孵化品牌》,《中国高新技术企业》2011 年第 7 期。

吴岚:《北京国际企业孵化中心精心打造网络服务品牌》,《中国高新区》2005 年第 5 期。

夏宇寰、刘小童:《乡村数字创业,产业结构与知名品牌孵化》,《东方论坛:青岛大学学报》2023 年第 3 期。

徐鹏杰:《互联网时代下企业竞争范式的转变:从竞争优势到生态优势——以韩都衣舍为例》,《中国人力资源开发》2017 年第 5 期。

杨红燕:《初创品牌孵化》,《中国广告》2022 年第 1 期。

杨建梅、黄喜忠、张胜涛:《区域品牌的生成机理与路径研究》,《科技进步与对策》2005 年第 12 期。

佚名:《创孵化品牌建示范性专业孵化器》,《科技创业月刊》2003 年第 12 期。

佚名:《韩都衣舍:打造"二级生态系统"》,《首席财务官》2017 年第 1 期。

佚名:《专业市场何以成为品牌孵化基地》,《纺织服装周刊》2011 年第 15 期。

韵江、刘立、高杰:《企业集团的价值创造与协同效应的实现机制》,《财经问题研究》2006 年第 4 期。

赵佳宝:《西方企业孵化器理论研究》,《管理工程学报》2003 年第 4 期。

周文辉、孙杰:《创业孵化平台数字化动态能力构建》,《科学学研究》2020 年第 11 期。

Ansoff, I., 1965, *Corporate Strategy, An Analytic Approach to Business Policy for Growth and Expansion*. New York: Mcgraw Hill.

Bresciani, S. and Eppler, M. J. 2010, "Brand New Ventures? Insights on Start-ups' Branding Practices", *Journal of Product & Brand Management*, 19(5), pp. 356—366.

Bruneel J., Ratinho T. and Clarysse B., 2012, "The Evolution of Business Incubators: Comparing Demand and Supply of Business Incubation Services across Different Incubator Generations", *Technovation*, 32(2), pp. 110—121.

Campbell, C. and Allen, D. N., 1987, "The Small Business Incubator Industry: Micro-level Economic Development", *Economic Development Quarterly*, 1(2), pp. 178—191.

Fukugawa N., 2018, "Is the Impact of Incubator's Ability on Incubation Performance Contingent on Technologies and Life Cycle Stages of Startups: Evidence from Japan", *International Entrepreneurship and Management Journal*, 14(2), pp. 457—478.

Goldkuhl, G. and Cronholm, S., 2010, "Adding Theoretical Grounding to Grounded Theory: Toward Multi-grounded Theory", *International Journal of Qualitative Methods*, 9(2), pp. 187—205.

Mian S., Lamine W. and Fayolle A., 2016, "Technology Business In-cubation: An Overview of the State of Knowledge", *Technovation*, 50(4—5), pp. 1—12.

Papadopoulos, N., 2004, "Place Branding: Evolution, Meaning and Implications", *Place Branding*, 1(1), pp. 36—49.

Rosenfeld, S. A., 2002, "A Guide to Cluster Strategies in Less Favored Regions", Paper Presented at the Conference of Regional Technology Strategies.

Shepard, J. M., 2014, "Small Business Incubators in the USA: A Historical Review and Preliminary Research Findings", *Journal of Knowledge-based Innovation in China*, 5(3), pp. 213—233(21).

Shine, B. C., Park, J. and Wyer, Jr, R. S., 2007, "Brand Synergy Effects in Multiple Brand Extensions", *Journal of Marketing Research*, 44(4), pp. 663—670.

Walker, G., Kogut, B. and Shan, W., 1997, "Social Capital, Structural Holes and the Formation of An Industry Network", *Organization science*, 8(2), pp. 109—125.

Wiggins, J. and Gibson, D. V., 2003, "Overview of US Incubators and the Case of the Austin Technology Incubator", *International Journal of Entrepreneurship and Innovation Management*, 3(1—2), pp. 56—66.

企业韧性释义及应对策略

——中国企业新韧性发展关键要素及最佳实践*

阮　芳　何大勇　陈瑜瑜　刘家文　王秋萌**

[摘　要]　随着近年来外部环境各种不确定性和复杂性日益加剧,中国企业急需加强韧性建设。本文首先在理论上,从韧性目的、韧性修炼和锻造等方面探讨企业韧性建设的本质。本文认为,韧性建设并非静态概念,真正的韧性建设在于化危为机,从外在变化中敏锐识别出新的增长机会,并通过灵活调整投资和业务组合,精准捕捉危机中的商机。之后,本文以波士顿咨询以往的案例研究为基础,从组织学习能力、组织管理、人才储备、情景规划、科技例新、市场合作、市场营销等维度阐明企业韧性发展的关键要素及最佳实践案例。

[关键词]　企业韧性　经济周期　VUCA　韧性建设　组织学习能力　市场合作

---

* 本文经波士顿咨询公司授权与审定。

** 阮芳是波士顿咨询公司(BCG)董事总经理,全球资深合伙人,BCG亨德森智库中国区联席负责人,BCG组织与人才专项中国区负责人;何大勇是波士顿咨询公司(BCG)董事总经理,全球资深合伙人,BCG亨德森智库中国区联席负责人;陈瑜瑜曾是前波士顿咨询公司(BCG)项目经理;刘家文是波士顿咨询公司(BCG)咨询顾问;王秋萌曾是前波士顿咨询公司(BCG)咨询顾问。

一、引　言

在愈发多变的世界局势和商业环境下，越来越多的学者和企业家认识到过去追求的效率和规模没办法解决所有“成长的烦恼”，因此他们转而关注企业韧性。

“韧性”一词来自生态学领域，指的是生态系统持续处于平衡、稳定的状态。我们在此把企业韧性界定为企业在面对各种挑战、压力和不确定性时，能够有效应对并持续运营的能力。这种能力不仅包括在危机中保持业务连续性，还包括从挫折中恢复并不断调整、优化自身的能力。

企业韧性通常涉及以下几个方面：灵活性：能够快速调整业务模式、产品或服务，以适应市场变化；适应能力：对外部环境变化（如经济波动、技术变革等）的敏感度，以及及时作出反应的能力；持续创新：通过不断创新来提升竞争力和适应市场需求；强大的内部管理：良好的组织结构、有效的沟通和决策机制，有助于企业在危机中保持稳定；员工的参与和支持：员工的士气和参与度直接影响企业在逆境中的表现；总而言之，企业韧性是企业应对不确定性与挑战、实现长期可持续发展的关键能力。

其实，中国传统文化中有不少有关企业韧性能力建设的思想。比如，两千多年前的诸子百家时代，儒家和兵家就提出了“学而不厌”“防患未然”“兵无常势”“知己知彼”等概念。儒以修身，兵以制胜，蕴含着深刻的韧性建设方法。本文基于企业经营案例，通过古今相关思想探讨企业韧性的本质和建设方法。首先讨论有关对企业韧性的误解，然后再讨论应对方式。

二、商业社会常见韧性误读与正解

由于高科技革命冲击和经济周期，外部环境的多变性（volatility）、不确定性（uncertainty）、复杂性（complexity）、模糊性（ambiguity）（VUCA）不断加剧，因此，企业家意识到建设企业韧性的重要性。但是，在实践过程中，出现了诸多误解。基于多年的管理学调查研究，我们发现许多管理人士容易误读企业韧性的目标、目的、建设、管理者修炼,由此采取了较为片面的应对措施。我们结合企业案例,正确解读相关概念。

(一) 企业韧性的目标

许多人认为企业提高韧性目标是在危机后恢复原有状态,即回到冲击前状态的100%水平。但是,这样的认识可能会无视外在冲击之后市场的变化,而且削弱企业转危为机的能力。我们认为企业提高韧性是为了在新常态下重塑竞争力,更上一层楼。首先,冲击发生后整个市场环境和竞争格局已发生变化,刻舟求剑无法帮助企业适应新环境。其次,高韧性的企业在遇到冲击时,不仅考虑应对,更会积极在各种变化中寻找新机遇,力争在新环境中快速建立竞争力,扩大自已的领先优势。

波士顿咨询研究了全球规模领先的企业在新冠肺炎疫情冲击前后与所在行业股东总回报(TSR)的差异,发现在疫情冲击后 TSR 表现前 25%的企业中,近半数(12%)在疫情前低于市场平均水平、但在遭遇冲击后成功反超同行并进入领先地位,这些企业被我们称为新赢家(new winner)。具体而言,在最初遭受疫情冲击时,新赢家的 TSR 受影响幅度略小于市场平均水平;但随着疫情的发展,12 个月后新赢家的 TSR 比市场平均水平高出 43 个百分点;到 18 个月后,这一差距进一步扩大到 73 个百分点(参阅图 1)。由此可见,新赢家不仅复苏速度更快,复苏程度更高而且能够在新常态下重塑竞争力,持续领跑。

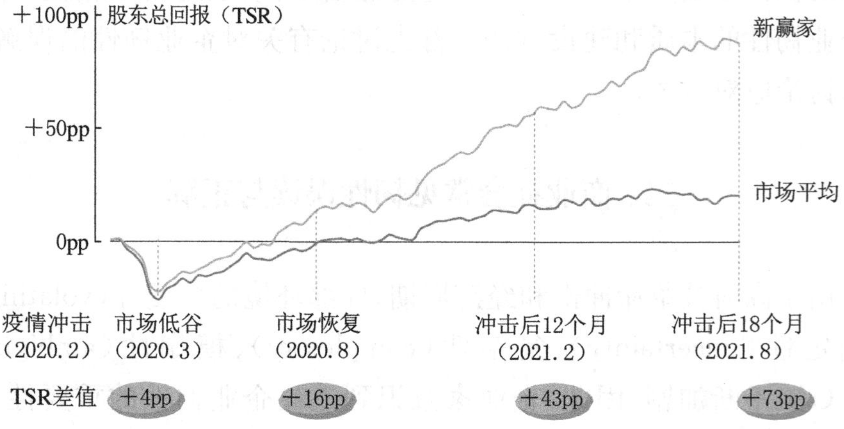

图 1　疫情后“新赢家”与市场平均的股东总回报差异

资料来源:S&P Capital IQ; BCG 亨德森智库。

(二) 企业韧性建设的本质

在外在冲击下,企业管理人员往往认为企业韧性建设就是危机管理,及时应对后就万事大吉。但是我们认为韧性建设不仅仅是对一次冲击的反应。外在冲击往往只是经济周期的一个表现,因此企业韧性建设是对整个周期的主动与灵活管理。

高韧性企业往往很早便领悟到,在平稳期的主动与灵活管理,会是从容应对未来潜在挑战的关键。以 Zoom 为例,创始人兼首席执行官袁征(Eric Yuan)早在疫情暴发前就意识到音频向视频通信转变的趋势,因此主动研究市场发展、社会趋势以及技术演进,采取了"视频优先"的策略,并基于云架构打造产品。这种跨越经营周期的长远规划,使得 Zoom 能够在疫情后迅速适应激增的视频通信需求,而不仅仅是在危机期间被动采取应对措施。这种策略也帮助 Zoom 在疫情期间取得了超过行业平均水平 110 个百分点的股东总回报(TSR)。

(三) 韧性目的

一般认为,韧性建设能够帮助企业转危为安。这种观点是以一种比较静态的观点看待企业发展。我们发现真正的韧性企业在于化危为机,创造出新的发展机遇,换言之,高韧性企业往往能够从这些变化中识别出新的增长机会,并通过灵活调整投资和业务组合,精准捕捉危机中的商机。它们能借此超能力,在危机中重新定义行业规则,敢于塑造未来从而获得竞争中的领先优势。

以波司登为例,2014 年因渠道库存积压,收入与利润接连下滑。在关店和反季抛售的自救之路上,波司登逐渐意识到,其更深层次的危机来自品牌定位模糊与老化。为走出困境,波司登聚焦中高端羽绒服市场,并通过产品、营销、渠道的全面升级实现品牌年轻化。

- 产品方面,结合新生代消费者对羽绒产品的需求,由功能性升级为兼具功能性与时尚性的服饰品牌。

- 营销方面,多次登陆国际时装周,与国际知名设计师推出合作款,与迪士尼、漫威合作推出联名新品,并邀请深受年轻人喜爱的明星代言。

- 渠道方面,在主流商圈与年轻人聚集地推出形象店、快闪店,同时捕捉到电子商务的趋势,积极向线上转型。

2018 年至 2022 年,波司登营收实现了 19%的高速增长,成功跻身国内前十的服装品牌。

(四) 韧性修炼

在外在冲击下,许多管理人员把企业韧性等同于企业领导者的个人心理素质。但实际上,韧性是一种可锻炼的组织能力。高韧性企业往往通过组织架构、管理机制、企业文化等切入点,系统性发展组织韧性。例如,设置专门组织(如战略部)扫描行业大势,定期检视对企业发展的影响,以提升对外部环境的敏感度;建立“情景规划”机制,主动识别未来的不确定因素,针对各种情景做好预案;此外,通过塑造变革型文化,提升组织内部求新求变的动力,为转型变革奠定基础。

以中国电信国际为例,为了更好地助力业务变革,公司通过文化变革来引领提升组织韧性,提出了“客户为先,开放进取”的企业文化。文化宣贯打前站,但更多的还是一方面为变革松土,另一方面从组织、管理和流程变革方面来引领“数智化”变革,如调整组织架构、打破部门墙,优化考核体系以强化效率和客户价值创造等。成功的文化转型让公司上下同心同欲同行,主动发掘变革机会及平台,为战略转型提供软性支撑,增强了组织韧性。

(五) 韧性锻造

许多企业在冲击下,往往选择精兵简政来锻造企业韧性,将韧性锻造局限于精简提效和成本节降,认为精简就能够提效,帮助企业渡过难关。但是,我们认为精简和储备两手都要硬,也就是说韧性锻造的关键在于“攻守兼备”,即企业不仅需要精简,还应该储备能够带动增长的模式(如进入新产业领域)和能力(如强化供应链能力)。波士顿咨询研究发现,储备差异化的增长能力能够为企业增强韧性带来重大价值(参阅图 2)。这类企业能够在危机发生时展现相对行业平均更好的韧性表现,例如转型后的股东总回报(TSR)变化超越行业平均 3 个百分点;相反,一味降低成本的精简模式对价值提升的作用并不明显,反而可能减弱企业未来应对冲击的能力。

危机发生前后五年内，股东总回报（TSR）的变化幅度*

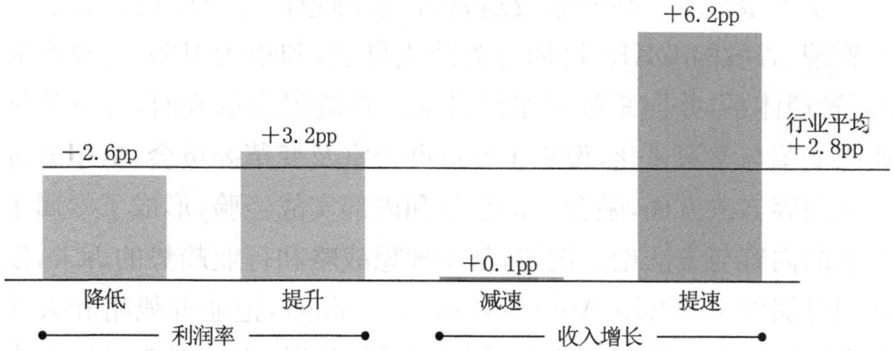

图2　储备增长能力可提升企业韧性

资料来源：S&P Capital IQ；BCG亨德森智库。

* 危机时期定义为TSR最大跌幅达到15个百分点的季度，比较企业转型前后五年期间的绩效表现；若危机时期后12个月的EBIT利润率大于转型前12个月，则视为利润率提升，反之视为利润率下降；若危机时期后12个月的收入增速大于转型前12个月，则视为增长提速，反之视为增长减速。

三、企业韧性提升策略

面对新的科技浪潮和相关的经济周期冲击，企业需要在多个维度采取策略，来提升韧性。这些维度包括企业的组织学习能力、组织管理、人才储备、情景规划、科技创新、市场合作、市场营销等方面。中国传统文化中有不少深刻的思想值得我们注意，从中加以提炼可以帮助我们在不同维度中采取正确的策略，从而有效提升企业韧性。

（一）组织学习能力：学而不厌

《论语》有云："学而不厌，诲人不倦。"从韧性发展的角度来看，组织的持续学习是培养韧性的重要基石。通过不断学习，更加敏锐地洞察新兴趋势、预判潜在变化，从而在冲击来临时保持更强的稳定性和适应性。

例如，理想汽车顺应"学而不厌"策略，有效加强了企业学习能力。"掌控自己的命运，挑战成长的极限"是理想汽车的组织使命，成长是理想汽车的核心驱动力。以先进的流程体制、先进的利益分配和保障高效的组织效率，有成长、有成就、有回报，三者缺一不可。在这样的思维指导下,理想汽车构建了一套独特专属而可持续的学习生态系统,打造领先的学习型组织。在战略及运营方面,理想汽车分阶段借鉴了丰田精益管理、谷歌的 OKR(目标与关键成果法)和华为 IPD(集成产品开发)等管理体系,并向矩阵型组织升级。在流程变革方面,为有效推动企业级变革与学习进化,设立了变革办公室及变革委员会,勇于管理创新。在内容方法方面,融合外部智慧和内部实战经验,形成了专属于理想汽车的内容与方法论。例如,基于理想战略和行业趋势的诉求,发展了理想专属的 LTD(Li Auto Talent Decoding),把业务战略和人才战略紧密连接。在文化氛围方面,强调共创、共识,成功塑造了组织内的学习文化。由此,理想汽车全方位打磨学习体系的建设,强化组织持续成长的能力。

(二) 组织创新能力:见善则迁

《〈周易・益〉象辞》指出:“君子以见善则迁,有过则改。”见善则迁意味着组织要敢于革自己的命,不断探索和改进自身的经营策略和管理模式,方能在快速变化的环境中灵活应对,增强抵御冲击的能力,实现永续的成长和发展。某公司百多年历史就是见善则迁的典范。早在 1850 年代近代通信业刚刚起步时,该公司就发明了指针式电报机并建成欧洲第一条长距离通信线路;19 世纪 80 年代,它把握第二次工业革命中电力的发展机遇,建成第一条电车铁路并推出一系列现代家电;20 世纪 60 年代,伴随工业自动化时代的到来,推出一系列工业数控系统,率先将 PLC 集成到控制器,并始终保持自动化领域的领先市场地位;2000 年后,在数字化发展浪潮之下,通过收购多个工业软件公司,大举进军工业软件领域,积极打造工业互联网平台并发展数字孪生业务。最终,该公司成功跨越行业周期,实现长期稳健增长,近 30 年间股价增长了 10 倍。可以说,该公司通过对行业趋势的精准把握,保持主航道的与时俱进,实现长期稳健增长。

(三) 资源储备:备豫不虞

《左传》有云,“备豫不虞,古之善教也”,指提前做好防范,以备不测。对于企业或组织而言,备豫不虞意味着要注重核心资源的积累。

通过预备多样性方案或备份重要资源，保持财务及供应链的稳定，建立强大的团队和人才储备，方能在市场波动和竞争激烈的环境中保持韧性，更好地应对冲击。南丰集团和京东物流都通过资源储备战略，在外来冲击中发现了新的增长点。起初，南丰集团主要从事纺织业务，但在20世纪70年代，预见到纺织业未来前景不佳，果断调集资金积极投身地产行业，带来了丰厚回报。然而，南丰并未就此止步于房地产业，反而在疫情前洞察到房地产未来可能面临瓶颈，积极布局前沿的生命科学领域。于2017年成立南丰生命科技投资平台，积极投资全球多家生物医药企业及专项基金，扩大了生命科学领域的布局，并于2019年在波士顿成立生命科学地产及运营板块（NFLSRE），逐渐开始聚焦生命科学相关的地产投资、开发及管理业务。在疫情期间，生命科学板块突显投资价值，充分展现了多元业务储备在应对风险时的韧性。南丰集团通过多元的业务储备，成功实现了“纺织—地产—生命科学”多元化行业发展，增强了集团整体的承压能力，并打造了新的增长引擎。

近年来全球环境动荡不安，从供应商原物料短缺、到地缘政治冲突和自然灾害频发。在这样的背景下，企业供应链的韧性建设变得尤为重要。京东则通过增加资源储备，打造出强韧的供应链。首先，在供应链网络设计方面，京东采取了多层级仓配体系，拥有1 600多个仓库，确保了物流稳定性，实现分散存储、灵活调配，最大限度地保障供应链的运转。其次，在数字化技术链及工具方面，京东自2017年以来累计投入超千亿元，包含了自动化、运营数字化和决策智能化等多个方面的探索，使其在一体化供应链技术领域保持领先地位。最后，在人才及团队方面，京东建立了自有配送团队，拥有超过30万名自有配送人员（截至2023年6月），保障充足稳定运力与服务品质。得益于上述三个亮眼的要素，京东成功地在疫情和波动的环境中实现逆势增长。2022年，京东全年营收同比增长31.2%，远高于行业平均水平约5%（2022年第一季度），荣登中国供应40强榜单物流企业冠军，展现出了真正的供应链韧性。

（四）情景规划：防患未然

《周易·既济》已有先见，“君子以思患而豫防之”，意思是防止事故或祸害于尚未发生之前。情景规划是协助企业“防患未然”的绝佳方法,主动识别未来的不确定性因素与潜在“黑天鹅”事件,针对各种情景做好预案,并持续跟踪各情景可能发生的指标,从而在危机发生时以充分的准备主动应对。情景规划并非对未来的准确预测,而是通过分析未来的多种可能版本,拓展思维、挑战假设。壳牌公司是情景规划的应用鼻祖,利用情景规划辅助决策已有50余年的历史。它通过洞察不确定因素并做好预案,成功应对市场变化的风险。

1972年,壳牌的情景规划团队识别到阿拉伯国家极有可能提高输出石油的价格,为了应对潜在冲击,壳牌围绕石油价格议题分析了六大场景,并制定相应的公司级战略规划。其中一个即为“危机”情景——西方石油公司失去对世界石油供给的控制、石油价格失控上涨——并为此制定一系列预案,包括:加快石油输出国组织(OPEC)以外的油田开发,如墨西哥湾和北海等;提高炼厂对不同品种原油的适应能力;增加裂解工艺的产能,实现重质燃料转轻质燃料的规模化生产等。1973年10月,OPEC组织宣布减少石油产量,随即石油价格暴涨,多家石油公司面临生存难题。而得益于情景规划,壳牌已做好准备应对冲击,快速抢占市场份额并提升利润,一跃成为全球领先的石油公司之一。后来很多企业为了增强战略的韧性,都在规划过程中将韧性作为必选环节。

(五) 市场合作:合纵连横

冲击来临之时,如何减缓冲击带来的负面影响,化危为机呢?《孙子兵法》很早就提到了破解应变之法。《孙子兵法·谋攻篇》提出:“凡战者,以正合,以奇胜。”其中“正合”指的是正面战场上的合纵连横,即组成合作联盟,形成统一战线。商界亦是如此,企业和组织可以通过建立广泛合作网络、资源共享、风险共担,从而在面对外部压力和竞争时获得更多的支持和资源,减轻单一因素波动带来的负面影响。宁德集团通过上下游合作,巩固产业链上下游合作关系,从而有效保持龙头地位。

自2018年起,宁德时代围绕电池主业,对产业链上下游开展了一系列投资布局,打造自己的电池生态圈。面向上游,战略投资电池材料、锂电生产设备等领域的供应商,获得了优先采购权;在上游关键资源紧缺、价格波动大的环境中,保障了原材料的稳定供应,并拓宽了成本护城河。面向下游,与10余家车企合资成立电池公司或直接入股车企,通过利润共享、风险共担的绑定关系,将不稳定的供需关系上升为长期合作,同时深化技术交流,为电池产品的研发迭代提供新思路。“合纵连横”帮助宁德时代在充满不确定性的供应链网络和激烈的市场竞争中有效巩固了产业链地位,多年蝉联动力电池出货量全球榜首,2023年市场占有率更是提升至40%。

(六) 运营模式:兵无常势

《孙子兵法·九变篇》曾说:“兵无常势,水无常形,能因敌变化而取胜。”我国宋代名将岳飞也说过:“运兵之妙,在乎一心。”都强调作战时用兵需灵活,不拘泥于固定模式,就像水没有固定形状一样,布阵兵法需要根据敌情灵活调整从而取得胜利。对企业或组织而言,唯有构建更高度灵活的运营模式才能适应市场变化、更敏捷地前进。在这方面,阿里巴巴堪称灵活运营组织的典范,其组织架构经过四个阶段的演进,以实现敏捷业务调整,更灵活地适应业务与市场的变化。

- 阶段一(2010年以前):以淘宝和1688为核心业务,采用“集中”的业务部门+职能部门模式,以便更好地管理和组织业务。
- 阶段二(2011—2014年):随着业务不断扩张,公司开始设立多个独立的业务单元(BU),逐渐转向“分散”的发展路线。
- 阶段三(2015—2019年):经过多年的内生增长和外部兼并,阿里已成长为以电商为核心的“超级公司”,各BU展现出有许多共性的能力需求。为加强业务协同、降本增效,开始采用“小前端+大中台”的组织模式,基于中台为各BU提供模块化服务。
- 阶段四(2020年至今):在新兴互联网竞争激烈的背景下,核心电商业务增速放缓,不同业务因为不同发展阶段的张力显现。当一套中台无法满足多元需求,阿里开始思考提升反应速度与创新力,并着手拆分中台,打造更敏捷的前端。具体而言,将各业务专属的中台能力内嵌至前端BU,仅将必须共享的通用能力保留在集团层面,并通过专业服务公司提供(如爱橙科技)。新的组织模式可更好地满足各业务对反应速度、专业能力的差异化要求,同时各业务获得了更高的自由度,去探索新业态的可能性,从而在愈发激烈的竞争环境中实现创新和增长突围。

回顾阿里巴巴发展,正是由于其持续推进组织变革,以灵活应对业务与市场变化,才能历经市场冲击而日益壮大。

(七) 科研创新:出其不意

《孙子兵法·计篇》有云:“攻其不备,出其不意。”在竞争日益激烈、不断变化的市场环境中,企业或组织面临着持续创新的压力。突破惯性思维,通过激发集体想象力在常规业务之外推陈出新,方能在新形势中捕捉新机遇、构建新优势。

追觅科技(Dreame)便是创新突围的典型案例。它成立于 2017 年,总部位于苏州,是一家以高速数字马达、智能算法、运动控制技术为核心的全球高端消费电子及智能制造公司,科技产品有无线吸尘器、扫地机器人、智能洗地机、高速吹风机四大品类。发展不到三年,追觅科技获中国创新成长企业 100 强。到 2024 年 4 月,追觅科技以 200 亿元人民币的企业估值入选《2024·胡润全球独角兽榜》,排名第 385 名。这家家电企业正是凭借超群的想象力,在智能家电赛道持续创新突围,不断研制出适合市场需求变动的产品,从而打开国内外市场大门。

我们借用波士顿咨询系统性提升想象力四步法,来分析一下追觅是如何激发组织想象力的。首先,追觅科技积极探索未知事实,以捕捉机会点、激发想象力。追觅针对德国市场开展了为期 4 个月的研究,发现德国有超过 60%的家庭拥有宠物。这一发现激发了他们的灵感,开拓了宠物毛发刷类配件这一全新的市场空间。

其次,高密度测试和持续迭代,以行动持续激发新想象。产品开发中,研发工程师对测试中出现的小问题提出数十个潜在假设,并进一步验证。在追觅的文化中,想象力驱动着创新,因此即使概率很小,仍坚持不忽略任何可能性。

再次,推动技术与灵感共享,规模化形成集体性想象。建立分层研发体系,下层聚焦核心技术积累(如高速数字马达和语音交互),上层则设立多个创新研究院,负责基于核心技术和供应链的创新。上下两层技术共享、相互赋能,实现线性传承,不断推进创新的实现和应用。

最后，创新体系化方面，投入大量资源用于研发，研发人员占比超70%，研发投入占营收的10%—12%；刻意于地理上区隔前瞻型与实用型研发团队（现有产品线），前者无须考虑研发费用与技术落地性，避免现实压力限制创新。

通过系统性地驾驭想象力，追觅不断实现超越行业的创新与成长。过去五年，年复合增长100%，从一款吸尘器到十五个品类、上百个SKU；2023年上半年实现营收同比增长超100%，远超行业平均水平；2023年“618”，追觅在天猫、京东、抖音等平台斩获多个第一，展现出了新秀之姿，持续在智能家电赛道上创新突围。

（八）市场营销：知己知彼

《孙子兵法·谋攻篇》有云：“知己知彼，百战不殆。”映射到市场环境中，企业不仅应关注自身产品及服务的优化，更需聚焦客户的底层真实需求变化，从中挖掘突围机会，方能在冲击后的新环境中创建差异化竞争优势，更胜一筹。

2008年成立于美国的一个旅行房屋租赁网站爱彼迎（Airbnb）是一家联系旅游人士和家有空房出租的房主的服务型网站，总部设在美国加州旧金山。英文名字Airbnb是AirBed and Breakfast（Air-b-n-b）的缩写。它是一个旅行房屋租赁社区，用户可通过网络或手机应用程序发布、搜索度假房屋租赁信息并完成在线预订程序。

爱彼迎基于对旅行者需求的持续洞察，尽管在疫情影响下，仍然每半年就在全球层面进行一次产品和服务的重大更新和升级。截至2023年第三季度，爱彼迎已经对核心服务完成了超过350个全新的产品功能和服务升级。举例而言，识别到“Z世代”消费者愈发关注“融入当地风土人情的体验”这一诉求，爱彼迎通过“特色分类”“爱彼迎房间”以及“房客推荐”等一系列产品创新，让不同类型的旅行者得以迅速匹配到在全世界范围内适合自己的“家”，持续赋能旅居成为旅行的新常态，带给旅行者原汁原味的当地体验。此外，针对“Z世代”期待的“独特个性化的旅居体验”，推出“爱彼迎独家”项目，围绕独特房源和潮流文化创造独特住宿体验，包括《剧院魅影》的故事原型地、芭比梦幻屋等。正是以用户需求为中心的发展理念，使得爱彼迎在疫情冲击中异军突起，实现逆势增长。2022年爱彼迎创造了84亿美元收入、同比增长40%,实现了19亿美元净利润的优异成绩。

(九)企业初心:诚意正心

儒家经典之作《礼记》有云:“欲修其身者,先正其心;欲正其心者,先诚其意。”诚意正心意味着企业要秉持初心、坚定发展理念,是激励组织乘风破浪砥砺前行的精神灯塔,贯穿整个冲击周期。

在餐饮界,喜家德可谓是一颗持守“诚意正心”的明珠。首先,领导者亲力亲为,传递企业初心与文化。创始人连续数月每天品尝水饺,专心探寻最优的饺子皮口感,为此不惜增重几十斤;管理层每天固定品尝五种口味的饺子,不懈锤炼味蕾,以确保品质。其次,充分激发中层积极性。采用合伙人制度,给业绩优良且育才有成的店长提供奖金和新店入股的机会,激发其主人翁意识。同时要求店长培育出继任者方能晋升展店,从而形成老带新的师徒制,培养出优秀团队传承经营理念。再次,重视员工关怀,强化员工初心。内部挖掘水饺技能专家(如擀皮、挑虾仁等),帮助其总结技能,开办内部培训,让水饺专家在内部舞台充分发挥作用,同时也让员工在潜移默化中感受到初心的力量。最后,持续监测反馈,确保执行有效。通过标准化的中央厨房管理流程,以及数字化工具高效管理产品品质。例如,在门店设置饺子抓拍机,用AI模型打分评测饺子品质。

这些举措确保喜家德的企业文化与初心代代相传,并真正传递给每一个光临用餐的消费者,也支撑着喜家德创立20年来保持增长势头,逐步成长为一个拥有800余家门店、年产值超30亿的行业龙头。

四、总　结

通过上述探索,我们从“学而不厌”到“诚意正心”的韧性策略中,深刻领略到商界龙头是如何进行韧性锻造的,以及这些方法与中华传统哲学中修炼之道的巧妙呼应。我们期许更多企业能够汲取韧性建设方法,敏锐洞察趋势变化并提前做好准备,从每次冲击中发现新的发展机遇。

新《公司法》法人人格横向否认制度研究

杨宏芹　赵　雪*

[摘　要]　法人人格否认制度始终是我国民商事领域司法审判所关注的焦点。2018 年《中华人民共和国公司法》以法律规范形式确立法人人格顺向否认制度；最高法 15 号指导案例在司法上肯定了法人人格横向否认制度；2019 年《全国法院民商事审判工作会议纪要》以规范性文件的形式确认横向否认制度。新《公司法》修订标志着法人人格横向否认制度以立法形式进入公司法。但该制度作为新生事物，其未来发展必然存在诸多不确定性。因此，本文拟结合新《公司法》修订内容，通过梳理我国法律规范和司法案例，聚焦我国法人人格横向否认制度的认定标准和裁判规则，研究该制度适用的法律解释方法、未来司法实践中面临的问题。

[关键词]　法人人格横向否认　有限责任　人格混同　法律解释　债权人保护

* 杨宏芹，上海对外经贸大学副教授，法学博士；赵雪，上海对外经贸大学 2023 级法律硕士。

一、引　言

法人人格否认制度,也被称为“刺破公司面纱”原则,其核心在于当股东过度利用其对公司独立法人地位的掌控及有限责任原则的保护,进而对债权人的合法权益造成严重侵害时,股东将被要求对公司债务承担连带责任。根据我国《中华人民共和国公司法》(简称《公司法》)的相关规定,现代公司制度的核心标志在于公司享有独立的法律人格以及股东承担有限责任。在现代民商事法律体系内,法人人格否认制度在维护债权人合法权益与保障市场交易秩序方面发挥着举足轻重的作用。

在大多数情况下,公司和其股东都维持各自的独立性,但如果股东滥用有限责任或公司的独立地位,并通过恶意手段逃避债务,严重损害债权人的利益,则公司的独立人格将受到暂时性剥夺,股东亦将失去有限责任的庇护,转而需对债权人承担连带赔偿责任。长期以来,国内学术界对这一制度的研究与讨论持续不断,争议层出不穷。

近年来,我国持续以开放型经济新体制,着力改造公司营商环境、为企业降本增效,拉动企业内需,为市场经济发展注入内生动力。2013年修改的《公司法》将注册资本由实缴制改为全面认缴制,取消了一般公司最低注册资本限制、首次出资比例的限制、非上市公司的验资程序等,放宽市场管制,激活市场潜能,促使企业数量实现了显著增长。与此同时,法人人格否认制度的适用边界持续拓宽,其概念范畴也在不断延伸,市场管制的放宽有效激活了市场潜能,进而推动了企业数量的显著增长。这带动了法人人格否认制度的适用范围不断扩大,其理论边界与概念内涵亦在持续拓展。原有的法律定义与阐释已难以全面适应司法实践的新需求。2018 年,《中华人民共和国公司法》(简称《公司法》)进行了修订,此次修订正式将法人人格顺向否认的原则纳入法制轨道。同时,最高人民法院发布的第 15 号指导性案例和 2019 年发布的《全国法院民商事审判工作会议纪要》都为法人人格横向否认制度在司法实践中的执行提供了更深入的确认和指导。至 2024 年,新修订的《公司法》正式以立法形式将法人人格横向否认制度纳入公司法范畴,标志着该制度在法律层面的全面确立。

法人人格否认制度起源于英美法系国家，以判例形式发展起来，并逐渐被各国法律所采纳。美国在 1905 年美国诉密尔沃基冰柜运输公司一案首次提出“刺破公司面纱”理论，此后该制度成为美国法律中具有标志性意义的法律制度，并影响了全球公司法的发展。在我国，2005 年《公司法》借鉴引入了法人人格否认制度，并在 2013 年和 2018 年的修订中予以保留和延续。2024 年，我国在新版《公司法》中将横向法人人格否认入法，完成了“刺破公司面纱”制度中国化法律建构。

随着司法实践逐渐深入，法人人格否认制度的应用标准也随之经历了一系列的变化。从最初的以股东有限责任为基础的股东滥用公司独立法人身份而导致的公司破产和公司债务承担问题，到后来以董事、监事及高级管理人员滥用公司独立法人人格而引发的公司财产权益保护问题。这一制度的主要目的始终是规范股东利用公司的独立法人身份而发生的不正当的行为，从而对债权人的合法权益造成损害。在我国《公司法》修订时，为了进一步完善法人人格否认制度，应当明确其适用范围及限制条件，并对相关规定加以解释和说明。这一制度始终致力于防止股东滥用公司的独立地位，从而对债权人的合法权益造成损害。然而，随着实践中同一股东设立若干公司的现象普遍存在，外部债权人日益强调要求关联公司间相互承担法律责任。新修订的《公司法》在充分汲取过往司法实践宝贵经验的基础上，增加了关联公司法人人格否认规范，以适应司法实践的需要。但尽管横向法人人格否认制度在法律上得到了明确，但实践中仍存在诸多问题。例如，对于资本显著不足的判断标准存在分歧，以及民事诉讼中举证责任分配明显偏颇等。另外，在司法实践中，如何审慎地实施法人人格否认制度，以避免其被不适当地扩大或误用，是一个值得深入研究的重要议题。为确保该制度不被任意扩大其应用范围，必须采取一系列严密且细致的措施加以规制。

具体而言，对法人人格否认制度的运用应当秉持审慎原则，既要维护其作为公司法人制度必要补充的功能，又要防止其被过度宽泛地解释和应用。为此，需要制定并实施一系列严格且周密的措施，包括但不限于明确其适用条件、加强司法审查的严谨性、提高法官的专业素养和判断力等。通过这些措施,可以确保法人人格否认制度在司法实践中得到正确、合理的运用,从而维护公司法人制度的稳定性和公正性。

二、法人人格横向否认的制度基础

在我国司法实践中,普遍认可的人格否认类型主要是顺向人格否认。此处的否认意指,当股东滥用公司法人人格权利时,其有限责任特权将不再被认可,而是需按照实际出资额对公司债务承担连带责任。这一制度在《公司法》(2018 年修订版)的第 20 条第 3 款中得到了正式确立,即法人人格否认制度。在商事实务与理论研究中,该法律制度一直是热点及难点问题。随着理论研究与司法裁判经验的不断丰富,法人人格否认制度的范围不断拓展,进一步衍生出法人人格的横向否认的不同形态——不仅仅局限于否定股东的有限责任,而是将否认的主体从股东扩展到股东实际控制下的子公司、关联公司,同时否定多个关联主体的法人人格,使其相互承担连带责任。

法人人格横向否认的情景在我国过去的司法实践中已经屡见不鲜,曾引发诸多司法裁判的争议。如在(2020)川 1703 执异 13 号案中,达州市达川区人民法院明确指出司法实践中已经产生了顺向、横向,乃至于逆向的法人人格否认规则。为了平衡有实际控制权的股东与关联公司债权人之间的利益。2013 年,最高人民法院 15 号指导案例中首次对关联公司人格横向否认规则明确定义:关联公司利用人格混同逃避债务时,为维护债权人的正当利益、保障交易公平,应参照《公司法》第二十条第 3 款的规定,由关联公司对被利用公司的债务承担连带清偿责任。这一指导案例对未来的司法实践影响深远,体现在(2022)湘 08 民终 503 号案,湖南省张家界市中级人民法院以该指导性案例作为判决依据,认定本案中两被告公司实质上构成了人员混同、财务混同,丧失了法人人格独立性,因此构成公司法人人格横向否认;最终判决两被告应当对债务承担连带责任。

在上述基础上,新修订的《公司法》第二十三条第 2 款,首次以法律条文的形式确立了法人人格横向否认制度,这一举措标志着我国立法体系灵活适应了当前公司集团化发展的潮流,彰显了平衡市场利益分配、强化对善意债权人权益保护的立法意图。然而，在司法实践中，关于法人人格横向否认制度的构成要件及其具体应用，仍存在着认知差异和适用上的不统一问题。故本文重在梳理法人人格横向否认制度的历史沿革及发展现状，通过检索相关法律和典型案例，分析法人人格横向否认制度未来的适用路径。

三、国内外法人人格横向否认制度的构建

(一) 萌芽：域外法人人格横向否认的司法改革

在 19 世纪末的企业并购浪潮的社会背景下，美国公司制发生巨大变革，催生了法人人格横向否认制度。

19 世纪后期，美国由于难以承受内战所带来的沉重债务负担，于 1875 年彻底废除传统的特许公司制，期望通过增加注册公司数量、增加公司收入以缓和国家债务。美国新泽西州的官员采纳了公司律师詹姆斯·B. 迪尔(James B. Dill)的“追求公司法的自由化发展”的方案：由特许公司制转向普通公司法，取消当下各州为防止公司发展会导致资本大规模聚集而冲击经济秩序而对公司设下的诸多限制性规定，以实现吸引公司注册以增加收入的目的。新泽西州后续多次修订美国公司法，其 1896 年的修订被称为“美国公司法的里程碑”。1986 年修改后的新泽西州法律规定：三个或三个以上的人，按照相关规定，只需向州务卿提交备案，公司即可为任何合法目的而成立。此外，两家或更多的公司可以合并为一个实体；并且，任何依据新泽西州法律设立的公司均有权购买并处置其他公司的股份。

此次修改极大放权于公司，即允许公司成为另一家公司的控股股东。新法修订后，新泽西州的注册公司数量倍增，且由于公司可以自由合并和控股，新泽西州的公司出现了集团化发展，出现公司与公司之间相互控股的情况。为规制公司间滥用法人人格的乱象，美国发展出“三角刺破理论”，在全球范围内，法人人格横向否认的理论基石与制度架构已逐步确立。该理论主张，在公司集团架构内，若包含多个子公司或关联公司，这些公司的行动可能彼此关联并展现出协同效应。“三角刺

破"理论为厘清关联公司在法律层面上的责任归属开辟了新的途径。具体而言,当某公司凭借其对其他公司的控制地位,采取利润转移等手段来规避法定义务或合同责任时,这种行为便构成了对关联关系的滥用,此时可运用该理论来明确其法律责任。然而,若其中一个公司面临财务困难甚至破产的风险,则其他关联公司则可能因为承担了过多的风险而受到损失。因此,为了保护债权人和股东的权益,法院通常会要求关联公司之间承认彼此的独立身份,并对它们之间的交易进行单独评估。

综上所述,透过美国公司法的修订和理论发展可知,美国法人人格横向否认制度是对法人独立人格与法人有限责任制度的延伸。该制度突破了法人有限责任,承认公司的债权人有请求关联公司或子公司以其全部财产承担连带责任的请求权,意欲实现防止法人人格滥用、维护交易公平的法律效果。

(二) 发展:我国法人人格横向否认的立法演变

1993 年版的《公司法》第三条经过修订后,明确了公司作为独立企业法人的地位,换言之,公司在享有相应权益的同时,也必须履行相应的义务。公司应以全部资产作为债务清偿的基础,而股东则需在其认缴或认购的出资范围内,对公司债务负有连带清偿的责任。2005 年修订的《公司法》首次以成文法形式规定公司法人人格顺向否认制度:若公司的股东利用公司法人的独立地位转移财产、躲避债务,滥用公司法人人格,使公司承担股东的债务,则股东应对公司全部债务承担连带责任。

随着市场经济环境的持续演变,市场主体的形态愈发多样化。在我国商事活动中,控制股东滥用其控制权,通过在公司之间进行资产转移,导致各公司间的人格呈现出高度混同的态势。这种行为的实质在于,股东等实际控制人滥用其控制权以及法人的有限责任和独立地位,以实现逃避债务、从事非法经营等不法目的,最终给外部善意债权人的利益造成了严重侵害。在最高院 15 号指导案例中,江苏高院参照适用 2005 年《公司法》第二十条的规定,认定本案中两被告公司之间构成了人员、业务、财务混同,在司法实践中确立法人人格横向否认制度。

2019 年,《全国法院民商事审判工作会议纪要》(以下简称《九民纪要》)第 11 条第 2 款对法人人格否认主体进行拓展:控制股东或实际控制人控制多个子公司或者关联公司,滥用控制权使多个子公司或者关联公司财产边界不清、财务混同,利益相互输送,当公司失去独立人格,成为控制股东规避债务、从事非法经营活动,甚至违法犯罪的手段时,司法机关可结合案件的具体情况,否认子公司或相关联公司的法人人格,并判决其承担连带责任。上述内容既在司法实践中得到了体现,也在相关规范性文件中得到了确认,共同构成了法人人格横向否认制度的法律基础。

在这一基础上,新的《公司法》第二十三条将有关公司法人人格顺向否认的制度合二为一,且新增第二款规定表明:如果一个股东实际控制两家以上的公司,利用这些公司来逃避债务责任。若公司的人格独立性丧失,转变为控制股东用以逃避债务、从事非法运营活动,乃至违法犯罪行为的工具,司法机关将依据案件的具体情形,有权否认子公司或关联公司的法人资格,并裁定其承担连带法律责任。这一原则不仅在司法实践中得到了广泛运用,同时也得到了相关规范性文件的正式确认,两者共同为法人人格横向否认制度奠定了坚实的法律基石。

四、法人人格横向否认的法律解释

面对司法实践中经常出现的法人人格滥用问题,如何在现有的规范体系内准确地界定横向否认的适用界限,并明确区分不同类型人格否认的具体范围,成为当前迫切需要解决的核心问题。从理论上看,我国现行民事立法和司法解释并未对法人人格否认进行系统性规定,导致实践中因认定标准模糊而出现诸多争议问题。考虑到新《公司法》已经正式建立了法人人格的横向否认机制,因此在具体应用和解释这一制度时,需要采用合适的法律解释途径,以确保该制度在司法实践中能与民事和商事法律体系保持一致性和协调性。

(一) 新《公司法》颁布前:对类推解释不适当的批判

新公司法颁布前,《公司法》(2018 年修订版)第 20 条明确规定了公司法人人格的顺向否认原则。在司法实践中,人民法院在判定多个本应具有独立人格的公司之间是否存在“人格混同”(即“横向否认”)时,会依据该条的构成要件,并参照此原则,类推出法人人格横向否认的框架。例如,在(2008)民二终字第55号案件中,最高人民法院就认定了三被告公司之间存在股权交叉的现象,为了保护原告债权人合法债权,欲“刺穿”关联公司的法人人格。但受限于法人人格顺向否认制度,一审判决产生大量套用《公司法》(2018年修订)第20条的论述。借法人人格顺向否认的主体要件、行为要件、结果要件,试图模拟出一套以公司为行为主体的横向否认模式。

类推适用接近于法律拟制,适用于当法律出现漏洞或现有法律制度无法适应社会情势变更,对某些个案类推适用法律条文以弥补法律漏洞。在新《公司法》修订之前,我国法律体系中虽未明文确立法人人格横向否认制度,但这并不表明我国《公司法》在处理关联公司间股权交叉及人格混同问题上存在疏漏。理论上,关联公司作为各自独立的法律实体,应保持运营的独立性。然而,在实际操作中,关联公司之间的人员与财产流动往往受到公司集体决策的驱动,一旦这种流动超出了合理界限,便可能构成对公司独立法人人格的滥用,进而触发顺向否认公司法人人格的情形。

在此情境下,滥用行为的实施者应对由此产生的债务承担连带责任。此外,依据《公司法》第三条的核心原则,公司需以其全部资产为限,对其所负债务承担责任。根据上述法律规范,即可达到期望被告关联公司对外部债务承担连带责任的裁判结果。因此,在过去的裁判中对于《公司法》中法人人格顺向否认制度的类推适用实则是一种画蛇添足,且极易导致实践中人格混同认定的混乱,形成对债权人的过度保护。

(二) 新《公司法》后:对目的解释合理性的论证

随着中国经济的快速发展和现代企业制度改革的不断深化,公司规模不断扩大,公司控制结构日趋复杂,关联公司、集团公司大量涌现。实际控制人借助复杂的资本运作,通过投资关系、控制协议等方式规避责任;股东的形态也不再单一表现为自然人或一人公司,而出现大量有限责任公司之间相互控股、在公司之间进行财产和责任的转移的情况。因此，为法人人格的横向否认制度提供适当且一致的法律解释，并在司法实践中明确裁决的标准，是非常关键的。在立法上着力弥补法人人格横向否认的不足不仅有助于确保法律得到准确的执行，还能有力地保障司法公正，并维护相关方的合法权益。笔者认为，在阐释该制度的新法律规定时，采用目的解释的方法，深入分析法人人格顺向否认制度的立法意图，并将其与横向否认制度的立法宗旨相融合，是最为合理且恰当的解释路径。

在个案中，人民法院适用法人人格横向否认制度时，应以民法中的诚实信用原则为基石，并严格遵循《公司法》的立法精神。从《公司法》总则中可提炼出其立法宗旨，即"保障股东的自治权利与自由"，这体现了强烈的私法属性。如最高院(2008)民二终字第55号判决中，最高人民法院认为：关联公司之间存在股权关系交叉且均为同一法人出资设立或实际控制的，若实际控制人利用对于上述公司的控制权混淆各个公司的财产，实质上构成公司人格混同并损害债权人合法权益的；可以认定为违背法人制度设立的宗旨和诚实信用原则，因此多个公司法人应当承担连带清偿责任。因此，以《公司法》股东意思自治的立法宗旨为前提，援引统领整个民商事领域的诚实信用原则，分析个案中关联公司的行为逻辑的合法性，对相关法律规范进行目的解释，这更符合我国商事审判中谨慎介入市场主体自治领域的原则，充分尊重当事人享有的合同自由权利及公司的自治权利，避免轻易以司法判断取代商业判断的价值取向。

五、法人人格横向否认的法律适用

通过对《公司法》三次审议稿的对比可知，《公司法修订草案(二审稿)》已经建立了多维度法人人格否认制度的完整结构：以一般情况下的法人人格顺向否认与横向否认原则为基础，一人公司特殊的逆向责任承担为补充。在此基础上，《公司法修订草案(三审稿)》进一步精确表述，明确认定法人人格横向否认的前置主体要件为"股东"。新《公司法》的正式通过，象征着我国已经全面建立了顺向、横向的法人人格否认制度。

表1 《公司法》修改对比

《公司法》(2018年修订)	第二十条　公司股东应当遵守法律、行政法规和公司章程,依法行使股东权利,不得滥用股东权利损害公司或者其他股东的利益;不得滥用公司法人独立地位和股东有限责任损害公司债权人的利益。 公司股东滥用股东权利给公司或者其他股东造成损失的,应当依法承担赔偿责任。 公司股东滥用公司法人独立地位和股东有限责任,逃避债务,严重损害公司债权人利益的,应当对公司债务承担连带责任。
《公司法(修订草案)》一审稿	第二十一条　公司股东滥用公司法人独立地位和股东有限责任,逃避债务,严重损害公司债权人利益的,应当对公司债务承担连带责任。 公司股东利用其控制的两个以上公司实施前款规定行为的,各公司应当对任何一个公司的债务承担连带责任。
《公司法(修订草案)》二审稿	第二十三条　公司股东滥用公司法人独立地位和股东有限责任,逃避债务,严重损害公司债权人利益的,应当对公司债务承担连带责任。 公司股东利用其控制的两个以上公司实施前款规定行为的,各公司应当对任一公司的债务承担连带责任。 只有一个股东的公司,股东不能证明公司财产独立于股东自己的财产的,应当对公司债务承担连带责任。
《公司法》(2024年施行)	第二十三条　公司股东滥用公司法人独立地位和股东有限责任,逃避债务,严重损害公司债权人利益的,应当对公司债务承担连带责任。 股东利用其控制的两个以上公司实施前款规定行为的,各公司应当对任一公司的债务承担连带责任。 只有一个股东的公司,股东不能证明公司财产独立于股东自己的财产的,应当对公司债务承担连带责任。

(一) 法人人格横向否认制度的适用条件

通过对新《公司法》第二十三条第二款的深入解读,我们可以将法人人格横向否认制度的适用条件细分为形式要件与实质要件两大部分。

在形式要件层面,横向否认制度应用的首要条件应当为必须有两个或以上的公司实体存在。其次,在具体适用过程中,应遵循“排除合理怀疑”原则,即只要有事实依据,就应当予以肯定和认可,并不排斥其他情形下的承认与否定。在对新《公司法》第二十三条进行详细的逐款解释后,我们可以清楚地看到其在法律应用中的逐步递进关系:第 1 款明确了法人人格的顺向否认机制;第 2 款明确了法人身份的横向否定;第 3 款专门针对单人公司制定了独特的条款。在我国当前民商法体系下,对于法人人格的承认和保护应当采取一种动态发展的方式,即首先通过立法确认法人人格的相对独立性，然后再将其转化为相应的法律后果。在司法实践中，如果股东实际上控制了公司并滥用了法人人格，那么法人人格的顺向否认就会被直接应用；若该股东未行使有效权利而又通过其他方式取得控制权，则可适用顺向否定原则。如果股东实际上控制了两家或更多的公司，并滥用法人身份导致公司之间的人格混淆，那么可以适当地同时应用顺向否认和横向否认，以横向否认作为补充。第三部分是我国公司法上的股东权利救济制度。在这种情况下，外部的债权人有权选择追偿者，包括滥用职权的自然人股东和法人股东；这些公司之间存在着实质性的控制关系。这种"双重"保护机制在一定程度上弥补了单一法律制度的不足，实现了权利配置的合理化和效率化，有利于防止恶意诉讼，有效地保护债权人利益。这相当于扩大了债权责任的主体范围，以最大程度地保护债权人的合法权益。实质要件二，依据新《公司法》规定，横向否认制度的规制主体应当为滥用权力的股东实际控制的公司，其前置要件要求存在对公司具有实际控制力的股东。这一要件早在《九民纪要》中就有"控制股东和实际控制人"的相似表述。

从实质条件来看，根据新的《公司法》的规定，横向否认制度应由滥用权力的股东实际控制的公司作为规制主体，而前置条件则要求存在对公司具有实际控制力的股东。纵向否认制度的规制对象则是对公司进行实质性限制或剥夺权利的行为，其构成要件包括公司内部成员之间、公司与其他利益相关者之间的关系以及公司内部成员间的相互制约等。在《九民纪要》这本书中，已经提到了"控制股东与实际控制人"的类似概念。

在现行的《公司法》里，还没有专门为控股股东制定的明确条款。《中华人民共和国证券法》将"控制"纳入了股东资格认定的范围之内，但这并不意味着"控制"可以等同于公司控制权。参照证监会法律部发布的《证券期货法律适用意见第1号》中的条款，"控制"的目的应是确保权力的行使能够对股东大会的决策产生显著的影响，或者真正地控制公司的行为。对于"控制"的认定，应综合考虑控股权与其他权利之间是否存在冲突以及两者能否并存于同一法域等因素。在法律执行过程中，"控制"的方式有很多种，例如，自然人或法人股东可以通过持有一定比例的投资来成为公司法人的主要股东;非公司股东可以通过与其他股东签订股份转让协议的形式取得公司的股权。此外,非公司的股东也有可能通过签订合同来获得对公司的控制权,从而成为公司的实际掌控者。但是,实践中常见具有实际控制权的股东为逃避债务,利用多个自然人主体作为股东分别成立多个公司,而自己则作为公司背后的"隐名股东"的行为模式。在此情境下,对该股东控制力的判定颇为复杂,需综合考虑公司的实际运营状况、合同的履行详情以及其他案件相关事实进行全面评估。如(2020)闽 02 民终 5553 号案中,福建省厦门市人民法院判决认定本案两被告公司的法定代表人与公司监事存在亲属关系,且在两公司经营期间,同步发生变更公司住所地、公司人员混同、转移员工的情况,综合具体案情认定两公司的实际控制人为其公司监事,满足《九民纪要》第十一条规定"控制股东或实际控制人"的主体要件,从而认定该案被告两公司之间构成法人人格横向否认,应当对外部债务承担连带责任。

总的来说,法人人格横向否认制度的作用不仅仅是限制股东的有限责任,更深层次的意义是对控制股东控制的子公司或关联公司间的人格进行相互否认,使它们之间需要承担连带责任,以确保外部债权的顺利实现。因此,若不存在一个处于主导地位的"实际控制人",那么两家公司间的关联关系便难以得到确认。由此可见,两家公司之间存在一个拥有实际控制权的主体,是适用法人人格横向否认制度的先决条件。

(二) 法人人格横向否认制度的适用要点

设立法人人格横向否认制度的初衷在于维护股东与债权人的合法权益,然而,这一制度在扩大责任主体及增强法官自由裁量权的同时,也不可避免地对现有的交易秩序构成了挑战,进而可能引发法人人格否认制度本身旨在平衡的利益关系失衡。具体而言,该制度的影响主要体现在以下两大方面。

需要考虑的是,实施法人人格横向否认制度可能会扩大公司内无辜股东或其他合法权益持有者的责任边界。这一制度是基于公司和股东在人格和财产上的混淆判断,从而确定公司的独立法人身份已经消失，进而完全否定了公司及其股东的法人资格。在此情境下，要求公司对股东承担连带责任，实质上等同于要求股东自行承担其债务，这无疑是对善意股东权益的一种潜在侵害。但是，若公司多名股东，甚至是多种形态的股东，对公司的法人人格予以否认，若要求关联公司均承担连带责任，将可能严重损害那些无辜的、善意的股东所享有的信赖利益，进而可能引发股东撤资、公司股权结构削弱等一系列连锁反应，最终对其他股东的利益构成潜在的、不可预见的损害。

因此，在实施法人人格的横向否认制度时，必须展现出其不可或缺性。同时，由于法人人格的特殊性以及各国民事立法模式差异，法人人格横向否认适用于不同类型的民事案件中也有其独特之处。我国《中华人民共和国民法典》（简称《民法典》）第535条为这一问题提供了法律指引。该规定明确表示，如果债务人没有积极地行使其债权或相关的从权利，当债权人的到期债权受到影响时有权向人民法院提交申请，这意味着债权人可以代表自己行使债务人对对方所享有的权益。债权人通过申请法院来获得债务清偿权的行为称为代位权，它包括请求撤销权、要求返还请求权等。然而，值得强调的是，如果这项权利仅属于债务人本人，那么他就无法代替自己行使这一权利。在此基础上，债权人也有责任依法要求对其债权进行全方位的追偿。也就是说，只有当债务人不存在时，才有可能发生债权人对其权利实施侵害的问题。换言之，为了维护自己的合法权益，债权人需要通过行使代位权作为前提条件，甚至可以选择向人民法院申请强制执行股东股权的方式来实现自己的合法债权，而不是直接采用法人人格横向否认制度。可见，债权人的单方撤销权是一种特殊类型的权利，具有一定的特殊性，其适用条件和范围也不同于普通民事主体的撤销权。根据《民法典》的第540条，债权人享有单方面撤销权：如果股东故意以低价转让资产以规避债务，那么债权人有权行使撤销权以确保债权的安全性。法人人格横向否认扩大了责任主体的同时亦会导致无辜的关联公司被卷入诉讼之中，故该制度适用应是外部善意债权人无其他救济途径时不得已而采取的兜底手段。

此外，在民事诉讼环节中，必须确保双方当事人举证责任的合理分配，并严格明确举证不能或举证不足所需承担的法律后果。在涉及法人人格横向否认的诉讼案件中,争议的核心往往聚焦于关联公司之间是否存在人格混同的情况。公司法人之间的人员调动、财产转移及业务往来等多数记录于公司内部文件之中;这些内部文件的获取与审查,对于判断关联公司是否构成人格混同至关重要。因此,在司法实践中,法院应充分考虑当事人的举证能力,合理分配举证责任。对于能够获取并提供关键内部文件的当事人,应要求其承担相应的举证责任;而对于难以获取内部文件的当事人,法院可考虑采取其他证据形式或调查手段,以充分保障当事人的合法权益。同时,法院在审查内部文件时,应严格审查其真实性、合法性和关联性,确保所采纳的证据能够客观、全面地反映案件事实。对于存在伪造、变造或隐匿证据等行为的当事人,法院应依法追究其法律责任,以维护司法公正和诉讼秩序。

在举证能力层面,应当建立“原告为主,政府为辅”的举证模式。即当原告提起法人人格横向否认之诉,若经人民法院予以审查确认后,各级政府机关、社会团体应当予以积极配合。例如,人力资源和社会保障部门、工商登记部门等应当积极配合调查,通过简化诉讼当事人调查程序,便利善意债权人通过资金流向、财务账簿等证据查明关联公司间存在人格混同。在举证责任上,要严格规定原告承担的举证责任,防止司法资源浪费。例如,若原告只能证明被告公司有利用关联方、关联方与股东之间转移财产的行为,但是没有证明滥用法人资格的行为和程度达到严重损害债权人利益的,或者没有证据证明被告公司之间存在一个建立关联关系的实际控制人,则必须承担相应的举证责任。

综上所述,法人人格横向否认制度的立法化是我国法人人格否认制度的一大里程碑。一方面,法人人格横向否认制度作为顺向否认制度的变体,为法人人格否认制度提供补充性法律依据,在特殊情况下否定关联公司法人人格的独立性,对债务承担连带责任,维护交易秩序;另一方面,它统一了过去司法实践的裁判规则,丰富了合法债权人行使债权的救济途径。

参考文献

艾茜,《新公司法视域下的减资纠纷诉讼模式研究》,《法律科学(西北政法大学学报)》,2024 年第 6 期。

边琪:《民法视域下的法人人格权本质论》,《当代法学》2024 年第 38 卷第 4 期。

陈林、贾宏斌:《反向刺破公司面纱——公司法人格否认规则的扩张适用》,《人民司法》2010 年第 14 期。

李新天、吴扬:《〈民法典〉视域下公司法人格否认主体要件之扩张》,《河北法学》2022 年第 4 期。

廖雷英:《关联企业实质合并破产"法人人格混同"审计研究》,《财会通讯》2024 年第 13 期。

刘贵祥:《关于新公司法适用中的若干问题》,《法律适用》2024 年第 6 期。

刘俊海:《论新〈公司法〉的溯及力——对最高人民法院司法解释的诠释》,《地方立法研究》,2024 年第 9 期。

潘勇锋:《论审判视角下新公司法主要制度修订》,《中国应用法学》2024 年第 1 期。

彭冰:《新〈公司法〉中的股东出资义务》,《中国应用法学》2024 年第 3 期。

王帆、石冠彬:《论关联公司法人人格的否认:裁判反思和应然立场》,《商业经济与管理》2023 年第 8 期。

王艳丽、张枫波:《法人人格否认制度对公司实际控制人的适用与反思》,《经济问题》2022 年第 6 期。

王毓莹:《论未届期股权转让的责任承担》,《中国应用法学》2024 年第 3 期。

杨成良:《州际竞争与美国公司法的发展》,《比较法研究》,2017 年第 1 期。

余冬爱:《民、商区分原则下的商事审判理念探析》,《人民司法》2011 年第 3 期。

岳万兵:《反向否认公司人格:价值、功用与制度构建》,《国家检察官学院学报》2021 年第 6 期。

都市治理

楮币[illegible]

深度媒介化视角下城市风险治理挑战和路径拓展

苑　辉*

[摘　要]　随着媒介技术的快速迭代和信息基础设施的全面普及，我国社会已经进入深度媒介化阶段，在媒介化社会和风险社会的双重现实下，个体乃至群体的风险感知以及风险应对均受到以智能算法为基底的媒介连接、媒介呈现的深度影响。依托各类媒介的弱连接构成了新的社会关系网络，在风险社会中重大突发事件的应对、基层治理等方面产生变革性影响。未来随着人工智能技术的快速迭代还可能带来全新挑战。但也应看到，在城市风险治理中，深度媒介化的技术环境和新的社会网络结构，可以通过技术赋能，更有效地发挥出微粒社会的韧性安全能力；在认知层面引导公众风险感知；在行动层面通过新的组织方式协同应急资源，提高城市韧性安全能力，提高应对突发事件能力；尤其在基层韧性安全能力中发挥新的主体性作用。

[关键词]　媒介化　智能算法　风险感知　风险治理　突发事件

* 苑辉，同济大学城市风险管理研究院宣教中心主任。

一、引　言

根据中国互联网络信息中心(CNNIC)2024年3月22日发布的第53次《中国互联网络发展状况统计报告》显示，截至2023年12月，我国网民规模达10.92亿人，较2022年12月新增网民2 480万人，互联网普及率达77.5%。①媒介技术和信息基础设施已经全面渗透到日常生活中，传播媒介的数量不断增加，类型日益多元，多种形式的媒介逐渐整合并融入日常生活实践中，媒介在社会变化中扮演越来越重要的角色。“深度媒介化”被认为是一种不同于“媒介化”的新理论范式：以互联网与智能算法为代表的数字媒介作为一种新的结构社会的力量，其作用于社会的方式与以往任何一种“旧”媒介不同，有学者认为，它已经下沉为整个社会的“操作系统”(喻国明、耿晓梦，2021)，从而对社会产生影响。在城市运行常态和在各类突发事件中，媒介打通了信息流、资金流，深刻嵌入了物流，其发挥的作用不仅限于传播信息，在风险感知、社会动员等多个方面产生了深远影响，对城市风险治理和韧性安全城市建设带来不确定性影响，也为城市风险治理带来新的机遇。

二、文献综述

我们先从文本词源角度看媒介的含义。现代意义上的媒介主要诞生在20世纪，媒介的概念扩展到包括报纸、广播等传播手段(冯雁，2021)。自20世纪70年代以来，欧美学者已经开始谈及“媒介化”概念。这一时期信息传播工具、传播渠道，甚至传播主体都被认为是广义的媒介，总体来看，在20世纪，媒介的交互能力还十分有限，媒体概念更被普遍接受。但是麦克卢汉等学者已经开始进一步推动媒介概念的发展，他在20世纪提出的媒介是人的延伸，媒介即信息，媒介即环境(马歇尔·麦克卢汉，1964)等论断，影响深远，并在21世纪互联网快速普及的情况下得到了广泛的认可。人们开始认识到媒介不仅仅是技术工具，更是影响社会结构和文化形态的重要因素(何道宽，2000)。特别是互联网技术快速发展后，媒介技术在现实生活中的运用有了质的飞跃,泛媒体、泛媒介概念走入人们视野。今天人们可以更加深切地感受到媒介对社会运行发挥的作用。21世纪社交媒体的兴起,是媒介环境跨时代的变化,2003年Friendster作为第一家社交网站出现,随后Facebook、MySpace等平台相继成立(方倩,2010)。2008年以来"媒介化"逐渐涌现到欧洲传播学和社会学研究视域中,例如政治媒介化、宗教媒介化、游戏媒介化研究等(孟伟,2018)。随着我国信息基础设施的普及,特别是移动互联网的发展,社交媒体开始普及,我国学者对于"泛媒介化"的研究日渐深入,很多学者认为,我国已经进入一个万物为媒介的泛媒介化时代(彭兰,2016)。多种形式的数字媒介正在重新连接一切,媒介化社会不仅仅是媒介技术的应用,而是媒介技术对整个社会生产系统产生了影响,甚至重塑。通过媒介逻辑在社会各个层面的普遍适用,包括政治、经济、文化等领域(顾烨烨、莫少群,2022),进而推动社会结构和文化形态的转变(刘明洋、吕晓峰2017),使媒介化成为当代社会的重要特征。本文讨论的深度媒介化,正是基于这一拓展后的概念。

关于深度媒介化与风险之间关系,目前的研究大量从媒介环境的变化对突发事件的影响展开,研究者普遍认为今天的媒介环境中,突发事件的危害会因为媒介环境的变化放大,对于深度媒介化环境下突发事件应对策略有广泛的研究。随着新技术的不断发展,一般研究认为在突发事件中,主责部门宜加强网络舆情监测与应对,第一时间直接披露或通过新闻媒体披露真实而权威的事件信息(丁晓蔚、李明,2022)。

很多研究也发现了深度媒介化对人们风险感知、风险偏好的影响,这类研究还处于积累阶段。风险偏好是个体在面对风险时的偏好程度,从量化角度来看,相对风险厌恶的概念可以通过比较个体的冯·诺依曼-摩根斯坦效用函数与其偏好强度函数来定义。此外,情绪状态和任务框架也显著影响风险偏好(刘永芳、毕玉芳、王怀勇,2010),认知、情感和激素因素,个性特征如神经质、开放性等,以及心理安全感和动机系统均对风险偏好产生复杂影响(Xi Zou, Abigail A. Scholer *et al.*, 2020;陆静怡、王越,2016)。近年来,风险偏好的心理驱动因素被广泛研究,表明个体的风险偏好受到其对风险感知和预期收益之间权衡的影响(Rolison and Jonathan J., 2023)。但是从目前的研究来看,还很难精准衡量深度媒介对社会风险感知的影响。

城市是一个复杂巨系统,其中蕴含的风险十分复杂,高度媒介化社会的特征在城市中已经有充分表现,但其对城市风险治理的影响还有待进一步系统化研究。

三、深度媒介化社会的特点

(一) 深度媒介化消弭感官世界和真实世界的边界,影响人的认知

信息技术和现实物理世界看似是两个场域,但是信息技术对现实物理世界有深层次的影响。可以分为三个层次:第一个层次,技术改变了信息传播效率,速度极快时,空间意义就会改变,远方的交流和近处的交流没有区别,人和人之间的物理距离感正在消失,这是信息技术对物理世界的第一个层次的影响。第二个层次,极大的传输量和更准确的编码解码过程会使通过电子技术呈现的世界更加真实。电子信息呈现出高度接近现实的世界,在沟通层面,人类通过各种终端"进入"其中进行体验与行动,媒介日渐成为一种"体验性"的媒介(王敏芝、王军峰,2022),例如元宇宙带来的参与感和真实体验感。第三个层次,当智能算法会进一步发展,虚拟世界反过来会影响、引导,甚至决定真实世界的行为。例如今天人们观看短视频和广告的选择权,某种程度上已经由算法决定。人工智能的发展还将进一步推动这一现象。人类和真实世界之间有了一个新的"中介",所有的信息经过这一媒介的过滤,例如已经广泛存在的智能语音客服,其智能水平正在快速提高,成本已经大幅下降。没有专业手段,甚至很难判断与人们对话的是人工智能还是人工。有学者认为,以算法技术为代表的新媒介更是媒介深度嵌入社会的"助推器"(喻国明、韩晓宁、杨嘉仪,2022),已经在现实世界逐步得到验证。

(二) 深度媒介化改变社交模式,影响社会网络结构

从媒介嵌入社会交往所形成的交往形态看,可以分为三个阶段:一

是以地域为主导的无中介面对面现实交往阶段;二是人们开始通过各种媒介进行交流交往不再受限于物理空间,社会网络进入了“去本地化”的阶段。三是人类正在迎来的深度媒介化时代的数字交往阶段。在第二阶段后期和第三阶段,数字交往具有高度的互动性和参与性,人们可以通过各种数字平台进行复杂的社交活动,这些平台不仅改变了人们的交流方式,也重塑了社会结构和文化形态(康雅琼、高腾飞,2023)。特别是在智能算法加持下,媒介工具提供的复杂、充分的社交场景,促进了各类新型圈层的出现,形成了新型的基于共同价值偏好、共同兴趣偏好、共同行为偏好等导致的基于社交需求、群体归属多样化的或稳固或灵活的圈层。过去基于地域、共同身份的圈层都有可能因为新的媒介被割裂,再次重组。可以说,媒介技术在日常生活中的深度介入,促进社会从组织化向去组织化、再到重新组织化转变。这也意味着人们的组织方式、行动方式会因此改变。

(三) 深度媒介化赋能微粒社会,影响个体能力

随着大数据和人工智能技术的发展,社会进入了高度解析的“微粒社会”,在这个社会中,个体的差异性和特性得到了前所未有的关注(苏宏元、方园,2021)。微粒社会还体现在个人能力可以前所未有地发展。当人可以通过媒介连接万物,理论上人可以获得无限的知识,可以说,新一代信息技术对个体和群体的赋能、赋权超越了以往任何一个时代,传播技术的发展与传播工具的普及极大地便利了人们自主,甚至自动接触、搜集和传播信息。当深度学习的人工智能大模型整合到信息平台,并快速迭代后,个体获取知识的成本和效率又得到了进一步提升。掌握知识比以往任何时代都要容易,也就意味着,个体可能具有更大的能量。能力和差异性结合意味着人类虽然是一个紧密连接的社会,但同时又是一个差异化明显的多元社会,而且这种多元,在传播技术的普及和发展之下,被看见、被发现、被流行的可能性极大提高。

(四) 深度媒介化改变了生产组织方式,影响社会物质层面

新的媒介方式改变了信息分发方式,个体深度参与到信息传播、交

互中。深度媒介化社会的重要特征是媒介、新闻媒体,乃至由信息技术塑造的物联网之间出现了全面融合。当前阶段的变化在于,社交媒体以多种形式和其他更具实用性的平台融合,进而改变人们的生活。在日常生活中,对于一次购物的评价,可以影响他人的购买行为,购物平台除了传递保证购物活动完成的实用类、工具化信息,也传递大量关于个人感受等"情绪性信息"。几乎所有的社交媒体都已经和电商平台融合,小红书、抖音、微信等由社交平台可以链接到电商平台,淘宝等电商平台同样具有社交属性,显然社交媒体平台和电商平台在全面融合。

这种融合对生产组织方面也产生了多方面的影响。例如,高效信息发布方式促进了更灵活的就业方式。分散、灵活的生产协作方式广泛存在。这也可以理解成微粒社会的一个表征。例如,在移动互联网、手机支付等一系列技术的支持下,原有的城市物流配送组织方式发生了巨大的变化,外卖骑手有着极大的工作自由性,但又高度协作。另一个更深层次的变化是,第二产业的供应链在更高效的信息协作方式下,生产单元可以更加分散,专业化分工更细致,订单信息及时共享,极大降低了协作成本。在电商平台上,很多服装品牌先发布样衣,通过平台测试受众关注度,再决定以怎样的组织方式生产。媒介技术嵌入下的生产方式更好地实现"生产—消费—体验"的全面融合。

四、深度媒介化社会城市风险特征

风险社会理论认为现代社会的风险发生了很大的变化,不是基于无知的、鲁莽的行为,而是基于理性的规定、判断、分析、推论、区别、比较等认知能力,它不是对自然缺乏控制,而是期望于对自然的控制能够日趋完美(薛晓源、刘国良,2005)。现代社会每一种技术都会给人类生活带来深刻改变,但同时也伴随大量客观风险。

从城市场域来看,城市的风险来自外部冲击和内部生成。当城市数量增加,人口更多地聚集于城市,城市成为暴露于自然灾害的主要场域。我国本身就是自然灾害多发的国家,随着自然灾害极端性的增强和城镇人口的增加,城市面对的来自自然灾害的挑战日益严峻。另一方面城市设施设备密集,城市的空间结构紧密,这个复杂巨系统的运行本身就会产生大量风险。当媒介技术深入到社会的方方面面，对城市场域的影响更为显著和直观，城市风险在深度媒介化的状态下，也呈现出新的特征。

（一）媒介影响风险感知

风险社会和深度媒介化社会深度交融，产生新的影响。媒介不仅是风险信息的传播者，也是公众风险感知的塑造者，可以放大或减轻公众对某些风险的感知（蒋晓丽、胡登全，2010）。但由于人的风险感知影响因素众多，从媒介影响看，以下三个方面是影响较为显著的。

在感知的空间范畴上看，高效传播的特性让公众快速、广泛感知风险。在深度媒介化社会中，风险信息能够迅速扩散并被广泛知晓。一地发生的灾害，由于传播渠道的多元和信息传播的瞬时性，可以在几分钟内广泛传播。对各类事故的权威发声，比如行业主管部门的公开通报，以我国最近几年的事故通报来看通常会数小时内就发出，基本会通报事故类型和基本损失情况。今天的社会可以轻易知晓发生在世界各地的灾害事故。

在感知的时间维度上，媒介节奏与真实世界节奏不一致。信息在互联网传播有一定过程，社交媒体的传播逻辑决定了具有强烈视觉冲击和情感共鸣的内容更容易被传播，互联网有自己的传播选择。例如2024年台风“普拉桑”在上海过境期间，9月20日早高峰时上海游泳馆站外出现积水，照片视频迅速流传，上午10点积水已经排干②，但关于游泳馆的积水照片和视频仍在流传。笔者从百度指数观察，关于上海游泳馆站的热度一直到9月23日才回归到平时水平。互联网的特性决定了负面事件的传播特性，虽然真实世界的积水已经排干，但“朋友圈”的积水还在继续，这必然对人们的风险感知产生影响。这种延时性和记忆性，也导致深度媒介化状态下很难避免污名化现象。

在感知效果上，数字媒介塑造了个体的新型感知方式，使人们全息化、多维度地感知风险。人人传播的媒介环境下，灾害事故当事人可以迅速以第一视角记录事故、传播事故，还有大量电子物联设备，比如行车记录仪、道路安全监控设施的记录模式，使得关于事故灾害的记录真正实现了全息化，在数量上信息素材也和过去由观察者到现场的记录不在一个级别。未来,随着人工智能的嵌入,各种虚拟信息的制造成本快速下降,风险不仅是发生的,更可以被轻易制造、传播,但人对这类人工智能制造的虚假信息的识别难度是巨大的,例如人工智能模仿的人声技术已经快速迭代,非专业技术已经很难识别。这些特征决定了人们的风险感知正在被媒介影响和塑造。

(二) 媒介影响风险偏好和风险应对

正如前文所述,深度媒介化社会改变了人的风险感知,从而也会对人的风险偏好产生深刻影响。特别是算法嵌入会导致人更容易陷入信息茧房,消除认知壁垒的难度增大。例如,一旦关注某一类型的灾害,算法就可能反复推荐这类信息,对人的心理安全感产生影响。在应对举措上,算法并不能精准识别最为科学、可靠的行动指导,甚至会阻碍科学信息传导到个体。人的行动模式更多地受其所在信息圈层的影响,这一点在灾害、事故应对中,可能会带来巨大损失。例如在台风、洪涝等灾害类型中,特别是极端灾害中,撤离到安全区域是最好的选择,但是,即便在专业部门反复警告的状态下,公众仍会根据自己的判断和风险偏好选择留下。例如飓风"海伦妮"自 2024 年 9 月 26 日登陆佛罗里达州以来,已在美国东南部多个州造成至少 230 人死亡。③其中没有及时撤离到安全区域是造成伤亡的重要原因。总体来看,在深度媒介化社会下,社会风险偏好受媒介影响更大,在缺乏科学引导的情况下,会进一步极化和分化。

(三) 媒介推动城市风险复合化

深度媒介化社会下,城市风险呈现出更为突出的复合化的特征。复合风险指的是由多种因素相互作用产生的风险(G. Pescaroli and David Alexander, 2018)。例如自然灾害对人类社会造成直接的物理破坏,如人员伤亡、财产损失和基础设施损毁。自然灾害对社会的影响并不仅限于物理层面,还包括心理和社会层面的影响,如对社会心理的干扰、社会行为的破坏,以及社会稳定性的威胁。自然灾害会通过媒介影响公众的心理和行为。有研究认为自然风险传导在社会风险扩大方面呈现蝴蝶效应,在社会风险感知方面呈现涟漪效应,在社会风险传导方面呈现多米诺效应(谢振华,2023)。可以说,由于媒介的介入,特别是深度媒介化环境下,每一次自然灾害都蕴含复合风险,人的应对行为受到各类媒介的影响,从而影响了应对效果。而各种生产事故灾难救援处置过程中,仍然不能忽略媒介这一因素,它能够深刻影响事故灾害的演化发展。

(四) 算法黑箱,强化城市风险不确定性

深度媒介化社会中,信息传播方式正在产生新的变革。一方面,算法嵌入了媒介的信息分配。随着人工智能和数据分析的进步,媒体可以更细致地洞察用户需求,实现内容的高度个性化和定制化从而影响人的应对,而人很难摆脱这种算法的影响,被算法剥夺了信息选择权。

另一方面,算法如今直接嵌入信息生产,随着生成式人工智能的发展,如 ChatGPT 正在成为一个数字主体,介入到对话交流中,影响人的行为。生成式人工智能从大数据中通过"算法黑箱"生成的行动建议,可能带来新的风险。特别是在事故、灾难冲击下,人类通过媒介和人工智能获得的信息、行动建议,可能均为未经专业核准的信息,更为重要的是人工智能价值观与人类价值观的对齐还是一个十分复杂的过程,还处于充满争论的阶段,但其中的不确定性是确定的。研究一般认为,大模型在与人类生活深度交融的过程中,其内在的道德价值观和潜在的价值倾向可能带来不可预测的风险(矣晓沅、谢幸,2023)。目前面对大模型的学习信息可能出现的风险,还没有很好的约束方式。虽然欧盟已经出台相关法律法规,我国也在 2024 年发布了《人工智能安全治理框架》,但在技术层面的大量未知问题,还是可能导致广泛使用各种信息技术的城市面临新的不确定风险。

五、深度媒介化社会城市风险治理机遇与路径拓展

当城市规模在一定范围内,各类事故主要集中在各类生产型单位,责任主体明确,管理路径相对清晰,当城市规模扩大,城市运行复杂,原有的层级式的、条块化的管理模式不能很好地应对城市量大面广的各类要素耦合中蕴含的风险。深度媒介化社会下,城市风险呈现新的特

征,但也带来了风险治理的新机遇。

(一) 深度媒介化拓展城市风险治理路径

数字技术推动了国家治理重心向基层下移,重塑了社会治理机制(程倩、林榕,2024)。媒介技术使不同主体的情景互动发生变革,传统的社会治理有了新的样态。媒介化治理由此被研究者纳入探讨的领域,研究中存在两个主题:一是将媒介视为治理活动的客体,二是将媒介视为治理的参与主体(罗昕,2022),特别是媒介逻辑在政治文化语境下的社会治理中可以发挥出重要作用,从而嵌入治理过程中。但是治理逻辑和媒介逻辑在当前的现实场景中依然有重大区别。应该说,各种公共议题的复杂性、专业性决定了治理过程的复杂性以及方法的专业性,但媒介逻辑也能够反映出不同群体的情感偏好。

笔者认为,在风险、灾害事故情景中,情感诉求、利益诉求集中,公众感知、公众行为对风险演化、传导会产生深刻影响,将媒介逻辑嵌入治理逻辑,是深度媒介化社会的要求,也是风险治理的主动选择。当然,媒介技术的嵌入,可能会在突发事件应对中消耗更多的治理成本。但不可否认的是,尤其在城市这一复杂巨系统的风险治理中,媒介技术可以因其广泛的连接性、高效性、交互性、全息化特征深度嵌入治理过程中,可以更好地连接微粒社会中的主体,可以通过技术赋能,更有效地发挥出微粒社会的韧性安全总体能力;在认知层面引导公众风险感知;在行动层面通过新的组织方式协同应急资源,提高城市韧性安全能力;尤其在基层韧性安全能力中发挥新的主体性作用,从而构建更有韧性的社区。

(二) 认知层面依法塑造良好媒介环境引导理性应对风险挑战

风险应对以及突发事件发生后,深度媒介化社会中复杂的舆论环境,会影响突发事件处置。因此越是在深度媒介环境下,越是要关注突发事件后的舆论引导,让专业、权威的声音占据传播渠道,实现更理性的应对。在法律层面要建立健全信息发布制度,确保信息源头信息发布准确、充分、规范。

在《中华人民共和国突发事件应对法》修订之前,我国对政府部门信息公开和公布已有相关法律法规的规定，但总体来看还较为概括、分散。其中《中华人民共和国政府信息公开条例》④(2019 年修订)是规范政府信息公开的主要法规，规定了政府信息公开的义务、监督和保障、法律责任以及相关程序。修订前的《突发事件应对法》已经明确“有关人民政府及其部门作出的应对突发事件的决定、命令，应当及时公布”。配合其他防灾减灾、应急救援、安全生产领域的法律法规，可以较好保障突发事件中的信息公开和发布。例如《中华人民共和国传染病防治法》《防震减灾法》《大气污染防治法》等，也包含了特定情况下政府信息公开的要求。

2024 年《中华人民共和国突发事件应对法》完成修订，此次修订对信息发布制度、信息发布渠道，甚至受众接受信息的场景都做了详细规定，是该法修订中的重大变化。修订后该法明确建立健全信息发布制度，这意味着各级政府从制度层面规范信息发布，要制定具体制度，在操作中将信息发布与应急预案进行协同。针对发布的内容，“应当及时向社会公布突发事件相关信息和有关突发事件应对的决定、命令、措施等信息”，新增了“措施等”。这一新增内容充分考虑了突发事件状态下，社会最为关注的信息，这也是容易产生谣言的议题。此次修订还强调政府部门要对“影响或者可能影响社会稳定、扰乱社会和经济管理秩序的，虚假或者不完整信息”及时澄清。这些细化内容为突发事件中政府部门信息发布内容(议题)建立了基本框架。从源头上规范了公开信息的规范和准确。此次修订新增“国家建立健全突发事件新闻采访报道制度。有关人民政府和部门应当做好新闻媒体服务引导工作，支持新闻媒体开展采访报道和舆论监督”。从法律层面明确了突发事件新闻采访报道制度的建立健全，确保各类信息可以快捷传递到社会公众，并明确要求新闻媒体要发挥预警科普类信息的传播。界定了各类新闻媒体在突发事件新闻传播中的作用。此次修订还强调预警信息发布渠道的通畅，应急广播、各类媒体渠道以及各类社交媒体平台都将参与，建立快速发布通道，最大限度实现社会动员，以便在接收到预警后及时避险。此次修订规定“公共场所和其他人员密集场所，应当指定专门人员负责突发事件预警信息接收和传播工作，做好相关设备、设施维护，确保突发事件预警信息及时、准确接收和传播”，这一内容的增加是从避险角度出发,也是从受众角度出发,落实信息传播效果,可以间接减少负面舆情事件产生的可能性。

(三) 行动层面深度媒介化促进多元协同共治

公共管理系统主要以常态管理为基础构建,其组织结构、资源配置和决策流程都是为了应对日常事务而优化。在非常态下,公共管理系统会面临灵活性和协同性不足的问题。其背后的主要原因是由于常态下的系统和流程,转变为应急响应模式难免会有延迟,缺乏必要的快速反应能力。特别是周期较长的灾害事故具有高度不确定性和社会影响广泛性,应急处置还需要不断随着情况的变化而调整,从而对治理灵活性提出了更高的要求。

一是深度媒介化可以促进形成新的风险发现机制,确保信息的共同知晓。深度媒介化条件下,信息化风险监测预警成为可能,并已经广泛运用。这类平台可以集成多种技术手段和数据分析方法的系统,对潜在风险进行实时监测、评估和预警。随着媒介技术的发展,更多的数据可以被运用到风险发现中来。例如社交媒体数据也含有丰富的灾害信息,能够依靠态势感知和信息共享支持灾害预警、实时监测、损失和救助需求评估、协助快速应急响应,以及预测可能的灾害风险等灾害管理工作(邬柯杰、吴吉东、叶梦琪,2020)。当然庞杂的数据也意味着信息的噪声,此外信息壁垒、信息延迟等各种现象限制了监测预警的精准性,但是风险发现路径得到了拓展,风险发现能力得到提升。未来,随着人工智能技术的不断进步,特别是深度学习、大语言模型和知识图谱的应用,风险监测预警平台能力还可能进一步提升。当风险被发现,可以迅速实现不同主体的共同知晓,为更好地协同行动、共同参与治理奠定基础。

二是深度媒介化可以更好地协同不同层级主体的行动。在深度媒介化状态下,多元信息可以有效整合,例如城市综合信息平台可以整合多元信息,通过信息化平台的数据共享、部门协同和智慧化建设,提高城市运行管理的科学化、精细化和智能化水平。例如在 2024 年台风"贝碧嘉"应对中,上海城市运行综合信息平台通过多元信息感知、收集,快速发现树木倒伏、局地积水、居民断电等突发险情后,就快速就近调动力量进行处置,实施救援,效果显著。

三是深度媒介化可以提高协同效率，实现资源储备动态冗余。冗余是实现防御急性冲击的最基础性措施，但冗余意味着巨大的投入，有效协同和适度冗余的结合往往更具适用性。随着信息技术的发展、协同能力的提升、物流能力的提升，通过效率的提升从而实现成本降低的可行性日趋强化。对于一个高效协同的系统而言，分布式布局是一种非常经济的“动态冗余”。例如随着信息技术的发展，智慧停车就是将分散的冗余资源灵活调动，通过一种动态冗余的方式，满足市民对基本服务的需求。党的二十大报告提出“加强国家区域应急力量建设”，直指区域高效协同，通过区域协同实现各类资源合理的分布式储备，一地突发事件，一地资源不足，但只要可以快速协调，就是具有一定的冗余性，是一种典型的“动态冗余”(孙建平，2023)。

四是深度媒介化可以赋能基层，赋能个体，提高基层社区参与城市风险治理的可能性。首先，可以提高个体参与的积极性。传统治理：信息传播通常是单向的，从管理者到居民。深度媒介化状态下，信息传播是多向的，鼓励个体参与和反馈，形成互动和对话。传统治理模式下，个体和基层组织在治理过程中的角色可能较为被动。深度媒介化状态下，参与者更容易被视为积极的合作伙伴，他们的参与和贡献被重视。其次，提高了基层参与风险治理的可能性。通过互联网、大数据、区块链等新一代信息技术的应用，可以实现社区治理的去中心化和居民自治的赋权和赋能。在协同治理中，基层参与的堵点是专业能力的不足。在深度媒介化的状态下，基层可以实现广泛的信息连接，云端的“大脑”可以赋能基层。未来，随着大数据、人工智能等技术的发展，针对个人的个性化服务和体验的提供会更加有效，参与治理的可能性将进一步提升。应该看到，在城市发展过程中，会广泛存在高流动性和基层低组织化的现象(牛耀红，2024)，这是基层治理的挑战，但深度媒介化是形成新型组织化的有效手段。虽然媒介化塑造的圈层在日常状态下较为隐蔽且多变，但在遭遇灾难、事故等极端冲击中，这类社会单元可能成为促进社会运行机制恢复的力量。最后，提高了公众行动的一致性和实效性。非常态下，层级化的管理模式常常不能依据现场实际情况做出精准判断，也很难实现超大规模个体行动的一致性。媒介技术可以实现公众行动广泛的一致性。例如 2024 年“贝碧嘉”台风期间，避险信息通过多种媒介手段,广泛触达受众,引导受众,最大限度减少了人员户外活动,在台风正面登陆的情况下,上海境内无人员死亡。当然,深度媒介化为协作灵活性提供了可能,也创造了条件让个体可以更好地根据实际情况做出判断,特别是今天的媒介将信息发布和信息服务等多种功能融合,未来,随着人工智能发展,人工智能模型可以在灾害情况下为个体充当"随身安全专家",便于个体根据当下情况做出更优行动选择创造了条件。

六、结 语

韧性理论认为,系统要素的多样性可以降低脆弱性。城市功能、城市空间设计等都会影响其韧性安全能力,能够减缓灾害、发现风险,在城市面临动态冲击和慢性压力时,以快速反应、动态适应的方式承载风险挑战,并实现快速有效恢复就体现了一个城市的韧性安全能力,而这种能力离不开社会的广泛参与。2023 年,习近平总书记考察上海时要求:"全面推进韧性安全城市建设,努力走出一条中国特色超大城市治理现代化的新路。"深度媒介化环境下,人人都参与到风险治理中已经成为可能,未来还要进一步完善制度,防范媒介治理中的新风险,提高媒介治理的有效性,建设更韧性更安全的城市。

注释

① 《我国网民规模达 10.92 亿人》,新华社,2024 年 3 月 22 日,https://www.gov.cn/yaowen/liebiao/202403/content_6940952.htm。

② 《一场暴雨过后,上海游泳馆地铁站水漫金山?最新来了》,上观新闻,2024 年 9 月 20 日,https://export.shobserver.com/baijiahao/html/798624.html。

③ 《"海伦妮"已致超 200 人死亡,成为美国史上第二大致命飓风》,澎湃新闻,2024 年 10 月 4 日。

④ 中国政府网站,中华人民共和国国务院令第 711 号(2019 年 4 月 3 日),https://www.gov.cn/gongbao/content/2019/content_5386612.htm。

参考文献

程倩、林榕:《数字社会治理中情感计算的风险及其规避》,《求实》2024 年第 5 期。

丁晓蔚、李明:《基于大数据 AI 的重大突发事件媒介化治理——一项系统性的应用研究》,《编辑之友》2022 年第 12 期。

方情:《现代社交网站初探》,《新闻世界》2010 年第 5 期。

冯雁:《文化产业语境下"媒介"的定义与嬗变》,《新闻前哨》2021 年第 10 期。

顾烨烨、莫少群:《媒介化研究:理论溯源与研究路径》,《全球传媒学刊》2022 年第 2 期。

何道宽:《媒介即文化——麦克卢汉媒介理论批评》,《现代传播—北京广播学院学报》2000 年。

蒋晓丽、胡登全:《风险社会与媒介表征》,《四川大学学报(哲学社会科学版)》2010 年第 2 期。

康雅琼、高腾飞:《数字交往的发展阶段、隐忧及其未来实践》,《青年记者》2023 年第 4 期。

刘明洋、吕晓峰:《媒介化社会视角下的新媒介伦理建构》,《山东社会科学》2017 年第 8 期。

刘永芳、毕玉芳、王怀勇:《情绪和任务框架对自我和预期他人决策时风险偏好的影响》,《心理学报》2010 年第 7 期。

陆静怡、王越:《心理不安全状态下决策者的风险偏好》,《心理科学进展》2016 年第 5 期。

罗昕:《媒介化治理:在媒介逻辑与治理逻辑之间》,《湖南师范大学社会科学学报》2022 年第 5 期。

[加]马歇尔·麦克卢汉:《理解媒介》,译林出版社 2019 年版。

孟伟:《理解新媒体》,中国广播影视出版社 2018 年版。

牛耀红:《媒介化团结:流动社会中的社区再造——基于地域性网络社区形成的过程性研究》,《新闻大学》2024 年第 2 期。

彭兰:《万物皆媒:新一轮技术驱动的泛媒化趋势》,《编辑之友》2016 年第 3 期。

苏宏元、方园:《微粒社会下新型网络社群关系的形成与维系》,《当代传播》2021 年第 4 期。

孙建平:《机制之变》,《中国应急管理》2023 年第 4 期。

王敏芝、王军峰:《从"交往在云端"到"生活在元宇宙":深度媒介化时代的社会交往生态重构》,《传媒观察》2022 年第 7 期。

邬柯杰、吴吉东、叶梦琪:《社交媒体数据在自然灾害应急管理中的应用研究综述》,《地理科学进展》2020 年第 8 期。

吴璟薇、曾国华、吴余劲:《人类、技术与媒介主体性——麦克卢汉、基特勒与克莱默尔媒介理论评析》,《全球传媒学刊》2019 年第 15 期。

谢振华:《自然灾害社会风险演变分析:驱动因素、阶段特征与内在规律》,《湘潭大学学报(哲学社会科学版)》2023 年第 3 期。

薛晓源、刘国良:《全球风险世界:现在与未来——德国著名社会学家、风险社会理论创始人乌尔里希・贝克教授访谈录》,《马克思主义与现实》2005 年第 1 期。

矣晓沅、谢幸:《大模型道德价值观对齐问题剖析》,《计算机研究与发展》2023 年第 9 期。

喻国明、耿晓梦:《"深度媒介化":媒介业的生态格局、价值重心与核心资源》,《新闻与传播研究》2021 年第 12 期。

喻国明、韩晓宁、杨嘉仪:《算法时代社会深度媒介化的成因及其研究重点》,《新闻与写作》2022 年第 5 期。

G. Pescaroli, David Alexander, 2018, Understanding Compound, Interconnected, Interacting, and Cascading Risks: A Holistic Framework, *Risk Analysis*.

Rolison, Jonathan J.: 2023, "The psychological drivers of self-reported risk preference", *Journal of Experimental Psychology: Learning, Memory, and Cognition*.

Xi Zou, Abigail A. Scholer et al.: 2020, "Risk preference: How decision *maker's goal, current value state, and choice set work together*", *Psychological Review*.

政府主导下的大都市垃圾处理模式及其变迁：日本的经验与启示*

李泳承　梁　波**

［摘　要］“二战”后，日本所面临的垃圾管理问题日益严峻。作为发达经济体，日本在资源和土地高度限制的条件下，成功实现了从传统应急式垃圾处理向循环型社会的转型。本文以日本为研究对象，聚焦其在大都市垃圾处理中的科技创新应用，系统梳理并深入分析其战后垃圾管理的经验与演变过程。通过研究日本从传统垃圾处理模式向循环型社会转型的历程，揭示了推动其垃圾管理模式变迁的主要因素及内在机制，旨在为我国垃圾治理及生态文明现代化建设提供宝贵的借鉴与参考。

［关键词］垃圾管理模式　日本经验　政府主导　科技创新　社会参与

* 本研究是江西省高校人文社会科学重点研究基地项目“生态社会学视野下的江西县域产业治理研究”(JD22028)成果之一。

** 李泳承，江西财经大学社会与人文学院硕士研究生；梁波，江西财经大学社会与人文学院、江西财经大学县域调查与经济社会学研究中心教授、博士生导师。

一、引 言

在全球环境保护和可持续发展成为共识的大背景下，垃圾管理作为环境治理的核心问题之一，逐渐受到国际社会的高度重视，并成为跨国合作和政策探讨的重要议题。垃圾管理不仅涉及如何有效处理和减少废弃物，更关乎资源的循环利用和生态环境的可持续发展。以日本为代表的一些发达经济体，通过技术创新、政策制定以及公众教育等多种手段，推动更环保、更高效的废弃物管理模式。特别是在大都市垃圾管理中，技术创新如垃圾分类自动化、高温焚烧发电及资源化利用技术，显著提升了垃圾分类的精确度和资源回收率，为实现可持续发展目标提供了重要支持。各国政府、非政府组织和科研机构都在积极推动垃圾管理的创新实践，通过技术创新、政策制定以及公众教育等多种手段，推动更环保、更高效的废弃物管理模式。与此同时，垃圾管理也引发了社会、经济与环境之间的深刻变革，越来越多的企业和社会团体开始意识到，科学、合理的垃圾管理不仅能有效减少环境污染，还能带来显著的经济效益。跨国合作在这一过程中扮演着重要角色，各国通过分享成功经验、制定全球性标准和推动国际协议，为实现可持续的未来奠定了基础。对这一议题的广泛关注和深入研究表明，垃圾管理已不再是一个单纯的环境问题，而是关乎人类福祉和地球生态的全球性挑战。

日本作为全球高度发达的经济体之一，长期以来在垃圾管理和资源循环利用领域面临着严峻挑战，也承担着特殊的责任。经过数十年的不断探索与改进，日本从初期的传统应急式处理逐步转向以资源高效利用和污染防治为核心的“循环型社会”，构建了一个高效而完善的垃圾管理体系。这个体系不仅依赖严格的法律法规和健全的政策框架，还深入渗透到民众的日常生活之中，通过系统化的教育和政府引导，促使全社会形成自觉参与垃圾分类和资源回收的行为习惯，从而形成了深厚的环保文化氛围。在日本，垃圾分类已成为日常生活中不可或缺的一部分，从家庭到社区乃至公司，垃圾处理的细致分工和分类要求不仅提高了资源回收率，还有效减少了焚烧和填埋所带来的环境污染。日本的垃圾管理政策包括一系列环环相扣的机制，例如“生产者责任延伸”制度要求企业对其产品的全生命周期负责，包括回收和处理废弃物，鼓励企业在设计和制造阶段就考虑环保因素。与此同时，日本还在全国范围内推广“垃圾零废弃”社区，通过鼓励社区自治和公众参与，让每个人都能为资源的循环利用贡献力量。这种系统性与全方位的垃圾管理策略，不仅提高了资源利用效率，还降低了碳排放和污染，保护了生态环境。

以往关于日本垃圾管理的研究主要聚焦于技术发展、政策演变和具体实践的成效分析，展现了日本垃圾管理模式的独特发展路径。研究表明，日本从战后应对环境污染危机的“末端治理”阶段，到以污染控制为核心的焚烧技术普及，再到当代强调资源循环与可持续发展的模式转型，其垃圾管理体系随着经济和社会发展逐步完善（Hara and Yabar, 2012）。例如，Sakai（1996）指出，焚烧技术在减少垃圾体积和缓解填埋压力方面发挥了关键作用，同时伴随着污染控制法规的制定，使垃圾处理更加环保。而 Tanaka（1999）则强调，通过引入《包装废弃物回收法》等法律，日本有效提升了废弃物回收率和资源利用效率。此外，Liu 等（2016）的研究分析了食品垃圾管理的挑战，提出了加强分类和公众教育的重要性。政策层面，Fujikura（2011）和 Fujioka（2019）的研究揭示了法规强化和生产者责任制对减少工业废弃物非法倾倒的显著效果。尽管这些研究为理解日本垃圾管理的技术成就和政策实践提供了宝贵的经验，但在变迁动力机制的多维度分析方面存在不足。一方面，现有研究在政策与技术层面的探讨较为充分，但对社会文化因素和公众参与在垃圾管理中的作用关注较少；另一方面，关于地方政策在不同社区的多样性及其具体影响的分析尚显不足，这些方面为未来研究提供了广阔的探索空间。此外，尽管日本在国际环境协议的框架下做出了积极贡献，但其垃圾管理模式对其他国家的可复制性研究较少。基于此背景，“日本垃圾管理模式发展脉络及其变迁动力”的研究具有重要意义。它不仅可以系统梳理这一领域的历史演变，还能通过多维度的动力机制分析揭示模式转型的内在逻辑，为全球垃圾管理提供借鉴。

日本垃圾管理的成功经验为我国构建和完善垃圾管理体系以及推动环境保护带来了有益启示。因此，本文试图以日本为例，系统而深入地梳理和分析“二战”后日本在垃圾管理方面的经验和演变历程。通过研究日本从传统垃圾处理模式向循环型社会的转型过程,揭示推动其垃圾管理模式变迁的主要因素和内在机制。本文重点探讨了日本在政策法规、技术创新、社会文化,以及公众参与等方面的多重举措,分析其如何通过政策驱动、法律约束、技术支撑和社会共识构建了高效且可持续的垃圾管理体系。借鉴日本在垃圾分类、回收体系建设和资源循环利用方面的先进经验,有助于为我国在推动垃圾管理制度改革、提升资源利用效率和促进环境保护意识方面提供参考。同时,本文旨在提出适合我国国情的垃圾管理路径,帮助我国在生态文明建设的进程中,逐步实现“无废城市”和“循环经济”的目标,从而更好地应对日益严峻的环境挑战和资源压力,走向绿色可持续的未来。

二、日本垃圾管理的历史背景

日本垃圾管理体系的形成和发展经历了数十年的演变,背后有着复杂的历史背景和多变的社会环境。由于日本国土面积有限,资源相对匮乏,再加上战后经济的迅猛发展,废弃物管理问题在 20 世纪中期便成为一个极为紧迫的社会议题。

(一) 经济高速发展带来的垃圾管理需求

第二次世界大战后,日本迅速进入经济复苏和高速增长期。20 世纪 50 年代到 70 年代,日本的工业生产和城市化进程加速,居民消费水平逐渐提高。随着生产和消费的增长,废弃物产生量急剧增加。尤其是在东京、大阪、横滨等大都市,随着人口密集度的增加和生活水平的提高,垃圾处理面临着前所未有的挑战,传统的垃圾填埋和简单焚烧处理模式已难以承受大量废弃物的处理需求,这也促使日本率先在这些地区推广垃圾分类技术与资源回收体系,成为日本垃圾处理技术创新和政策改革的试验田(如图 1 所示)。尤其是在东京、大阪、横滨等大城市,垃圾产生量不断上升,传统的垃圾填埋和简单焚烧处理模式已难以承受大量废弃物的处理需求。在这种情况下,城市垃圾管理问题逐步显现并成为社会关注的焦点。

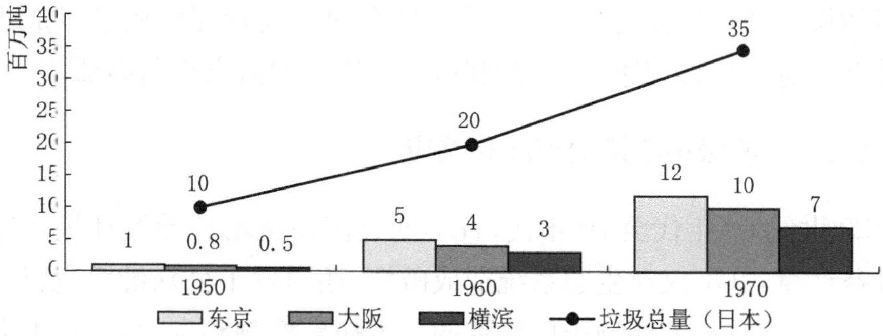

图1 日本主要城市垃圾产生数量(1950—1970年)

资料来源:Estimated based on Japan Ministry of the Environment, Tokyo/Osaka/Yokohama Local Statistics 1950—1970.

经济快速发展带来了生活方式的改变,产生了大量难以自然降解的塑料制品和其他不可降解的工业垃圾,使得日本传统的垃圾处理方式难以应对。尤其是随着电子产品、一次性塑料制品和包装的普及,传统填埋场迅速饱和,垃圾管理危机逐渐加剧。20世纪60年代,日本出现了一些因垃圾填埋和不当焚烧导致的环境和健康危机。这一时期,日本部分地区垃圾填埋场和不当焚烧产生的有毒气体对空气、土壤和水源造成了严重污染。尤其是在城市周边,露天焚烧垃圾产生的有害气体严重威胁居民健康,甚至引发了多起因有毒气体中毒而致病的事件。由于化工厂排放大量二氧化硫等污染物,四日市居民的哮喘、支气管炎等呼吸系统疾病大幅增加,形成了所谓"公害病"。为应对严重的环境危机,四日市设立了专门的公害研究机构,该机构1965年发布的统计数据显示,该市呼吸道疾病患者数量呈倍数增长,其中儿童和老年人受害最严重。该地区的严重健康问题最终被称为"四日市哮喘",并成为日本环境污染的典型案例。1969年发布的《公害白皮书》是日本历史上首次全面记录全国性环境污染的报告,记录了城市垃圾填埋和焚烧对空气、水源和土壤的污染情况,并指出了二噁英等持久性有机污染物的高危性。此外,垃圾填埋场渗漏污染地下水的问题也逐步暴露,填埋场周围居民的健康状况受到极大影响。这些环境污染问题引发了广泛的社会关注,也让政府意识到垃圾管理必须进行系统性的变革。在公众健康受到威胁的情况下,政府逐渐加大了对垃圾处理的关注力度,并开始考虑从立法和政策层面规范废弃物处理,以应对日益严峻的环境污染问题。到20世纪70年代,日本的垃圾管理危机已经成为影响社会安定和公共健康的关键问题,垃圾管理的需求空前高涨。

(二)环境保护政策的兴起和响应

20世纪60年代至70年代,日本的经济高速增长导致环境污染问题日益严重,这不仅对生态系统造成破坏,还引发了公众健康危机。因工业废水、废气和废弃物排放导致的公害病事件频频发生,例如著名的水俣病和痛痛病,震撼了全社会,引发了民众对环境问题的广泛关注。这些事件成为日本现代环境保护运动的催化剂,促使公众和政府开始重视环境保护,并采取一系列政策响应以缓解日益严重的污染问题。随着《斯德哥尔摩环境宣言》等国际环境保护法规的出台,全球环保思潮开始影响日本社会和政府决策,环境保护逐渐成为社会的热点议题。

在民众强烈的要求和国际环境保护潮流的推动下,日本政府意识到环境污染和资源管理问题的严重性,并开始迅速采取行动以改善环境。1970年,日本政府成立了环境厅(Environmental Agency,现已升级为环境省),以应对日益严重的环境问题和废弃物管理需求。1970年被称为"环境元年",日本政府在这一年集中出台了包括《公害对策基本法》《废弃物处理法》等14部环境相关法律,构建了最初的环境管理框架。其中,《废弃物处理法》(Waste Management Law)是日本垃圾管理领域的一项开创性立法,标志着日本垃圾管理体系的法制化。《废弃物处理法》明确了垃圾处理的责任归属,规定了垃圾分类、回收、运输和处理的具体标准,尤其是对工业废弃物的处理提出了严格要求。在《废弃物处理法》出台的推动下,日本逐步完善垃圾管理政策体系,后续又颁布了《容器包装回收法》《家电回收法》和《食品回收法》等法律法规,使得垃圾管理在各个领域都有了详细的指导和规范。随着经济增长带来废弃物数量的增加,日本开始推动垃圾分类和资源回收。1976年,日本出台了《资源节约促进法》,提倡资源节约和再利用,推动了以"3R"(减少、再利用、再循环)为核心的循环经济理念。这一法案通过推动减少资源消耗,鼓励资源循环利用,减轻了废弃物对环境的负担,为日后细致的垃圾分类奠定了制度基础。此外,日本在20世纪90年代开始实施“产品责任延伸制度”（Extended Producer Responsibility），要求企业对其产品的生命周期承担更大责任，包括废弃物回收和资源再利用的责任。这一政策有效推动了生产者对环保的重视，也提升了生产过程中的资源节约和回收利用水平。

在环境运动和政策初步响应的基础上，日本在随后的几十年中不断完善环保法规和政策：1991年《容器包装回收法》规定了各类包装废弃物的分类和回收标准，使得资源回收进一步细化；2001年《家电回收法》规定了废旧家电的回收和再利用措施，减轻了电子垃圾对环境的影响；《食品回收法》针对食品浪费问题，推动食品产业减少浪费并促进资源回收。这些政策的出台和实施，使日本垃圾管理的各个环节更加系统化和细致化，确保了垃圾从产生、分类到回收再利用的全流程管理。

三、日本垃圾管理体系的形成及适应性变迁

日本的垃圾管理模式在全球范围内具有相当的影响力。其发展历程经历了多个关键阶段，从最初的传统应急式处理，逐步迈向了制度化和系统化的管理模式，再到现代化技术的引入，最终实现了社会各界广泛参与的全面循环型治理。通过不断深化政策法规，完善垃圾分类、回收和处理的标准，以及推广循环经济理念，日本逐步形成了高效且可持续的垃圾管理体系。这一体系不仅有效应对了日益复杂的环境问题，还在技术创新、资源回收和公众参与等方面达到了高度融合的状态，成为全球环保领域的典范，影响着其他国家的废弃物管理政策和实践。

（一）非制度化时期：传统的粗放式垃圾处理（1945—1960年）

在“二战”结束后的战后恢复期，日本的经济和社会秩序逐步恢复，但同时面临巨大的废弃物处理压力。由于战后重建任务繁重，城市化进程加速，城市垃圾处理方式仍停留在较为传统的水平，主要依靠填埋和露天焚烧来处理废弃物。这一阶段的垃圾处理模式缺乏系统化和科学化手段，随之带来了环境卫生问题和健康风险。在战后重建过程中，大量建筑垃圾、生活垃圾和工业废弃物堆积如山，给垃圾处理带来了巨大挑战。城市和工业发展的加速，使得废弃物的种类和数量持续增加。

同时,由于日本国土面积狭小,土地资源本就稀缺,城市填埋场空间不足的问题在这一时期逐步显现。日本政府和社会的关注点主要集中在经济复苏和工业发展上,公共卫生意识和环境保护意识相对薄弱。垃圾管理没有受到社会的普遍关注,政府缺乏相应的垃圾处理政策,导致许多垃圾被简单处理,甚至被直接排入河流、海洋等自然环境中。这种随意倾倒和简单填埋的处理方式虽然可以快速处理垃圾,但很快导致环境卫生恶化。

在这一阶段,日本的垃圾处理主要依赖填埋和露天焚烧两种方式,缺乏科学规范的管理和污染防治手段。填埋是战后日本主要的垃圾处理方式之一。由于土地资源有限,填埋场往往设立在城市周边或偏远地区,许多垃圾被直接填埋于土壤中,缺乏规范的防渗漏措施。尤其是工业废弃物的填埋带来了严重的环境风险,重金属和有害化学物质逐渐渗入土壤和地下水,对周边环境造成污染。此外,填埋场的恶臭和滋生的病媒昆虫也影响了周围居民的生活质量。

露天焚烧是战后日本另一种主要的垃圾处理方式,尤其是在填埋场空间不足的情况下被广泛采用。然而,露天焚烧不仅会产生难闻的气味,还会释放出大量有害气体。特别是塑料和化学制品的焚烧会产生有毒气体,危害人体健康。焚烧技术和污染防控措施的不足,导致空气污染问题逐渐加剧,尤其在城市人口密集的地区,居民受到的健康威胁更加明显。

在战后经济重建时期,日本采取的是应急性、低成本、低效率的垃圾处理模式,重在快速清理,而非长远环保目标。填埋和露天焚烧的垃圾处理方式虽然操作简单,但缺乏系统性规划,处理方式十分粗放。由于缺乏国家层面的指导,垃圾管理基本由地方政府临时安排,任务主要是缓解城市垃圾堆积对公共卫生造成的压力,而非形成长远的环境治理体系。在此背景下,垃圾处理的技术设施极为匮乏,处理手段相对原始,缺乏对废弃物的分类和资源循环利用的意识。战后经济形势严峻,政府资源捉襟见肘,使得垃圾处理被迫以低成本为核心,忽视了环保效果。与此同时,整个社会的环保意识尚未觉醒,居民对垃圾分类的概念模糊,环保组织和社会监督机制也不完善,使得垃圾处理模式难以有效升级。与后来的制度建立时期相比,这一时期的垃圾管理体系还未成形，缺乏全国统一的法律、政策和操作标准，垃圾处理职责主要由地方政府承担，管理框架零散且不规范，流程不一，导致整体管理效率低下，处理效果难以保障。由于缺乏专门的立法支持和环保机构的有效监督，垃圾污染问题得不到有效控制，也埋下了日后环境问题爆发的隐患。

该时期日本垃圾处理模式的本质是以低成本、低技术的方式被动应对废弃物问题，缺乏环保意识和制度化体系。学者高木正弘(Masahiro Takagi)提出，由于日本政府在这一阶段资源有限，垃圾处理的重点是尽量节省成本，处理模式重在应急，环保政策的缺位进一步导致垃圾问题恶化。正如桥本一郎(Ichiro Hashimoto)所言，“这一时期的垃圾处理是一种权宜之计，缺乏系统性的规划，其背后是国家层面对环境保护的忽视”(Hashimoto, 2011)。这一阶段的垃圾管理模式为后续的环境污染危机埋下了隐患，逐渐显现的问题也促使日本在20世纪60年代后开始进行系统化的垃圾管理改革。

(二) 制度建立时期：环境污染危机与政策响应(1960—1980年)

20世纪60—80年代，日本进入经济高速增长期，工业化和城市化进程迅速推进，带来了前所未有的废弃物激增和环境污染问题。在这一时期，日本的垃圾管理逐步从传统、应急式处理转向有计划、系统化地管理，建立了初步的垃圾管理法规体系和政策框架，以应对日益严峻的环境污染危机。这一阶段的制度建立既是对第一阶段传统垃圾处理方式的反思，也为未来更加全面的垃圾管理体系奠定了基础。

随着经济快速发展，日本成为世界第三大经济体，但其粗放型的工业发展模式带来了严重的环境问题。大量工业废弃物的产生、城市生活垃圾的激增，使得传统的填埋和焚烧方式已无法满足需求，污染问题愈加突出。高度集中的城市人口带来生活垃圾量急剧上升，垃圾无序堆积、随意焚烧加剧了空气污染和卫生问题，垃圾处理的压力进一步增加。工业废弃物的排放污染了水源、空气和土壤，引发了公众健康危机。其中，水俣病是最具代表性的公害事件。1956年，水俣病首次被确认，当地化工厂排放的有毒废水污染了水源，导致鱼类和贝类受到污染，食用这些海鲜的居民遭受了严重的健康危害。患者表现出身体抽搐、行动失调,甚至丧失意识。水俣病事件引起了全日本对污染和废弃物排放的高度关注,成为推动垃圾管理改革的标志性事件,不仅揭示了工业污染对生态的破坏,更让社会广泛认识到垃圾和污染管理的重要性。20世纪60年代,在三重县四日市,由于石油化学工厂的废气排放,空气中的二氧化硫浓度急剧上升,导致当地居民患上了严重的呼吸道疾病,称为"四日市哮喘"。这次事件显示了空气污染对居民健康的直接危害,特别是垃圾焚烧过程产生的大气污染物问题,引发了公众对空气质量的关注。1965年,类似水俣病的甲基汞污染事件在新潟县发生,这次污染事件同样造成了严重的健康问题。新潟水俣病进一步提醒公众,工业废弃物处理不当将带来长期性和不可逆转的健康危害,加剧了社会对垃圾管理的担忧。

随着严重的环境污染问题引发的健康公害和生态危机,政府意识到需要从根本上改革垃圾管理方式。为应对一系列公害事件,日本在1967年制定了《公害对策基本法》,这是日本首部系统化的环保法律,确立了污染防治的基本原则,明确了政府和企业的环保责任。例如,该法律条款第1条指出,法律的核心目标是通过有效措施防止"空气污染、水质污染、噪声、振动等公害",以保障国民健康和生活环境的安全①;第五条规定国家、地方政府及相关企业负有共同责任,要求各方在经济发展的同时采取积极的公害防治措施②;第13条强调了排放控制,要求企业根据国家设定的污染物排放标准对废气、废水等污染物的排放进行严格管理,从源头上减少公害③。该法律将治理责任分配到具体主体,要求企业采取合规措施,并将监督与管理职能明确划归政府部门,标志着日本进入系统化环境治理的新阶段,也为垃圾管理的法制化奠定了基础。在具体垃圾管理流程方面,1970年出台的《废弃物处理法》进一步规范了废弃物的分类、收集、运输和处理方式。该法律第三条规定了地方政府在废弃物处理中的职责,要求地方政府建立并执行废弃物处理规划,确保废弃物的妥善管理和环境卫生的维护④;第6条明确要求产生工业废弃物的企业承担主要的处理责任,企业必须对其废弃物的适当处理负责,并有义务防止因废弃物不当处理引发的环境污染⑤。《废弃物处理法》不仅规范了废弃物管理流程,也明确了各方的责任,特别是地方政府和企业的分工,体现了废弃物处理的责任体系化和流程标准化，从而推动日本废弃物管理逐步迈向科学化和制度化。在应对大气和水体污染方面，政府相继修订了《大气污染防治法》（1968 年）和《水质污染防治法》（1970 年），规范工业废气、废水的排放标准，加强对工厂排污的监控和处罚，有效减少了工业废弃物排放对空气和水源的污染。

为应对环境危机，日本政府不仅强化了法律体系建设，还着力推进组织管理机制的优化和制度体系的创新，以实现更高效的环境治理效果。1971 年，日本成立了环境厅（现为环境省），统一管理和协调环境保护相关事务。环境厅负责制定环境政策、监督实施、开展污染监测，为环保政策提供科学依据。这一机构的设立有助于加强对全国范围内污染和垃圾处理的监督与管理。在地方层面，政府建立了地方性环境保护机构，负责监督和管理地方垃圾处理设施，实施废弃物管理和污染防治政策。地方政府的参与使垃圾管理政策更具针对性和实效性。在法律框架下，日本确立了“污染者负担原则”，即污染制造者应承担污染防治和修复的费用。这一原则鼓励企业在生产过程中减少污染物排放，同时对废弃物管理负起责任，成为企业治理污染的重要动力。政府要求企业对自身生产的工业废弃物进行处理，并加强废弃物管理和污染控制。污染者负担原则促使企业通过引进环保技术、改进生产工艺来减少污染源，降低废弃物对环境的影响。

日本政府在环境危机应对中发挥了关键的推动作用。日本政府不仅在政策法律和组织制度上进行改革，还全面推动环保意识的提升，重视公众环保观念的宣传与教育。通过这些法律法规的完善、治理机制的创新，以及全民环保意识的提升，日本实现了更高效的垃圾管理，为未来环境治理奠定了基础框架，政府在其中的主导作用至关重要。

（三）现代化推进时期：政策稳定性与技术创新性（1980—2000 年）

制度建立时期，日本垃圾管理构建起了基本的政策框架，初步确立了法律法规、治理机制和公众意识的基石，使垃圾处理有了明确的方向和标准。在此基础上，20 世纪 80 年代，日本政府对垃圾管理体系进行了全面深化和优化，不仅细化了分类、回收和处理的各项具体标准，还强化了资源循环和污染防治的措施，使垃圾管理逐步从简单的污染控制转向系统化、清洁化的运作模式。随着垃圾管理理念的提升和循环经济模式的引入,资源化利用得到了广泛推动,日本的垃圾管理体系也逐渐发展成为高度现代化、可持续的管理模式,为解决环境问题提供了长效机制。

现代化推进时期,日本政府在《公害对策基本法》和《废弃物处理法》的基础上逐步加强立法,推出了《容器包装回收法》《家电回收法》《建筑废弃物处理法》等更为细化的法律,进一步细化了不同废弃物的回收管理要求,尤其对资源回收和循环利用提出了更高的要求,在此前建立的政策框架下形成了更系统的法律架构,推动了垃圾管理的制度化和标准化。20 世纪 90 年代,日本正式提出"3R"政策——"减少""再利用""循环利用"(后文简称"3R"),这一政策成为垃圾管理和资源循环利用的核心理念,并在后续颁布的法律中有着具体的体现:1995 年颁布的《容器包装回收法》是日本首个专门针对特定垃圾类型(如塑料、玻璃和纸类包装)的回收法规。该法要求生产企业和零售商对产品的包装废弃物进行回收,以推动资源的再利用。此举不仅减少了包装废弃物对环境的影响,还有效促进了企业改进包装设计,以减少不必要的资源浪费。为了应对大量废旧家电的处理问题,1998 年出台了《家电回收法》,规定消费者需支付家电回收费,并要求制造商和回收企业对废旧家电中的可回收部件进行再利用。该法不仅减少了电子垃圾的堆积,还促使企业在产品设计时更多考虑材料的可回收性。2000 年出台的《循环型社会形成促进法》将此前提出的"3R"原则正式纳入法律体系中,要求地方政府和企业以循环型社会为目标,建立更高效的资源管理和垃圾处理体系,最终降低资源消耗和环境负担。这也充分体现了日本垃圾管理政策的稳定性与长效性。

在应对垃圾管理难题时,日本不仅致力于确保政策的稳定性和延续性,同时也积极推动技术创新,以寻求突破。在传统垃圾处理时期和制度建立时期,垃圾处理方式主要是传统的填埋和简单焚烧,技术水平有限,且存在较多环境污染问题。在现代化推进时期,日本开始重视垃圾处理设施的改进和污染防控技术。日本通过广泛采用高温焚烧技术,不仅能在更高温度下处理垃圾,有效减少二氧化硫、氮氧化物和二噁英等有害气体排放,还能通过热能回收用于发电或供热。例如,东京清扫工厂（Tokyo Super Clean Center）每年将垃圾焚烧产生的热能转化为约5万户家庭的用电。这种方式不仅缓解了垃圾处理的能源消耗问题，还实现了资源的二次利用，使垃圾处理更加环保和经济，推动了“垃圾发电厂”的普及。此外，日本研发并普及了自动分拣设备，利用光学、磁性、重力等技术，对不同类型的垃圾进行快速、精准地分类处理。为提高资源循环利用率，日本在塑料、纸张、金属和玻璃等主要废弃物的回收再利用上不断创新。新型的塑料分解技术可以将塑料废弃物转化为燃料或原材料；纸张和金属回收的工艺流程也得到了优化，降低了能耗和成本。为了处理有机垃圾，日本开发了堆肥和厌氧消化技术，通过微生物降解将厨余垃圾转化为有机肥料或沼气。这种技术不仅减少了填埋场的负担，还将有机废弃物变废为宝，进一步推动了农业与废弃物管理的循环利用。同时，日本积极采用智能监控系统，对垃圾处理设施的运行状态、污染排放指标进行实时监控与管理，确保环保标准的严格执行。自动化设备的广泛使用也提升了垃圾处理的效率，减少了人工干预带来的误差和风险。

在现代化推进时期，政策的长期稳定性为日本垃圾管理的发展奠定了坚实且持续的制度基础，成为其体系逐步完善和稳步前进的关键支柱。这一政策环境不仅为垃圾管理的各项措施提供了法律和制度保障，也为各方资源的整合和投入创造了条件。同时，技术创新在推动垃圾管理模式革新方面发挥了核心作用，通过引入高温焚烧、自动分拣系统以及资源回收技术等先进手段，使垃圾处理更高效、环保，并逐步实现资源循环利用的目标。这种政策与技术的双重驱动，促使日本的垃圾管理体系向更具系统性和可持续性的方向不断发展。

（四）全面循环型社会建设时期：社会参与的作用（21世纪以来）

进入21世纪后，日本政府在垃圾管理领域长期推进的各项举措逐步展现出显著成效：民众的环保意识不断增强，垃圾分类观念深入人心，社会各界在垃圾管理中的活力和参与度显著提升。伴随政府的大力倡导和严格立法，公众日益将垃圾分类视为日常生活的责任，积极配合各项分类标准和资源回收规定。同时，社区组织和企业在垃圾管理中的积极性逐渐显现,通过创新和协作推动了更高效的资源循环利用。各类非政府组织(NGO)和环保团体也以倡导和监督的角色,广泛宣传环保理念,推动社会各界参与到循环经济的实践中,使日本的垃圾管理体系呈现出系统化、社会化和可持续化的新格局。

日本的垃圾管理高度依赖公众的积极参与。通过长期的环保教育,公众逐渐树立了垃圾分类和资源回收的意识,居民严格按照垃圾分类标准进行投放,已成为社区生活中的常态。许多地方政府通过发放垃圾分类指南、社区活动以及学校教育等方式普及垃圾分类知识,并设定固定的垃圾投放时间、地点等具体规定。公众的自觉性和高参与度是日本垃圾分类顺利实施的基础。同时,各地的社区组织在垃圾管理中起到协调和支持作用。社区会成立专门的环保委员会,负责监督居民的垃圾分类情况,并为有需要的居民提供指导,帮助他们理解分类标准,确保垃圾管理的顺利实施。社区还会定期组织清洁日等活动,激发居民的环保责任感,营造良好的环境氛围,强化居民对垃圾管理的理解和支持。科技创新在社区垃圾管理中的应用也进一步提升了居民的参与度和垃圾分类的效率。例如,在东京、大阪等大城市,智能垃圾回收站已被广泛使用。这些站点配备了智能传感器和图像识别技术,可以自动识别垃圾种类,并为居民提供分类指导。同时,一些地方还开发了垃圾分类手机应用程序,为居民提供垃圾分类查询、投放提醒以及实时积分奖励功能,激励公众主动参与垃圾分类。这些科技手段的应用不仅为居民提供了便捷的服务,也显著提高了垃圾分类的准确率和资源回收率。社区活动和环保项目进一步拉近了公众与环境保护的距离,使垃圾分类、资源循环等理念深入人心。

此外,企业也承担了重要的垃圾管理责任。根据"污染者负担原则",生产和销售公司对其产品生命周期中的垃圾管理负有责任。许多企业通过创新包装设计、优化生产流程,减少不必要的包装垃圾,降低资源浪费。并且,企业还在产品中更多地使用可回收材料,逐步实现生产的绿色转型。例如,家电制造商需按照《家电回收法》回收废旧产品,将其中的可回收材料进行再利用。这一举措促进了企业在产品设计和废弃物管理方面不断创新,使生产方式更加环保、可持续。除此之外,日本的非政府组织(NGO)和环保团体在垃圾管理中也发挥了积极作用。许多环保组织倡导垃圾分类、资源回收、减少塑料使用等环保理念，并在全社会推广循环经济的价值观。NGO与政府合作，推动相关法律法规的完善，并通过宣传活动提升社会对垃圾管理和资源循环的关注度。环保团体还监测企业和地方政府的垃圾管理措施，为社会提供透明的信息，增强社会对垃圾处理的监督。

社会作为政府之外的重要支柱，在日本垃圾管理体系中发挥了关键的配合、协调和监督作用，不仅有效支持和推动了政府政策的执行，还通过广泛动员公众和各界力量，形成了强大的社会合力。社会各类团体、企业和社区积极参与垃圾管理工作，推动环保理念的普及，使民众自觉遵循垃圾分类和资源回收的规定，形成了全民参与的氛围。此外，社会组织通过监督机制，确保政府政策的有效实施，提升了管理体系的透明度和公信力。正是这种政府与社会双向协作、共同治理的模式，使日本的垃圾管理体系更加稳健和高效，也为实现环境保护和资源循环目标提供了持续动力。

四、日本的经验启示

“二战”后，日本垃圾管理经历了多个关键阶段，从最初的传统应急式处理逐步发展到制度化建设，再到现代化技术的引入，最终实现了社会的广泛参与。这一过程不仅帮助日本有效应对了伴随经济高速增长而产生的复杂环境问题，还推动了垃圾处理体系的全面提升。在技术创新、资源回收和公众参与等方面，日本达到了高度的融合与协调，使垃圾管理系统从简单的污染控制发展为一个精细、系统、可持续的模式。如今，日本垃圾管理的成就成为全球环保领域的典范，其先进理念和成功实践对世界各国的废弃物管理政策和方法产生了深远影响，成为许多国家在构建环保政策时的重要参考。

（一）政府作为最主要的推动者

日本垃圾管理的成功经验清晰地表明，政府在推动垃圾管理模式变革中的主导作用不可或缺。通过制定系统化、精细化的政策法规，政府有效规范了垃圾处理的流程，为分类、回收和处理等环节设定了明确标准。这种政策引领不仅推动了污染防治的系统化,也显著提高了资源回收的效率,促成了废弃物处理模式的现代化。在政府主导的前提条件下,强调科技创新的参考价值,不仅能够通过提升垃圾管理效率推动资源利用的最大化,还为应对复杂的环境问题提供了技术支撑和理论依据,进一步强化了垃圾管理模式的科学性和可持续性。

日本政府长期稳定的政策规划为垃圾管理的持续改进奠定了基础。例如,《容器包装回收法》《家电回收法》等法规的出台,进一步细化了不同废弃物的处理标准,有效提升了资源再利用的比例。通过立法将"3R"原则(减少、再利用、循环利用)纳入垃圾管理核心,日本推动了高温焚烧、自动分拣及资源化再利用等先进技术的研发与广泛应用。这些技术的普及使垃圾处理更加高效清洁,同时推动了绿色产业链的形成,为循环经济的发展提供了技术支撑。

除了政策和技术,政府还重视通过教育和宣传动员社会力量,将垃圾管理理念深入人心,使垃圾分类逐渐成为民众的日常行为习惯。中央政府与地方自治体的密切协作更是强化了政策执行力,地方政府根据区域特点灵活细化政策措施,通过贴近民生的服务体系增强公众参与积极性。

这种自上而下的系统治理与自下而上的社会参与相结合,使日本的垃圾管理体系实现了现代化、系统化和可持续发展,不仅有效缓解了国内的环境压力,还为其他国家和地区的垃圾管理提供了宝贵的经验参考。这一模式强调了政策、技术、社会三者联动的重要性,并且表明在政府主导的框架下,科技创新能够作为推动绿色发展的重要支撑,是构建全球绿色发展格局的典范案例。

(二) 长期稳定的政策执行是关键

生态环境保护是一项需要长期投入和持续努力的系统性工程,不可能一蹴而就,而是依赖于稳定而连贯的政策支持。日本垃圾管理的成功经验深刻体现了这一点:通过长期稳定的政策执行,确保环保措施逐步落实,为资源回收、垃圾分类和污染防控等领域提供了坚实的制度保障。长期性政策不仅有助于规范各环节操作,也为社会各界,包括企业、社区和公众，明确了具体的方向和参与方式，形成了广泛的社会共识与持续的行为惯性。

政策的稳定性还为技术创新与实践应用提供了必要的环境，使得日本在垃圾焚烧、高效分拣、资源回收等方面实现了持续改进。同时，长期政策执行带来的连贯性也避免了环境治理中的反复与资源浪费。日本正是在稳定政策的指引下，逐步从传统垃圾处理向系统化、资源化和循环型社会迈进，为实现可持续发展奠定了基础。

这一启示对其他国家具有重要参考意义：生态保护不仅需要一套科学完备的制度设计，更需要政府在政策上的坚定执行力和持续投入，只有这样才能推动垃圾管理模式的持续优化，为全球环境治理提供强有力的支撑。

（三）技术创新与现代化管理

科技是推动社会进步的重要动力，也是应对全球环境问题的关键支柱。在垃圾管理与环境保护领域，先进技术的引入能够显著提高资源利用效率，同时有效减少对生态系统的压力。将环保与科技创新相结合，不仅推动了垃圾处理技术的迭代升级，也促使资源回收从单一化走向多元化和高效化。

日本在垃圾管理中深刻践行了这一理念，通过技术创新与现代化管理实现了治理模式的全面优化。例如，高温焚烧技术显著减少了垃圾处理中的有害气体排放，并实现了焚烧热能的回收利用，用于发电或供热，从而形成了“垃圾能源化”的典范。自动分拣技术的普及，通过光学识别、磁性分离等手段大幅提升了垃圾分类的精确度和效率，为资源回收提供了可靠的技术保障。此外，针对塑料、金属、玻璃等材料的专用回收技术不断创新，不仅提高了再利用率，还减少了原材料的开采需求。

与此同时，现代化管理手段的引入进一步推动了垃圾处理的精细化与智能化。日本构建了以资源循环为核心的管理体系，结合智能监控设备，实现了垃圾处理设施运行和污染排放的实时监管。这种精准、高效的管理方式，使垃圾处理从单纯的污染治理转向资源可持续利用，为实现循环经济目标提供了有力支撑。

日本的经验表明,技术创新与现代化管理不仅是垃圾管理领域的重要动力,也是实现可持续发展的重要路径。这一模式为全球其他国家提供了具有启发性的案例,证明通过科技赋能和系统性管理的结合,可以应对复杂的环境问题,助力生态文明建设与经济社会的协调发展。

(四) 广泛的社会参与

环境保护与垃圾管理不仅是政府和企业的责任,更需要全社会的广泛参与,这是实现可持续发展的重要途径。政府出台的环保政策和企业实施的绿色举措,只有通过社会各界的积极响应和行动才能真正发挥作用。在这一过程中,每个公民、社区组织和社会团体都扮演着不可或缺的角色。公众的广泛参与带来了强大的集体力量,不仅显著提高了垃圾分类和资源回收的效率,还增强了社会对环境保护的责任感和行动力。

通过多渠道的教育和宣传,公众的环保意识得到了全面提升,越来越多的人认识到自身行为对环境的影响。社区活动和环保项目进一步拉近了公众与环境保护的距离,使垃圾分类、资源循环等理念深入人心。这种全员参与的模式使得环保行动从被动执行转变为自觉行为,逐渐形成了全民协作、共同维护环境的社会文化氛围。

日本垃圾管理的成功经验表明,社会的广泛参与是不可或缺的一环。例如,通过建立便民的垃圾分类设施、开展持续性的公众教育活动,以及加强社区对垃圾处理的监督权,社会力量被有效动员起来,形成了政府、企业和公众协同合作的良性循环。这不仅优化了垃圾管理体系,也加深了公众对可持续发展理念的理解和认同,为其他国家和地区提供了宝贵的实践范例。

(五) 地方政府与中央政府协同

日本垃圾管理的成功经验表明,中央与地方政府之间的协同配合是实现高效、可持续废弃物管理的重要保障。中央政府在垃圾管理体系中扮演了战略规划者和制度设计者的角色,其主要职责包括制定全面的法律法规(如"3R 政策"相关立法)、明确资源循环利用的目标、提供财政支持,以及协调全国性的政策实施框架。这种自上而下的政策指导为地方政府的行动奠定了坚实基础。与此同时，地方政府则承担了具体政策的执行者和创新推动者角色，根据各地区的实际需求，灵活细化和调整政策措施。地方政府负责落实垃圾分类、资源回收与污染控制的具体方案，并通过因地制宜的管理方式加强政策的本地化。例如，在人口密集的大城市，地方政府可能更加注重垃圾分类的精细化，而在偏远地区，则注重提高垃圾回收的覆盖率和设施建设的可达性。

这种中央与地方的协同模式还依赖于高效的互动与反馈机制。地方政府不仅在执行中反馈政策实施的实际效果，还积极推动技术创新和公众参与，确保政策目标的逐步实现。这种自上而下与自下而上的良性互动，不仅提高了垃圾管理体系的适应性和灵活性，还促使技术与管理措施的持续优化。

这一经验对其他国家的垃圾管理实践具有借鉴意义。推动垃圾管理的变革需要多层级政府的相互协作，中央政府提供宏观指导和资源支持，地方政府发挥灵活创新和执行作用，两者共同形成强大的治理合力。这样的协同机制既能够应对复杂的废弃物管理问题，又为建立高效、可持续的环境治理体系提供了坚实保障。

（六）从环境危机的被动应对到政府的主动作为

环境治理从被动应对危机到主动作为的转变，是实现可持续发展的重要标志，这种转型体现了政府在环境治理中的核心作用。日本垃圾管理的发展历程生动地展示了这一转变轨迹。从“二战”后经济高速发展时期的污染危机频发，到 1970 年代通过《公害对策基本法》和《废弃物处理法》的制定，政府逐步扭转了被动应对的局面，迈向主动作为的现代治理阶段。

在这一转型中，政府的积极介入和系统化治理成为关键。通过制定长期战略规划，日本政府确立了垃圾分类、资源回收和污染防控的总体方向，并持续更新法律法规以适应新的挑战，如引入“3R 政策”（减少、再利用、循环利用）和《循环型社会形成促进法》。同时，强有力的执法与监督机制确保了政策的实施效果，推动企业创新环保技术，激励公众践行环保行为。技术创新如高温焚烧、垃圾分类自动化设备的广泛应用，进一步提高了垃圾处理的效率和环境保护水平。通过这些努力，日本成功从单纯的污染控制过渡到系统化、清洁化的资源管理,为循环型社会的建设打下了坚实基础。

这一经验对我国也有启发。在面对日益复杂的环境问题时,政府需跳脱出危机处理的被动模式,转向主动、前瞻性的治理路径。通过制定长期政策目标,例如“碳达峰”和“碳中和”战略,结合具体措施如推进垃圾分类制度化、强化环保法律体系,以及鼓励技术创新与社会动员,能够有效提升垃圾管理效率,减少环境污染,并促进资源的高效利用。只有通过这种系统化、前瞻性的战略布局,才能推动垃圾管理从局部治理走向全面提升,最终实现生态环境质量的整体改善和社会的可持续发展。

在党的二十届三中全会和相关生态文明建设政策中,中央明确提出要通过垃圾分类和资源化利用来减少环境负担,强调全国范围推广垃圾分类制度是推动绿色低碳发展的重要环节,政府需要结合数字化技术与基层治理,强化分类收运和资源再利用的全过程管理,从而促进可持续发展目标的实现。⑥

因此,对于我国而言,在一定程度上,可以借鉴日本垃圾管理的成功经验,尤其是在发挥政府主导作用方面。首先,政府应通过制定长期稳定的政策,确保垃圾管理体系的可持续性和稳定性,这有助于形成明确的方向和执行标准。在政府主导的前提条件下,突出科技创新的参考作用,成为提升垃圾管理效率和解决复杂环境问题的重要手段。其次,技术创新和现代化管理模式的引入是推动垃圾管理持续进步的关键。例如,中国可以在北京、上海等大城市率先引入高温焚烧发电厂,结合智能化垃圾分类技术,进一步提升垃圾管理效率。同时,政府应加快制定支持科技创新的政策,如推动垃圾分类技术研发,并通过立法强制推行智能化垃圾管理体系,以全面优化资源回收和废弃物利用的流程,提升管理效率和环保效果。此外,政府还应鼓励社会各界广泛参与,形成全民共治的局面,提升公众的环保意识,调动企业的积极性,从而推动垃圾分类、资源循环利用等举措的有效落地。通过这样的政策推动与社会力量的积极参与,可以为我国构建更加高效、可持续的垃圾管理体系,助力我国在生态文明建设中稳步推进“无废城市”和“循环经济”目标的实现。同时,借鉴先进经验与科技手段的结合,不仅能够有效应对日益加剧的环境挑战和资源紧缺压力，还能进一步彰显我国在全球生态文明建设中的责任与担当，全面推进社会主义生态文明建设。

注释

①《公害对策基本法》(日本，1967年制定)第1条。

②《公害对策基本法》(日本，1967年制定)第5条。

③《公害对策基本法》(日本，1967年制定)第13条。

④《废弃物处理法》(日本，1970年制定)第3条。

⑤《废弃物处理法》(日本，1970年制定)第6条。

⑥ 中共中央、国务院，《关于加快经济社会发展全面绿色转型的意见》，中央人民政府门户网站，访问日期：2025年1月15日，链接：https://www.gov.cn/zhengce/202408/content_6967663.htm。重庆市人民政府办公厅，《重庆市全面推进垃圾分类治理工作方案》，重庆市政府门户网站，访问日期：2025年1月15日，链接：https://www.cq.gov.cn/zwgk/zfxxgkml/zfgb/2023/d21q_452190/202312/t20231229_12768001.html。

参考文献

Fujikura, M., 2011, "Japan's efforts Against the Illegal Dumping of Industrial Waste", *Environmental Policy and Governance*, 21(5), 325—337.

Fujioka, S., 2019, "Overviews of waste management policies in Japan", *New Frontiers in Regional Science: Asian Perspectives*, 123—142.

Hara, K., & Yabar, H., 2012, "Historical Evolution and Development of Waste Management and Recycling Systems", *Journal of Environmental Studies and Sciences*, 2(4), 296—307.

Hashimoto, I., 2011, *Environmental policies and waste management in postwar Japan: An analysis of policy priorities*. Tokyo: University of Tokyo Press.

Hotta, Y., 2009, "Integrated Waste Management and Resource Efficiency Project", *Institute for Global Environmental Strategies*, 6(1), 23—34.

Kimura, S., & Kojima, M., 2020, "Inter-municipal Cooperation and Regional waste Management in Japan". alpha.rkcmpd-eria.org, 12(3), 89—102.

Kurniawan, T. A., & Oliveira, J. P., 2013, "Local Level Cooperation for Generating Urban Co-benefits: The Case of Technological Cooperation in the Waste Sector", *Journal of Cleaner Production*, 56(3), 45—61.

Liu, C., Hotta, Y., Santo, A., Hengesbaugh, M., Watabe, A., Totoki, Y., Allen, D., & Bengtsson, M., 2016, "Food Waste in Japan: Trends, Current Practices and Key Challenges", *Journal of Cleaner Production*, 133, 557—564.

Moqsud, M. A., & Hayashi, S., 2006, "An Evaluation of Solid Waste Management Practice in Japan", *International University Journal of Science and Technology*, 4(2), 45—56.

Moshkal, M., & Akhapov, Y., 2024, "Sustainable Waste Management in Japan: Challenges, Achievements, and Future Prospects", *Sustainability*, 16(3), 456—472.

Onoda, H. (2020). "Smart Approaches to Waste Management for Post-COVID-19 Smart Cities in Japan", *IET Smart Cities*, 3(1), 11—20.

Piano, S. L., & Tasaki, T., 2017, "Does Recyclable Separation Reduce the Cost of Municipal Waste Management in Japan?", *Waste Management*, 62(1), 3—12.

Sakai, S., 1996, "Municipal solid Waste Management in Japan", *Waste Management*, 16(5—6), 395—405.

Takagi, M., 1995, *Emergency Measures in Waste Management: Japan's Postwar Strategy*, Kyoto: Kyoto University Press.

Tanaka, M., 1999, "Recent Trends in Recycling Activities and Waste Management in Japan", *Journal of Material Cycles and Waste Management*, 1(1), 10—16.

Yabar, H., Hara, K., & Uwasu, M., 2009, "Integrated Resource Management towards a Sustainable Asia: Policy and Strategy Evolution in Japan and China", *Journal of Environmental Technology Management*, 12(4), 89—110.

海国图志

国家转型与沙特科技创新治理体系的建构

穆春唤*

[摘　要]　在国家转型目标的推动下，沙特在过去的几十年中逐步建立起本国的科创治理能力。并且，随着“2030愿景”和《国家转型计划》的正式提出，以及科创被列入国家发展核心议程，沙特近几年正在更加积极地推进这一建设进程。目前，该国已经形成了创新、研究和发展委员会领导下，阿卜杜勒·阿齐兹国王科技城和创新、研究与发展局主抓和实施，各相关研究中心、大学和企业共同参与的科创治理主体结构。沙特政府一方面通过设立专项基金，为有潜力的基础研究、前沿课题和研究人才提供研究资助，另一方面利用孵化器、加速器、科技园加快研究成果的商业转化，促进产学研一体化，刺激持续的创新，并通过建设智慧城市，打造更大规模、更健康的创新生态。沙特希望借助一系列举措助力国家成为国际创新中心，领跑第四次工业革命，最终实现国家的成功转型。

[关键词]　沙特阿拉伯　科创治理　国家转型　“2030愿景”

* 穆春唤，博士，上海市现代管理研究中心助理研究员。

一、引 言

沙特阿拉伯王国(以下简称“沙特”)是全球第16大经济体以及阿拉伯国家中最大的经济体,在后者中间沙特的国内生产总值(GDP)占比高达25%,人均GDP为5.6万美元(WIPO, 2022)。随着国际能源结构转型成为大势所趋,以及第四次工业革命的到来,沙特领导人意识到传统上依靠石油出口的“食利”型经济将难以长期为继,因而通过提升国家科技实力特别是创新能力来驱动经济多元化发展的内在需求正日益变得迫切,“2030愿景”所规划的未来十五年的发展路线图正体现出这一思维。目前,沙特正在更加积极地探索由科技消费国向创新能力输出国转变的道路,以实现成为国际创新研发中心、引领第四次工业革命的目标。

伴随政府投入规模的扩大,沙特在创新方面正在取得明显的进步。依据全球创新指数(Global Innovation Index, GII)统计,2023年沙特排名第48,其中,创新投入排名第37,产出排名第67。据世界知识产权组织2022年数据显示,沙特专利申请数为5 019项,位居全球第30位,亚洲第10位,在西亚地区紧随土耳其和伊朗之后(WIPO, 2022)。2018年至2022年,沙特学术论文发表数量从24 057篇增长到59 016篇,年增长率高达25%(WIPO, 2022)。未来,沙特想要实现“2030愿景”所提出的科技创新目标,仍需从提升科技创新治理能力入手,破除体制和机制障碍,创造有利于科技发展与创新的条件和环境。

阿拉伯国家转型一直是发展中国家研究中的重要问题,“中东剧变”以来,以沙特为代表的海湾阿拉伯国家提出的改革与发展新议程是传统君主制国家探索国家现代化转型的积极尝试,引起了学者的关注。一是“食利”型国家是否能成功转型成“生产”型国家。山田真喜夫(Makio Yamada)认为,通过用精英制度取代庇护制度,一国才可能获得“生产”型国家的治理能力,但目前海湾国家尚未出现这种转变(Y. Makio, 2020)。刘中民等提出,沙特的国家转型充满不确定性(刘中民,2020)。

二是国家转型过程中服务现代化的职能部门的改革和建设。丹尼尔·莫沙沙伊(Daniel Moshashai)等学者认为,为达成收入基础多元化的目标,沙特需要对财政和预算程序以及政策进行重大改革(Moshashai, D. *et al*., 2018)。不少学者对与民生直接相关的健保系统改革有着较多的关注(Sajjad, R. *et al*., 2018; Rahman R., *et al*., 2020; Al-Hanawi, M. K., 2020),其中,雷德瓦努尔·拉赫曼(Redwanur Rahman)等学者提出,政府应通过加强医疗保健人力资源、权力下放、建立问责制等方式发展可持续的医疗保健体系(Rahman R., *et al*., 2020)。此外,阿卜杜勒拉蒂夫(Abdullateef)等则从教师、课程、价值和创新能力培养等方面,探讨了通过大学教育改革实现"2030 愿景"的路径(Abdullateef, S. T., 2023)。

事实上,国家的转型最终将体现在与现代化进程相适应的政府、社会职能部门的建设与发展中。反过来,现代化职能部门的建设是否成功也将决定着国家转型的成败。科技是现代化最终的力量来源,建立和完善科技治理职能无疑是国家转型的重要任务之一。目前学界尚缺乏对沙特科技治理能力建设相关问题的研究。探讨该问题,对深入理解沙特改革和发展新议程,以及预见国家转型的未来具有一定的现实意义。本文将概述在国家转型目标的驱动下沙特科技发展战略的历史演变、科技治理结构的构建,以及支持科技研发创新机制的发展情况等。

二、国家转型与沙特科技战略的演变

沙特自 20 世纪 70 年代开始提出科技发展规划,并随着国际科技的快速发展以及国家转型意愿的不断增强,逐渐将重点从科技应用转向研发创新与技术应用并举,并越来越强调创新能力的重要性。

(一) 初步探索科技发展道路

20 世纪 70 年代,在阿以冲突的背景下,国际石油危机爆发,油价猛增,沙特石油收入随之大幅增加,沙特领导人开始思考探索实现经济基础和官僚机构现代化,以及推动科技发展的道路(Al-Sudairi, *et al*.,

2023)。在国家"二五计划"(1975—1980年)和"三五计划"(1980—1985年)期间,沙特提出将制定和持续完善科技计划,以实现多样化发展的目标,要依据国家需求发展技术、建立实验室,促进跨部门协作等(Kingdom of Saudi Arabia Ministry of Planning, 1975)。研究的重点是干旱技术、能源等,政府还提出要组织和装备必要的基础设施和设备等(Kingdom of Saudi Arabia Ministry of Planning, 1980)。

四五计划(1985—1990年)时,沙特确定将发展科技作为国家的长期目标,并提出要激发国家技术与创新能力。其设定的五项主要目标是:第一,强化先进技术的转让、发展、适应和使用;第二,增强沙特的研究与发展能力;第三,支持国家的科技人力发展;第四,为核能的有效利用创造条件;第五,改进管理体系和基础设施。为有效实现上述目标,沙特计划在1987年前后完成长期科技政策和计划的全部细节,并对科技计划进行审议和修订;协助高等院校开展研究活动;支持各行业发展自己的科技能力,等等(Kingdom of Saudi Arabia Ministry of Planning, 1985)。

冷战后,世界安全局势趋于稳定,科技不断取得新进展。随着低油价时代的到来,沙特经济面临的挑战不断增加,国家转型压力上升。沙特于是提出要"加速科技发展",努力成为科技创新者。在科技计划中,沙特加入了人才培养和鼓励私营部门研发活动等新内容(Kingdom of Saudi Arabia Ministry of Planning, 1990)。尽管沙特已经意识到了发展科技的重要性,但由于缺乏必要的基础和资源,同时难以扭转对石油经济的严重路径依赖,导致国家转型动力不足,科技总体水平较为落后。

(二) 全面科技战略的提出

进入21世纪后,国际科技发展日新月异,沙特看到科技实力不仅成为国家核心竞争力的重要组成,也是推动国家迈向长期繁荣的关键力量。与此同时,"食利"型国家面临的挑战与日俱增。沙特更加迫切地希望通过发展科技来提升其在地区和全球的地位。2002年沙特大臣会议第112号决议通过新科技政策,在此基础上,形成了"国家科学、技术和创新计划"(NSTIP,以下简称"科技创新计划")。该计划提供了沙特科技发展路线图，目标是到 2025 年建立“具有竞争力的国家科技创新生态系统”，以服务于该国融入全球经济的目标。

作为沙特首份科技发展战略，科技创新计划标志着科技与创新在沙特国家发展议程中重要地位的确立。该计划规划了 15 项战略技术的开发和本地化项目，强调要加强国家科技计划中众多关键主体之间的联系与协作，其中特别承诺将与教育部门密切合作，确保科技教育计划符合国家科技政策要求，同时要负责促进和发展财政支持来源，制定政策执行规划，鼓励和加强科技领域的国际合作等（Al-Swallem, 2014）。

（三）“2030 愿景”引领科技创新强国目标

始于 2011 年的中东剧变对地区政治与安全秩序造成了严重的冲击，并形成了倒逼沙特变革的更强力量。年轻的沙特王储、首相小萨勒曼（Mohammed bin Salman, MBS）展现出了锐意进取、积极改革的决心。他一方面对内希望克服“食利”型国家增长模式的积弊、瓦哈比意识形态危机、政治生态“老龄化”等问题；另一方面对外谋求应对复杂的地缘政治环境，以及全球能源向后石油时代过渡的现实（崔守军等，2018）。2016 年沙特酝酿出台了“2030 愿景”和《国家转型计划》，规划未来十五年实现经济与社会转型以及经济多元化的目标与路径。

新的国家转型战略将研究、发展和创新（RDI）置于战略核心地位。2022 年 6 月，小萨勒曼又宣布了国家未来二十年研发创新的重点将放在健康与福利、可持续环境、能源与工业领导者以及未来经济四大领域，不但要使沙特成为世界创新中心，同时到 2040 年创新研发部门对国内生产总值的贡献将增加 160 亿美元，为发展多元化的国民经济作出贡献，为国家创造高价值、高质量的工作岗位（Saudi Gazette Report, 2022）。他还指出，为此沙特必须增强将研发、创新成果转化为经济红利的能力，从本土研发成果中发掘商业和工业应用机会，并在工业产品中增加“沙特制造”。

“2030 愿景”与《国家转型计划》表明了沙特决心向科技创新型现代国家转变的决心，沙特政府随之进一步加强了科技创新治理能力建设,增加创新投入,加快营造更加有利的研发创新生态。

三、完善科技治理主体结构建设

作为君主制国家,自上而下的推动一直是沙特科技事业发展的主要动力来源,历史上,经济计划、教育部门曾长期在科技发展领域发挥主要领导作用。为有效推进国家转型计划中的科技目标,提升科技战略的顶层设计能力,2021 年小萨勒曼亲自领导成立研究、发展和创新最高委员会,主抓研发创新综合路线图的绘制。同时,阿卜杜勒・阿齐兹国王科技城(King Abdulaziz City for Science and Technology, KACST,以下简称"国王科技城")和研究、发展与创新局(Research, Development and Innovation Agency, RDIA,以下简称"研发创新局")两部门主要负责科技创新政策的制定和实施,领衔研究中心、高校和企业研究部门推进研发创新任务,由此构成了沙特科创治理主体的基本结构(如图 1)。

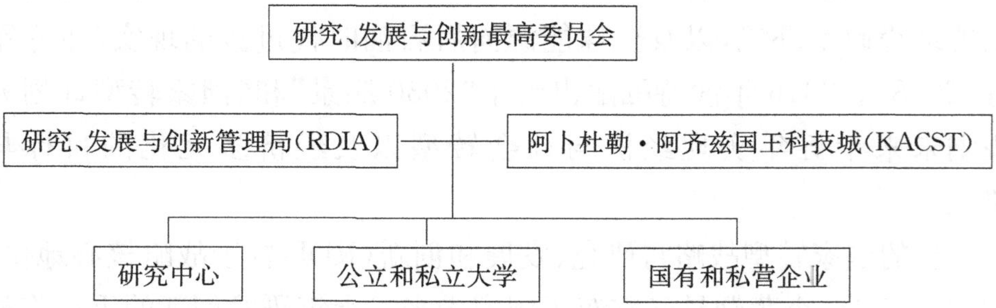

图 1　沙特科技治理主体结构

资料来源:笔者自制。

成立于 1977 年的国王科技城,一直在国家科技战略制定和实施中扮演着最重要的角色。其一,它是国家科技战略决策和领导部门,参与国家科技战略制定,协调科学、技术和创新领域的国家活动,负责加强技术转让、本地化和开发方面的本地和国际伙伴关系,致力于提升研究基础设施,特别是国家实验室的建设和管理;其二,它是国家科技事务智库,提供科技咨询、服务和创新解决方案;其三,它是科技发展的服务和支持部门,负责国家实验室与核心实验室的建设,为研究人员提供帮助，开展促进协作、多学科的科学文化建设，投资技术开发，制定商业流程；其四，它是研发创新和技术应用的重要实践者，主持开展科学研究和技术开发。自国家新改革议程提出以来，国王科技城的地位和职能还在被进一步强化。

为深化创新战略的实施，2021 年 6 月沙特创建研发创新局作为国家创新活动的推动者、立法者和监管者。该机构直接对首相负责，享有独立的财政和行政地位，并由通信和信息技术部大臣阿卜杜拉·苏瓦哈（Abdullah Al Swaha）担任董事会主席，领导机构由多位政府大臣共同组成。行政部门则由来自教育部、数据与人工智能管理局、中小企业管理局、产业中心、私营部门及科研部门和大学代表构成。研发创新局的目标是更大规模地吸引科技投资，建设高水平大学和尖端实验室；有效进行研发创新预算资金分配；主持各类大型项目；将私立学术部门、初创企业和中小企业联合起来，以释放创富创新潜力，保障可持续的未来。

沙特的研究机构主要包括研究中心、高校和企业三类。目前，沙特拥有国王科技城、阿卜杜拉国王石油研究中心、法赫德国王专科医院与研究中心、阿卜杜拉国王国际医学研究中心等四个主要的国家研究中心。国王科技城作为综合性研究单位下设众多子研究中心，研究领域广泛涉及能源、医药、生物技术、纳米技术、人工智能、物联网、机器人和自动化系统、太空和卫星等。

大学在沙特国家研发创新领域同样扮演着重要的角色。阿卜杜拉国王科技大学（KAUST，以下简称“国王科技大学”）和法赫德国王石油矿物大学等高校都在加快科研能力建设。国王科技大学 2020—2022 年申请《国际合作条约》专利数量合计 248 项，居全国第二（WIPO，2022）。该校围绕“2030 愿景”聚焦的四大研发创新优先领域，已明确建成世界级著名研究基地的新目标。2023 年 8 月，小萨勒曼亲自启动了国王科技大学新战略，强调将通过关注国家研发创新优先事项，提高将研究成果转化为经济效益的能力。

沙特部分企业在研发方面也已具有领先的实力。作为国家最大国有石油公司、全球最大综合性能源和化学品公司之一的沙特阿拉伯国家石油公司（又称“沙特阿美”）是沙特能源科技领域的领导者。

2023年,该公司的创新投资高达35亿美元,增长率为15%(Telecom Review, 2024)。沙特阿美主要聚焦于人工智能、无人机、机器人、电动汽车和氢技术等研究。2020—2022年,沙特阿美申请《国际合作条约》专利数达1 953项,居全国之首(WIPO, 2024)。2024年8月,沙特阿美宣布将与国王科技大学建立技术联盟,在10年内投资1亿美元,用于推进能源转型、可持续性、材料创新和数字解决方案的研究(WAYA, 2024)。其他开展研发的主要企业还有沙特基础工业公司(SABIC)、沙特电信公司(STC)、马阿登公司(Ma'aden)和沙特技术发展与投资公司(TAQNIA)等。

四、沙特科创的投入机制

在国家转型计划的支持下,沙特计划加大科技投资力度,提出到2040年将创新投入提高至国内生产总值的2.5%(Arab News, 2022)。国王科技城在国家"科学研究支持、实验室和技术开发以及创新支持"政策框架下,实施了一系列支持研发创新的项目,其中一类是偏重基础科学研究和后备研发创新人才培养的"研究和创新计划"(见表1),另一类是偏重于技术开发与应用的"技术开发计划"(见表2)。

表1 国王科技城"研究与创新计划"

项 目	主要内容	主要目标
研究生研究计划	培养青年研究人员。	鼓励优秀研究生结合国际前沿科学知识,在各科学领域开展原创性研究。
基础研究支持计划	支持各科学领域最领先的原创性基础研究。	鼓励优秀研究带头人和有潜力的研究人员在各基础科学领域开展高风险、原创性研究。
应用研究支持计划	支持在水、能源、石油和天然气等领域的应用研究。	建设特定战略领域的国家能力,从而在可持续发展的总体背景下创建长期、领先的国家产业。
目标研究计划	支持能够对国家产生重大影响、特定主题的短期和中期研究。	鼓励杰出研究领导者开展能够满足当前国家需求并有助于实现沙特"2030愿景"的研究。

资料来源:沙特国王科技城官网。

表 2　国王科技城“技术开发计划”

项　目	主要目标	基本内容/方法
技术领袖计划	支持青年研究人员到国际顶尖研究和工业机构接受培训；支持卓越研究以及提高知识产出。	提供培训和研究机会，帮助沙特学生和研究人员获得所需的实践经验。
战略技术本土化和转化	支持 16 个技术部门的应用和开发研究以及本土化。	依据重要性和功能划分为“全球领导力”“自力更生”和“国家安全”三类关键支柱。
联合研发中心计划	为战略部门的中小工业企业提供技术解决方案。	建立研究中心，攻克技术问题。
国家安全计划	支持多个安全和军事科技领域的研究。	与具有共同利益的政府实体和部门协调，以建立不同科学技术领域的合作协议和谅解备忘录。
工业 4.0 创新中心	利用尖端技术提高具有国际竞争力的工业制造能力，以利于新产业的出现和创造高技术工作机会。	建立用于开发原型的设施；开发工业工程平台。

资料来源：沙特国王科技城官网。

研发创新局围绕国家研发创新四大优先领域，面向公立和私立大学、研究中心和医院也规划了一系列科研资助基金计划（见表 3）。这些资助旨在培育充满活力的创新生态系统，培养高素质创新人才，产生具有颠覆性的前沿研究，为社会创造价值，使国家成为世界一流的研发创新中心（RDIA，2023）。

表 3　沙特研究、发展与创新局主要研究资助项目

项　目	研发创新主要目标	拨款方式
基础科学计划	探索 STEM 领域的新前沿基础知识；开发科学发现的创新技术和方法；开发具有新特性和功能的新材料。	青年学者资助 基础科学资助 研究联盟资助
应用研究与技术	创新技术开发和商业化。	基础应用补助金 技术开发补助金 技术突破补助金
重启和重建现有实验室计划	支持现有设备的维护和升级，支持博士后研究员等研究人员的招聘等。	专项拨款

资料来源：沙特研究、发展与创新局网站。

在政府资助计划的支持下，沙特研发活动正在变得更加积极和活跃。截至 2024 年，研究生研究计划已经收到了 633 份申请，478 项申请

获得立项;基础研究支持计划申请数为 402 项,通过审批 281 项;应用研究支持计划申请数为 283 项,获批 195 项(KACST)。在目标研究计划的支持下,国王科技城与卫生部等多部门合作的中东呼吸综合征研究取得阶段性成果,并已获得专利。

五、沙特科技创新的动力机制

支持科技成果转化为商业利益、鼓励科技创业无疑是激发社会创新活力最有效的方法。沙特目前正在积极发展孵化器、加速器,建设科技园以及智慧城市等设施,以促进科技从概念到市场的转化,加速商业化,通过弥合理论研究和市场应用之间的鸿沟,将创新理念转化为盈利企业。

(一) 利用孵化器和加速器

国王科技城是沙特科技企业孵化器计划最早以及最重要的推进者。它于 2008 年启动 BADIR 计划,并先后建立 BADIR-ICT(信息和通信技术)、BADIR-BIO(生物技术)和 BADIR-AMI(先进制造和材料技术)等孵化器(Shokeir and Alsukaity, 2019)。目前,BADIR 计划在全国七个地区运营的孵化器有 8 个,加速器 4 个。

“2030 愿景”提出后,沙特孵化器和加速器加快发展,公共和私营总数量已达数十个,包括穆罕默德·本·萨勒曼王子数字信息孵化器、国王科技大学的 TAQADAM 加速器、萨勒曼国王青年中心(KSYC)、米斯克中心等。这些孵化器和加速器为科技初创企业提供的支持包括计算机、通信、基础设施和软件等设备;法律、行政和市场建议、发展战略等咨询和服务;以及必要的资金帮助。TAQADAM 自 2016 年成立以来,已经吸引超过 263 家初创企业,筹集资金达 1.6 亿美元(TAQADAM Startup Accelerator)。米斯克中心是小萨勒曼创建并担任董事会主席的米斯克基金会创建和运营的项目,主要服务于青年创新创业。

(二) 稳步推进科技园建设

科技园通过整合研究、开发和商业化,不仅可以成为技术的孵化器,也可以成为经济多元化的催化剂。沙特目前已经形成了几大科技园地带，中部地区以利雅得为中心，东部以达曼科技谷为中心，西部则以麦加、吉达谷、泰巴谷和泰夫谷为中心，总数量达 15 个。沙特科技园重点支持人工智能、区块链和元宇宙等高科技产业。

利雅得科技谷（RTV）是沙特国王大学于 2008 年启动的项目，目标是促进大学与国内外研究和开发中心交流与合作，以及在知识产业领域创造良好的就业机会。园区设有孵化中心、企业家中心、技术转让办公室、支持服务和运营办公室以及主要服务于本地市场的实验室和研发中心。拟建中的新塔伊夫科技园总占地面积将达 3 500 万平方米，建成后将配备云计算，重点发展飞机制造、太阳能电池板、光伏电池、高生长栽培等技术项目。园区预计于 2030 年完工。

（三）重点建设智慧城市

沙特迈向创新型国家更加长期主义的做法是建设智慧城市。进入 21 世纪后，随着信息与通信技术的发展，沙特学习国际领先实践经验，将建造智慧城市列入国家发展计划的重点。

智慧城市的重要意义不仅在于科技对城市和人类生活的改变，它还能够为研发创新持续提供动力。智慧城市通过创新资源和创新群体的规模性集聚，在城市内部形成完整的创新生态，促进物联网、人工智能、大数据和数据分析等新兴技术的应用和发展；催生新产业和商业模式；加速创新的孵化和落地；并能持续吸引科技人才和创业资源。

沙特一方面对利雅得（Riyadh）、麦加（Makkah）、吉达（Jeddah）等设施相对完善的大城市进行智慧化改造；另一方面“2030 愿景”规划了新未来城（NEOM）、全球红海项目、奇迪亚（Qiddiya）等千兆智慧城市工程，作为国家新战略的标志。新未来城是沙特规划的全球创新中心工程，建成后将主要发展可再生能源、生物技术、人工智能和机器人等 16 个高新技术，小萨勒曼称之为“未来和变革的推动者”（NEOM）。

六、研发创新的配套机制建设

自明确国家转型目标和科技发展战略以来，沙特在人才培养、知识产权保护和扩大国际合作方面做了大量努力，持续为科技创新创造有利条件。

(一) 培养科技创新人才

高等教育基础薄弱、STEM(科学、技术、工程和数学)教育资源不足所导致的科技人才短缺,一直是困扰沙特科技创新能力建设的主要问题。据统计,沙特每百万人口中研究人员的数量仅为 23 人,发达经济体的这一数字是 500 人(WIPO, 2022)。为转型成创新型国家,沙特不断加大对人才培养的投入。自"八五"计划(2005—2010 年)起,阿卜杜勒·阿齐兹国王及其同伴天赋与创造力基金会"Mawhiba",启动培养天赋、创造力和支持创新的战略,资助超过 5.4 万名学生。这些学生在天才青年国际科学竞赛中已赢得 397 项奖牌和奖励,获得专利 15 项,超过 1 000 名沙特学生被世界排名前 50 的知名大学录取(Mawhiba)。2020 年沙特教育支出已增加至占国内生产总值的 7.8%,较前一年上涨 15%,位居世界前列(Global Innovation Index)。为支持科学教育,利雅得慈善科学学会设立了"萨勒曼王子科学绿洲"项目;教育部成立天才学生部;国王科技城每年举办数学、物理和其他学科竞赛等,以鼓励 STEM 教育和学习。

沙特高等教育投入的增长非常显著。2005 年至 2015 年,沙特学院和大学数量扩大一倍至 34 所,其中,建于 2009 年的国王科技大学在建设过程中共获得 200 亿美元的资助,配备了中东地区最先进的设备和超级计算机,建成后很快成为地区主要的科学中心之一。正在建设中的新未来城也规划了大学项目以及研究创新中心,新大学将参照国际最高标准,力争成为沙特新的研发基地(Blohm, 2023)。

沙特政府一直积极支持学生和技术人员赴海外学习。2005 年,沙特创立阿卜杜拉国王奖学金项目,专门赞助沙特学生赴海外学习。2018 年,该项目支持的约 12.2 万名海外留学人员中有 4.4 万人学习了 STEM 相关专业。2022 年项目改革后进一步加强了对研究人员海外深造的支持力度。[①] 沙特教育部长宣布,沙特将利用奖学金战略,到 2030 年向全球 200 家教育机构派出 7 万名学生(Jambi, R., 2022)。越来越多的留学生学成归国,将为沙特大学和实验室的研究工作注入新的力量。

(二) 加强知识产权保护

对知识产权缺乏有效保护也一直限制着沙特的创新活动以及相关国际合作。为应对这一问题,2017 年沙特成立知识产权局,承诺将加强对假冒和盗版商品及网络盗版内容的执法力度;设立专门的知识产权执法法院,并配备训练有素的法官;采取有力的措施增强知识产权意识,加强相关宣传、培训和提供支持;成立专门委员会来协调多个机构的知识产权执法;并在 76 个不同机构培训知识产权专家,以提高政府对知识产权法的遵守程度。知识产权局还表示将加强对专利侵权行为的监控,定期进行检查。

为提高对国际投资者知识产权保护的有效性,鼓励他们在沙特孵化创新成果,2022 年沙特发布一项新的知识产权战略,其中包括将专利注册期从 24—36 个月缩短至 12 个月。沙特知识产权局还与世界知识产权组织建立合作伙伴关系,在全国建立知识产权支持中心网络。此外,沙特还参与了海湾合作委员会(GCC)在《海湾合作委员会商标法》《海湾合作委员会专利法》和《海湾合作委员会海关法》框架下的知识产权保护联合实践。

鉴于沙特政府在知识产权保护方面采取的积极举措,2022 年 4 月美国宣布将沙特从贸易代表特别 301 报告优先观察名单中除名,这将为沙特国际合作拓宽道路。

(三) 拓展科技研发国际化道路

考虑到本国科技研发资源的局限性,沙特积极发展国际合作,更多地利用国际资源。2008 年沙美两国签署科技合作协定,承诺共同加强双方科技能力,促进科技合作。2022 年协议到期后,两国同意将协议继续延长 10 年,并依照沙特"2030 愿景"所提出的目标,修订了协议中关于研究、开发和创新合作的内容,显示了在沙特实施国家转型战略的背景下,沙美科技合作的良好势头(Narayanan, 2022)。随着中国科技实力的显著上升以及中沙战略协作关系的不断深化,2016 年两国签署科学技术合作协定。协定不仅明确中沙将共建联合实验室和研究中心等,还同意成立中沙科技合作联合委员会。2024 年 3 月,沙特宣布同英国政府签署关于提升两国科学和研究联系的谅解备忘录。此外,沙特国王科技城还与法国国家科学研究中心(CNRS)、韩国科技评估与规划研究院签署了科学合作协议。

在国际科技合作协议的推动下,沙特与各伙伴国的合作实践正逐步深入展开。国王科技城已经与科学和应用研究领域的精英研究机构和大学建立了14个分布全球的联合中心。通过加入《阿耳忒弥斯协定》航天合作协议、与美国航天局(NASA)签署太空框架协议,沙特与美国在空间探索领域展开深度合作(Space & Defence, 2024)。此外,两国还签署了5G和6G技术合作协议。2016年,国王科技城与中国卫星导航办公室签署了关于卫星制造、北斗卫星导航系统使用和为沙特阿拉伯"建立永久空间站"的合作备忘录。根据该协议,国王科技城能够与相关的中国同行合作生产和测试卫星制造的各种组件,其中包括用于嫦娥四号月球任务的实验光学相机。沙特技术发展与投资公司通过其各个子公司正在与中国公司合作,以"支持沙特的战略空间和地理空间产业"。

沙特的国际合作取得了积极的成果。研究机构与国际同行的合作出版数量明显增加,合作者主要来自中国、美国、德国、英国、法国和韩国(Nature Index)。他们还在与麻省理工学院、斯坦福大学、哈佛大学、剑桥大学和牛津大学等国际顶尖大学以及谷歌、苹果、亚马逊、华为、波音等国际主要公司的合作中获得了多项共同研究知识产权和专利(GOV.UK)。

七、结 语

自20世纪70年代起,沙特开始酝酿国家发展转型,探索减少对石油的依赖,促进私营部门发展的现代化道路,并由此开始关注科技发展,创建科技管理部门。冷战后至21世纪以来,随着国家转型的压力不断增加,沙特持续升级科技发展规划。在2016年提出的"2030愿景"和《国家转型计划》中,政府明确了新的国家长期发展战略,将研发创新置于国家发展议程的关键地位,并制定和完善了更加全面的科技战略。在新战略的刺激下,沙特加快了科创治理体系的建设步伐。

其一，沙特建立了研发创新委员会领导下，国王科技城和研发创新局参与战略制定与执行，各研究实体积极开展研发工作的科创治理主体结构。其二，科技管理部门设立专项基金，支持有潜力和具有前瞻性的创新和应用研究项目。其三，利用孵化器、加速器以及科技园等支持科技成果的商业转化，并通过建设智慧城市打造全新的科创生态。其四，重视人才培养、强化知识产权保护机制，积极利用国际科创资源，为沙特研发创新营造更加有利的条件。在国家新的发展战略下，科创治理体系建设取得了长足的进步，这将有利于国家创新潜力的挖掘，支持沙特国家转型战略的推进。

客观而言，尽管自国家新战略提出以来，沙特政府在科技创新治理方面做了大量努力，但其科创治理能力仍有待提升。目前，沙特科创成果的数量虽然在加快增长，但整体质量并不高。2020 年高科技产品出口额仅为 13 亿美元，居全球第 82 位（WIPO, 2022）。因此，对沙特来说，成为国际科创中心的目标任重道远。制约沙特科创治理能力建设的主要因素包括：其一，官僚机构和官员的能力与意愿问题。沙特官僚机构和官员普遍缺乏科技治理的经验，加上国家转型仍主要是领导人的个人意愿，整个官僚机构改革的动力不足，官僚机构难以扭转官本位思想和严重的腐败、懒政问题，这些都与现代科技发展所需坚持的效率和务实原则格格不入。其二，法制不健全。沙特主要基于宗教的法律体系难以为现代商业的发展提供保障，特别是缺乏对私有产权的保护，严重制约着创新与私有经济的长期健康发展。虽然沙特正在加大打击侵犯知识产权行为的力度，并已宣布了保护知识产权的国家战略，但实践效果有待观察。其三，沙特国内保守力量对改革和新科技发展与应用的抵制。保守宗教势力认为沙特的现代化改革、科技的发展将威胁宗教在国家的权威地位，例如人工智能、生物技术等。其四，沙特科技创新人才匮乏、缺少创新文化。沙特目前科技创新人才严重短缺，大量研究岗位主要依靠外籍研究人员。长久以来，沙特社会都重文科轻理工，大量学生选择在大学就读文科专业，毕业后就业也以政府部门工作为主要选择，习惯高福利、轻松的工作，导致国民缺乏变革、创新的热情与动力。沙特政府需要培养创新意识，激发国民的变革热情。

注释

① 2022年该项目改革后更名为“两圣寺守护者计划”(Custodian of the Two Holy Mosques Program)。

参考文献

崔守军、杜普:《沙特阿拉伯国家转型探析》,《世界政治研究》2018 年第二辑。

刘中民、刘雪洁:《萨勒曼执政以来沙特的国家转型及其困境》,《西亚非洲》2020 年第 5 期。

Abdullateef S. T., Musa Alsheikh R. and Khalifa Ibrahim Mohammed B., 2023, "Making Saudi Vision 2030 a Reality Through Educational Transformation at the University Level", *Labour and Industry*, 33(2), pp. 225—240.

Al-Hanawi M. K., Mwale M. L. and Kamninga T. M., 2020, "The Effects of Health Insurance on Health-Seeking Behaviour: Evidence from the Kingdom of Saudi Arabia", *Risk Management and Healthcare Policy*, 13, pp. 595—607.

Al-Sudair Mohammed et al., 2023, "How Saudi Arabia Bent China to Its Technoscientific Ambitions', Carnegie, August.

Arab News, 2022, "Saudi Crown Prince Announces National Priorities for Research and Development Sector", https://english. alarabiya. net/News/gulf/2022/06/30/Saudi-Crown-Prince-announces-national-priorities-for-research-and-development-sector.

Blohm Silke, 2023, "Research Management and Administration in Saudi Arabia: Transitioning From an Oil to a Knowledge-based Economy", in Kerridge S., Poli S. and Yang-Yoshihara M. (Ed.), *The Emerald Handbook of Research Management and Administration Around the World*, Emerald Publishing Limited, Leeds.

Gov. UK, "UK Science & Innovation Network Country Snapshot: Kingdom of Saudi Arabia", https://www. gov. uk/government/publications/uk-science-and-innovation-network-country-snapshot-saudi-arabia/uk-science-innovation-network-country-snapshot-kingdom-of-saudi-arabia.

Jambi R., 2022, "Saudi Scholarship Program Aims to Send 70,000 Students Abroad by 2030", *Arab News*, https://www. arabnews. com/node/2041946/saudi-arabia.

KACST, https://kacst. gov. sa/.

KAUST, 2023, "His Royal Highness the Crown Prince Launches the New Strategy of King Abdullah University of Science and Technology 'KAUST'", https://www. kaust. edu. sa/en/news/crown-prince-mohammad-bin-salman-launches-the-new-kaust-strategy.

KAUST Innovation, https://innovation. kaust. edu. sa/entrepreneurs/kaust-innovation-ventures/.

Kingdom of Saudi Arabia Ministry of Planning, 1975, *Second Development Plan*.

Kingdom of Saudi Arabia Ministry of Planning, 1980, *Third Development Plan*.

Kingdom of Saudi Arabia Ministry of Planning, 1990, *Fifth Development Plan*.

Komninos Nicos, 2006, "Intelligent by Design: Technology and Intelligent Cities in Saudi Arabia", *Think: Global Issues in Perspective*, 9.

M Al-Swallem Abdulaziz, 2014, "Saudi National Science, Technology and Innovation Plan Towards Knowledge Based Economy", *BMC Genomics*, 15(Suppl 2).

Mawhiba, https://www.mawhiba.org/en/About/Pages/Brief.aspx.

Moshashai D., Leber A. M. and Savage J. D., 2018, "Saudi Arabia Plans for Its Economic Future: Vision 2030, the National Transformation Plan and Saudi Fiscal Reform", *British Journal of Middle Eastern Studies*, 47(3), pp. 381—401.

Narayanan Ayush, 2022, "Saudi Arabia, US Extend Research and Science Collaboration for 10 More Years", *Al Arabiya*, https://english.alarabiya.net/News/gulf/2022/04/15/Saudi-Arabia-US-extend-research-and-science-collaboration-for-10-more-years.

Nature Index, Saudi Arabia, https://www.nature.com/nature-index/country-outputs/Saudi%20Arabia.

Neal L., 2024, "Navigating Future: Saudi Arabia's Innovative Approach to Global Talent with Premium Residency Program", *FEM*, https://www.forum-expat-management.com/posts/introduction-to-premium-residency-in-saudi-arabia.

NEOM, Naming Neom, https://www.neom.com/en-us/about/what-is-neom/journey.

Rahman R. and Al-Borie H. M., 2020, "Strengthening the Saudi Arabian Healthcare System: Role of Vision 2030", *International Journal of Healthcare Management*, 14(4), pp. 1483—1491.

RDIA, 2023, "Saudi Arabia's Leap in Research and Development Excellence", https://www.rdia.gov.sa/.

RDIA, https://www.rdia.gov.sa/.

Sajjad R. and Qureshi M. O., 2018, "An Assessment of the Healthcare Services in the Kingdom of Saudi Arabia: An Analysis of the Old, Current, and Future Systems", *International Journal of Healthcare Management*, 13(sup 1).

Saudi Gazette Report, 2022, "Crown Prince Unveils Priorities for Research, Development and Innovation for Coming Two Decades", https://www.saudigazette.com.sa/article/622445.

Shokeir I. F. and Alsukaity A. S., 2019, "The Role of Business Incubators in Supporting Small and Medium Enterprises in Saudi Arabia—With Reference to Some International and ARB Experiences", *The Business and Management Review*, 10(2).

Space & Defense, 2024, "US Signs Space Framework Agreement with Saudi Arabia", https://spaceanddefense.io/us-signs-space-framework-agreement-with-saudi-arabia/.

TAQADAM Startup Accelerator, https://taqadam.kaust.edu.sa/#Entrepreneurship.

Telecom Review, 2024, "Saudi Aramco's AI Innovation Strategy", https://www.telecomreview.com/articles/reports-and-coverage/8055-saudi-aramco-s-ai-innovation-strategy.

The New Arab, 2024, "Saudi Arabia to Set Up Mammoth $40 Billion Fund to Invest in AI Start-

Ups", https://www.newarab.com/news/saudi-arabia-set-mammoth-40-billion-ai-fund.

WAYA, 2024, "Aramco Plans to Invest USD 100m in KAUST to Boost Advanced Research", https://waya.media/aramco-plans-to-invest-usd-100m-in-kaust-to-boost-advanced-research/.

WIPO, 2022, "Global Innovation Index 2022, Saudi Arabia", https://www.wipo.int/edocs/pubdocs/en/wipo_pub_2000_2022/sa.pdf.

WIPO, 2024, "Intellectual Property Statistical Country Profile 2022, Saudi Arabia", https://www wipo.int/edocs/statistics-country-profile/en/sa.pdf.

Yamada M., 2020, "Can a Rentier State Evolve to A Production State? An 'Institutional Upgrading' Approach", *British Journal of Middle Eastern Studies*, 47(1), pp. 24—41.

"一带一路"倡议下中国职业教育出海的探索

——以"鲁班工坊"项目为例*

王鹏辉**

[摘　要]　基于田野案例，本文分析了中国职业教育出海项目"鲁班工坊"的两种特色模式，阐释了该项目所展现的职教出海的双重机制内涵，并由此展望鲁班工坊项目及中国职教出海的未来前景。研究发现，鲁班工坊以"中文+职业技能""工程实践创新项目"教学模式为特点，以"技术为媒、发展为利、信任成规"为原则嵌入与当地社会的互动，展现了中国职教出海的"朋友之交"。研究也指出，鲁班工坊需注意维护品牌形象和实现可持续发展。

[关键词]　鲁班工坊　职教出海　嵌入性互动

纵观国际，日本自20世纪60年代以来便通过日本国际协力机构（简称JICA，包括其前身组织）在世界范围内开展职业教育培训合

* 基金资助：本文的调查研究得到四维-约翰逊公司提供的"经济社会学与跨国企业研究基金"、国家社科基金重点项目"一带一路"倡议背景下中国企业"走出去"问题研究、上海大学第四届费孝通田野调查项目资助计划的支持和资助。感谢上海大学经济社会学与跨国企业研究中心主任刘玉照教授对本研究的指导，文责自负。

** 王鹏辉，上海大学社会学院硕士生。

作[1];德国在 2013 年确立了职业教育“双元制”国际化合作的框架,与伙伴国家共同培养了近 5 500 名职业技术人才。[2]相比之下,作为当前世界上规模最大的职业教育体系,我国职业教育长期承担的主要任务是为我国自主培养技术人才。不过,在“一带一路”倡议背景下,中国职业教育领域迎来了关键性的“出海时刻”。

2014 年,国务院《关于加快发展现代职业教育的决定》提出:“推动与中国企业和产品‘走出去’相配套的职业教育发展模式,注重培养符合中国企业海外生产经营需求的本土化人才”[3];2016 年,教育部专门印发了《推进共建“一带一路”教育行动》政策通知,明确鼓励“中国优质职业教育配合高铁、电信运营等行业企业走出去”[4];2023 年,第三届“一带一路”国际合作高峰论坛将“通过鲁班工坊等推进中外职业教育合作”写入了主席声明。[5]伴随“一带一路”高质量发展,出海办学正成为中国职业教育参与国际合作的重要途径。

中国职业教育出海意味着什么?职业教育出海具有哪些特征和机制?中国职业教育在与“一带一路”沿线国家和社会的互动中会激发哪些机遇?又会遇到哪些不确定性挑战?要想解答上述问题,需要我们关注中国职业教育的出海实践。“鲁班工坊”作为时间上较早、系统性较强、拓展潜力充足的品牌项目,具有一定的代表性,该项目的实践经验可以为我们提供丰富而深刻的启发。

“鲁班工坊”是受教育部等部委指导、由天津市率先发起和实践的中外职业教育品牌项目。在鲁班工坊项目中,中外双方的合作模式是:外方负责提供场地、师资与学生,中方提供技术设备、课程资源、师资培训和交流平台。鲁班工坊项目的宗旨是:与世界分享中国职业教育的教学模式、专业标准、技术装备和教学资源,提供职业教育中国方案,为合作国家培养认知中国产品、了解中国工艺、熟悉中国技术的当地人才,促进世界产教融合、服务国际产能合作(吕景泉等,2023)。

自创办以来,鲁班工坊项目积极融入“一带一路”倡议,稳步发展。2016 年 3 月,由天津渤海职业技术学院与泰国大城技术学院合作创办的世界首家鲁班工坊正式成立,帮助当地学生学习新能源汽车、仿生机器人、电脑鼠、自动化生产线等专业;2018 年,天津铁道职业技术学院加入建设了鲁班工坊铁院中心,为中泰高铁培育储备人才。截至 2023

年底,全球已有27家处于运营状态的鲁班工坊,主要分布在非洲、东南亚、中亚和欧洲的“一带一路”沿线国家。这些鲁班工坊结合当地特色与需求,为学生们提供了中国职业教育设备和课程资源。在接受《中国日报》采访时,国家国际发展署署长罗照辉总结了鲁班工坊项目的运作实效:“实现为合作国家培养技术人才、中文语言人才,解决当地中企就业‘三合一’目标,体现中国‘授人以渔’的发展合作理念,已经成为‘小而美’援助的一块金字招牌。”⑥

2023年6月至9月期间,上海大学经济社会学与跨国企业研究中心(Institute of Economic Sociology and Multinationals, Shanghai University,简称IESM)调研组先后在中国天津和泰国大城对鲁班工坊项目进行了田野调研,以深度访谈、参与观察等方式访谈了20余位参与鲁班工坊项目的中泰职业院校负责人、教师和学生,并收集了相关文献资料。本文将以上述调研资料为基础来分析鲁班工坊项目的两大模式特点,进而阐释由这一项目所体现出来的中国职业教育出海的双重机制的内涵,最后,本文也将评估鲁班工坊项目所面临的不确定性挑战,并展望项目的未来前景。

一、鲁班工坊项目的特色模式

(一)“中文+职业技能”教学模式

在国际中文教育转型和“一带一路”倡议激励下,鲁班工坊项目生发构建出了“中文+职业技能”特色教育模式。一方面,近些年来国际中文教育事业所面临的国际形势日趋复杂,传统上以中文教学为主的教育模式遭遇发展瓶颈。回顾以往,2004年成立的孔子学院二十年来一直都是向世界传播中文、推广中国语言文化的担纲者,在全球范围内产生了广泛影响。然而,近些年部分国家惮于孔子学院的影响力,开始操弄国家安全和意识形态话题,炒作“文化威胁论”,扭曲孔子学院开办国际中文教育的良好形象。尤为明显的是,孔子学院在美国遭受污名化,导致2018—2022五年间近百所美国孔院被迫关闭(刘玉屏、路义旭,2023;翟云柯,2024)。不仅如此,这类事件的负面影响实际上溢出了个别项目和国家的范畴，对中国对外教育的整体运作都形成了干扰（唐丽霞等，2022）。对此，国际中文教育领域作出的回应是寻求教学模式的转型和教学内容的平衡，力图突破对单一文化属性的中文语言教学模式的路径依赖，并且结合其他领域项目来发展多元化的"中文＋"教学。国际中文教育的发展经历为鲁班工坊参与中外人文交流，开展"中文＋职业技能"教育提供了参考经验。

另一方面，在"一带一路"沿线国家和地区，"中文＋职业技能"教育的发展潜力丰富。尽管中资企业正在积极"走出去"到"一带一路"沿线国家和地区投资设厂，但由于当地通晓中文、理解中国文化的技术人才较为稀缺，企业发展受到了限制。据全国工商联《2019年"一带一路"沿线中国民营企业现状调查》报告显示：在"一带一路"沿线中资企业所反映的人力资源问题中，有接近一半的情况是"中外员工之间因文化习俗方面的差异造成相处与沟通方面的障碍"⑦。在调研中，一位鲁班工坊项目中方负责人提到了企业对"中文＋职业教育"的强烈需求：

> 企业希望我们帮他建中文工坊，就是他想给这些员工培训，让他们能够跟中国的这些管理人员交流，这个中文教育需求其实也是挺大的。

于是，在"一带一路"倡议引领下，鲁班工坊成为推动国际"中文＋职业技能"教育高质量发展的有生力量。2019年，国际中文教育大会首次设立"中文＋职业技能"论坛，国务院副总理孙春兰在主旨演讲中强调相关组织要积极推广"中文＋职业技能"教育（孟源、商若凡，2022）。2020年，教育部等九部门印发了《职业教育提质培优行动计划（2020—2023年）》，其中明确提出中国职业教育服务国际产能合作的两项行动举措：既要"培育一批'鲁班工坊'，培养熟悉中华传统文化、中资企业急需的本土技术技能人才"，也要"推进'中文＋职业技能'项目，助力中国职业教育走出去，提升国际影响力"⑧。而在实践中，鲁班工坊项目立足自身职业教育基础，切实回应当地学生和中资企业的需求，成为"中文＋职业技能"的重要平台。

因此，鲁班工坊"中文＋职业技能"教育模式有两方面的意义：一方面，化解中文教育"文化输出论"的争议，拓展中文教育的渠道；另一方面，掌握中文能力和中国技术的当地学生在就业市场上更符合中资企业的人力需求,更容易得到中资企业的青睐,帮助学生与企业有效对接。

调研中,针对“中文+职业技能”的模式特点,有项目参与者阐释道:

> 其实他们学汉语的好多是自发的,因为我们提供过去的装备资源很多都是中文配套的,如果他不会中文的话他看不懂,使用起来很麻烦,所以就主动来学习中文。
>
> 做课程资源的时候,我们会考虑做双语,但双语实际上也是以中文为主,然后有一些关键性信息会与外语结合,比如说在视频里边有英文字幕,这样他们从实践中学习中文的时候,接受起来问题不大。(20230711TJBH)

由此可见,与传统的教育模式相比,鲁班工坊“中文+职业技能”教育模式的特色在于:一、教学内容更扎实,鲁班工坊在课程中突出中文作为语言工具的面向,将中文学习与技术实践融为一体;二、教学方式更灵活,由当地本土教师负责教学,中方仅为工坊提供教学资源,强调当地师生的文化自主性和学习自发性。在鲁班工坊“中文+职业技能”教育模式下,当地师生的核心目标是掌握职业技能、操控技术设备,中文则是他们提高学习效率、增益理解效果的工具,当地师生们不再是被动的知识接受者,而成为主动的技术掌握者。

(二)“工程实践创新项目”教学模式

在教学模式上,鲁班工坊项目还汲取了中国职业教育施行“工程实践创新项目”(EPIP)的实践经验。“工程实践创新项目”是一套集工程(Engineering)、实践(Practice)、创新(Innovation)、项目(Project)四个模块为一体的系统化教学模式(吕景泉、汤晓华等,2017)。这种模式主张:职业技能培训应以实际工程需求为引导,以技术应用创新为旨归,要求教师在课程中与学生一起实打实地上手来制造产品和摸索技术,帮助学生在实践中练就扎实本领。

搭载“工程实践创新项目”教学模式出海的鲁班工坊,扎根服务当地社会的方式有三:

其一,设备分享。“工程实践创新项目”教学模式的核心在于技术实践，而“工欲善其事，必先利其器”，实践离不开良好的设备支持。本着优质优先、因地制宜的合作原则，鲁班工坊会依据当地产业特色与发展需求，由中方向当地提供精良的中国技术设备。

鲁班工坊出海分享的是我们中国的装备，首选的是全国职业院校技能大赛的装备。因为国赛装备已经在咱们国内经过了实践的检验，然后我们给到泰国的设备还是东盟技能大赛的装备，所以这些装备到了那边以后，在当地真的引起了轰动。当老师的都知道，做过实验的跟没做过实验只有理论的，它肯定不一样。(20230711TJBH)

其二，师资培训。“工程实践创新项目”教学模式要求教师带领学生们“做中学”，所以教师的自身技术素养直接影响教学效果。但是，当地教师对中国的先进设备往往并不熟悉，中方原则上又不对外派驻教师，那么该如何弥合当地教师对中国技术的知识缺口？答案便是由中方职业院校负责为当地教师进行专门培训：

关键就是要教会当地老师怎么用设备，怎么修设备。

我们的师资队伍培训还是以泰国大城技术学院的一些专业教师为导向，这些教师在项目建设的前期就接受了天津职业院校的专门培养。目前我们已经累计培养泰国大城技术学院教师700多人次。(20230711TJBH)

其三，校企合作。既然“工程实践创新项目”模式的源头活水来自业界实践，那么在课程教学中推动校企合作，促进当地产学互动，也就成为鲁班工坊建设运营的应有之义：

建立鲁班工坊的目标之一，就是服务中资企业走出去，帮助我们中资企业去培养当地的技术精英，鲁班工坊在筹建中也特别希望有企业参与。(20230710TJHY)

以泰国大城鲁班工坊为例，作为首个正式启运的工坊项目，其在起步、运营与拓展阶段，都广泛吸收在泰中资企业，希望企业能参与“工程实践创新项目”教育中来，为当地社会培养一批满足企业实际需求的技术人才。比如，在天津渤海职业技术学院的接洽下，天津圣纳科技有限公司为大城鲁班工坊的新能源汽车专业提供了技术指导和设备支持，此举也为该公司深耕泰国新能源汽车行业奠定了人才基础；再如，自

2017 年中泰两国签订高铁建设协议之后，当地社会涌现出学习中国铁路技术的需求。于是，大城鲁班工坊依托天津铁道职业技术学院，与中国铁路设计集团有限公司、天津骥腾科技有限达成合作，开办了高铁铁道信号自动控制专业、高铁动车组检修技术专业，在教学中 1∶1 模拟中国高铁实际运行环境，为泰国培育本土高铁运营人才。“工程实践创新项目”教育结合上中资企业力量，鲁班工坊为有志于掌握应用型技术技能的当地学生开拓了更大的机会空间。

通过分享优质设备、培训当地教师、增进校企合作这三项措施，鲁班工坊为“一带一路”沿线国家和地区带去了“工程实践创新项目”教育模式，帮助当地社会精准对接中国的教育资源和技术设备，激发了当地社会发展动力。

二、鲁班工坊项目与当地社会的互动内涵

发展社会学者邱泽奇在总结中国对乌干达卫生发展援助案例的特点时，将中国与发展中国家的合作模式形容为“朋友在先”：“在合作中，不仅各方地位平等，而且权利也平等，不仅强调援助方利益、规则和诉求，也强调受援方的利益、规则、诉求”(邱泽奇，2017)。这也同样适用于理解“鲁班工坊”项目与当地社会的互动。在此，我们可以把鲁班工坊项目与当地社会的互动内涵总结为：技术为媒，发展为利，信任成规，即：以技术设备和课程模式为互动媒介，以共同发展为利益目标，以信任认同为规范基础。

媒介批判理论先驱麦克卢汉曾言：“从社会意义上看，媒介即讯息”(麦克卢汉，2011)。在他看来，诸如汽车、电视、打字机等媒介不仅具有技术属性，更蕴含社会属性，在技术外壳之下，媒介还包裹着社会性的意义讯息和文化意涵，这表现在：一方面，作为“人的延伸”，人们可以凭借媒介力量建构起超越时空的互动场域；另一方面，媒介中的技术与文化特质又参与编织和塑造人们的社会互动过程。

在鲁班工坊项目中，来自中国的专业技术设备及课程模式便是这样的媒介资源，其社会性作用在于：推动中外双方在互动中汇聚到“促进当地社会经济发展”的利益和规范的契合点上来。国际发展学者徐

秀丽和李小云的研究发现：在中国援助实践中流动的是发展中国家历经实践检验的发展经验，推动援助实践的是注重发展的技术专家（徐秀丽、李小云，2020）。在鲁班工坊项目中，专业技术设备及配套课程便浓缩着中国发展经验与知识的结晶，为当地社会带来的是切实可感的发展红利。

国际关系学者唐晓阳在总结中国与发展中国家的合作机制时提出，中国从改革开放中积累到的一条深刻经验是“共同进化的实用主义”，即以多元、灵活、务实的方法推进社会整体发展，而中国也是秉承着这样的理念与发展中国家互动（Tang, 2020）。相关研究还表明，在参与国家对外援助项目时，中方企业和社会组织等行动者往往希望能与当地社会实现文化共通与利益共赢（乐鹏举、刘玉照，2023）。

在鲁班工坊项目中，也存在着类似的情况，中方同样是在“共同进化的实用主义”的框架下考量项目收益的。这从中方参与者对项目所怀有的主要期待中可以找到线索：中方希望通过鲁班项目来拓展职业教育国际合作，在人才培养方面为国内企业出海提供支持，并且对当地社会发展发挥积极促进作用。所以，在理想的运作状态中，中方乐见鲁班工坊在这三重维度上协同发展，最终实现合作各方互惠共赢。正如一位鲁班工坊项目的中方建设者所言：

> 对方用了我们的设备，用了我们的核心课程，用了我们的教学标准，我们的项目就算落地了。
>
> 我们是服务当地的经济发展，不是把中国模式硬塞给对方，不是强压的，比如刚才提到的这些教学模式，不是生搬硬套地把我们中国的这一套人才培养模式整个地搬过去。（20230711TJBH）

中方能否达成上述期望，关键之处还是在于中国的技术设备和课程模式能否为当地社会所接受，能否得到当地社会的实际应用。对此，《鲁班工坊运营项目认定标准》中明确要求：鲁班工坊办学要“符合所在国经济社会和产业发展战略，开设专业满足所在国职业技术教育发展需求”。此外，中方也充分利用各种和当地社会的交流机会来增进彼此之间的理解与互信。比如，在埃及鲁班工坊项目中，埃及教师在亲身体验中方安排的在华技术培训之后，建立起了对 EPIP 教学模式的认可与信任：

埃及艾因夏姆斯的老师都是美国英国留学回来的博士,都是教授,穿着西服来了,接受培训。一开始,我们给他讲:数控机床怎么维修,技术要点是如何摸索出来的,他说:"这些我不听,你给我讲数控机床怎么设计的。"后来培训结束,埃及老师主动穿上我们的工作服钻到机床底下实践。我们有照片:第一张照片里,埃及老师是穿西服背着手;第二张照片里,他们听明白了、认可了,穿着我们的工作服钻到机床底下去了。(经过培训)埃及老师们知道了应用技术很重要,机床设计不是职业教育该干的事儿,我们的工作是把图纸变产品。(20230712TJQG)

对于鲁班工坊项目的所在国来说,鲁班工坊所带来的中国技术设备和课程体系在硬件水平上具有相当的优势和吸引力。根据《鲁班工坊运营项目认定标准》,中方为鲁班工坊所提供的实训设备应"满足专业基础实训与综合实训教学要求,相较当地技术发展具有先进性"。在鲁班工坊所开设的诸多专业中,无论是新能源汽车、高速铁路,还是云计算、工业机器人等,都体现了中国新质生产力的发展方向,同时也是中资企业出海的新潮领域。从这个方面来看,借助于鲁班工坊,当地社会能够带动起本土技术发展和人才培养。对此,力推鲁班工坊在当地落地的泰国大城技术学院哲仁院长在接受采访时表示⑨:

所有的在线教学设备和技术都由中方提供,中国给我们(提供了)持续不断接受新技术、新知识的机会。我们与中国的合作是正确的,我们团队的每个成员都去中国学习过,每年学院都会派4—6名教师去中国接受培训,去深造的学生从二三十人增加到了今年的一百多人,泰国第一批高铁技术人员即将在我们这里诞生。

值得注意的是,在采用中国技术设备和课程标准时,当地师生并非只是单纯地学习技术知识,而且也在解码中国现代化建设的"发展知识",体会中国追求社会发展进步的理念。长远来看,这对于当地民众思考自身社会的发展选择也不无启发意义。正如哲仁院长在上述采访中所说:

无论是(相对于)投资高铁还是泰国东部经济走廊建设项目,"鲁班工坊"都是一个展示平台。学生们学习中国的技术,无形之中就让他们了解了当今中国的科技发展,如果谁还在用陈旧的观念评价中国,我们的学生就会用亲身经历告诉他们现代中国的情况。

鲁班工坊出海,不可避免地会遇到各个国家与社会间发展路径各异,风土人情有别的情况,这就要求中外参与者因地制宜,在互动中平衡利益诉求,凝聚规范共识。我们可以看到,在鲁班工坊项目中,中外双方既分享了合作机遇和技术实惠,也交流了发展理念,鲁班工坊重在双方之间的朋友之交,在利益互惠的基础上,融汇思想和价值共识,体现出"和平合作、开放包容、互学互鉴、互利共赢"的"一带一路"精神。

三、鲁班工坊项目的问题探析

鲁班工坊在发展过程中也面临一些潜在的风险与问题,这主要体现在以下两个方面。

第一,品牌形象问题。鲁班工坊经历过对于品牌形象的探索与调整阶段,在当前的国际环境形势下更需妥善管理品牌形象。在发展初期,鲁班工坊由于与孔子学院同属国际教育合作范畴,所以在品牌形象上曾一度被定位为"职业教育领域的'孔子学院'"(吕景泉、杨延等,2017)。不过,随着孔子学院因课程中的语言文化内容而在海外社会遭遇舆论风波,鲁班工坊在品牌建设上更加注重凸显其"职业教育"特色,强调自身是"一带一路"上的技术驿站、服务"一带一路"的国际公共产品。

然而,在很多时候,鲁班工坊依然很难避免被一些关注者拿来与孔子学院做比较。例如,《华盛顿邮报》报道称:"鲁班工坊与孔子学院的学习中心相呼应,有时甚至与孔子学院的学习中心协同运作。"[⑩]《经济学人》则暗示鲁班工坊与孔子学院的相似性:"鲁班工坊有中国早期通过在全球开设500多个'孔子学院'教授普通话以扩大其影响力的影子。"[⑪]对于这种情况,调研者认为,在项目落地和运营过程中,中方参与者应坚持"平等合作、优质优先、强能重技、产教融合、因地制宜"的建设原则,与当地社会积极沟通,以扎实的教学成就赢得当地社会的认同与支持,维护好品牌形象,这样个别组织对于鲁班工坊的误解和偏见也终将无处发挥、不攻自破。

第二,可持续性发展问题。对于鲁班工坊项目来说,另一个需要关注的问题是如何实现项目的可持续性发展。调研中,很多参与鲁班工坊建设的中方职业院校表示,围绕鲁班工坊项目而开展的实地考察、设备支持、师资培训等活动都需要资金投入。如何保证项目运营能够获得可持续性的资金呢?这成为影响鲁班工坊能否可持续发展的重要问题。有项目运营者向调研者解释了来自建设资金方面的困扰:

现在天津市建设鲁班工坊在三年内是有经费支持的,但是别的省份是没有的。而且我们算算账的话,我们的开支可能还要比经费大一点儿。(20230711TJZY)

对此,调研者认为,项目建设方需要在产学合作方面试验和探索更多的发展可能性,尤其是要利用项目的品牌优势,引入出海的中资企业力量加入项目中来,既让工坊为企业提供技术人才,又为学生提供就业机会,在校企之间实现项目效益的正反馈。当然这也需要有关部门在政策层面给予更多的鼓励和包容。

最后,值得肯定的是,鲁班工坊项目让我们看到:新时期"一带一路"倡议下中国职业教育的特色出海实践已经取得一定成果。通过坚持办好扎根于服务当地社会的"中文+职业技能"教育和"工程实践创新项目"教学模式,在品牌现象建设与可持续性发展机制上下足功夫,鲁班工坊项目的发展活力充沛。展望未来,我们期待一座座"小而美"的鲁班工坊能同"一带一路"共建国家分享更多中国技术、为当地社会培养更多技术人才、促进国际产能合作,以职教合作成就中外"朋友相交",为"一带一路"倡议下的国际教育合作增光添彩。

注释

① 萱島信子:SDGs時代における日本の国際教育協力——理念・政策の歴史を踏まえて,https://ippjapan.org/archives/4683。

② German Federal Ministry of Education and Research: Dual Vocational Training—Creating Opportunities Worldwide, https://www.govet.international/dokumente/pdf/govet_dual-vocational-trainingcreating-opportunities-worldwide. pdf.

③ 国务院:《国务院关于加快发展现代职业教育的决定》,https://www.gov.cn/zhengce/content/2014-06/22/content_8901.htm。

④ 教育部:《教育部关于印发〈推进共建“一带一路”教育行动〉的通知》,http://www.moe.gov.cn/srcsite/A20/s7068/201608/t20160811_274679.html。

⑤ 第三届“一带一路”国际合作高峰论坛:《第三届“一带一路”国际合作高峰论坛主席声明》,http://www.beltandroadforum.org/n101/2023/1018/c134-1207.html。

⑥ 国家国际发展合作署:《罗照辉署长接受中国日报〈委员说〉采访实录》,http://www.cidca.gov.cn/2024-03/07/c_1130086359.htm。

⑦ 全国工商联、零点有数:《“一带一路”沿线中国民营企业现状调查研究报告》,https://www.yidaiyilu.gov.cn/wcm.files/upload/CMSydylgw/201911/201911210514038.pdf。

⑧ 教育部:《教育部等九部门关于印发〈职业教育提质培优行动计划(2020—2023年)〉的通知》,https://www.gov.cn/zhengce/zhengceku/2020-09/29/content_5548106.htm。

⑨ 国际在线:《全球首家“鲁班工坊”成为职业教育国际化的新典范》,https://www.eol.cn/tianjin/tjzy/202008/t20200828_2001335.shtml。

⑩ The Washington Post: Winning friends by training workers is China's new gambit, https://www.washingtonpost.com/world/interactive/2023/china-luban-workshops-global-influence/.

⑪ The Economist, China is educating engineers around the world, https://www.economist.com/china/2023/10/19/china-is-educating-engineers-around-the-world.

参考文献

乐鹏举、刘玉照:《文化共通与利益共赢之路——以R国W电视项目为例》,《政治人类学评论》2023年第2期。

刘玉屏、路义旭:《美国孔子学院发展历程、影响因素与未来走向》,《民族教育研究》2023年第2期。

吕景泉、戴裕崴、李力、张磊:《鲁班工坊——中国职业教育国际化的创新实践》,《中国职业技术教育》2023年第25期。

吕景泉、汤晓华、史艳霞:《工程实践创新项目(EPIP)教学模式的研究与实践》,《中国职业技术教育》2017年第5期。

吕景泉、杨延、芮福宏、杨荣敏、于兰平:《"鲁班工坊"——职业教育国际化发展的新支点》,《中国职业技术教育》2017年第1期。

麦克卢汉:《理解媒介:论人的延伸》,译林出版社2019年版。

孟源、商若凡:《"中文+职业技能"教育:发展脉络、现实挑战与路径选择》,《中国职业技术教育》2022年第29期。

邱泽奇:《朋友在先:中国对乌干达卫生发展援助案例研究》,社会科学文献出版社2017年版。

唐丽霞、赵文杰、李小云:《全球公共产品视角下的中国国际发展合作》,《国际展望》2022年第1期。

徐秀丽、李小云:《平行经验分享:中国对非援助理论的探索性构建》,《世界经济与政治》2020年第11期。

翟云柯、Natsarun Laksanapeeti、Pornpawis Lhapeerakul:《孔子学院治理体制转型与泰国孔子学院发展研究》,《现代管理》2024年第三辑。

Tang, Xiaoyang, 2020, "Co-Evolutionary Pragmatism: Re-Examine 'China Model' and Its Impact on Developing Countries", *Journal of Contemporary China* 29(126).

人物风采

海派茶道的传承与创新

——记刘秋萍女士茶经茶艺

蒋狄青*

[摘　要]　本文概述了刘秋萍女士的茶道生涯,论述了她在新时代对海派茶道创新与传承的贡献。刘秋萍出身好茶之家。在云南“上山下乡”,她回到上海,起步于餐饮行业。当她发现上海迈向国际化都市的快步催生出新型的都市茶消费需求,她毅然下海。在传承基础上,她大胆创新,开发出五味六色秋萍茶宴,色香味俱全,宴惊四座,风靡一时。继而,她以独特的茶宴为契机,进一步创新茶道,以茶叶种植、生产和制造为起点,摸索出一套既保护传统工艺和文化,又符合新时代消费者都市需求的海派功夫茶。刘秋萍的探索不仅仅为人生行程匆忙的都市人找到了内心宁静和身体健康的驿站,也为复兴传统茶道提供了新的路径。

[关键词]　茶经　茶道　传承　创新

* 蒋狄青,上海市现代管理研究中心研究人员,《现代管理》编辑。

一、茶　缘

刘秋萍的茶缘源于家庭熏陶。她出生在一个从事商业的家庭。父亲是单位供销员,走南闯北,他喜好茶叶,酷爱品茗,刘家是真正开门七件事,柴米油盐酱醋茶,茶一日不可或缺。她父亲当时购买碧螺春等上等茶叶,把茶放入紫砂壶中泡开。从壶里倒出来的茶水银澄碧绿,清香袭人,口味凉甜,鲜爽生津,比大多数饮料要好喝。当时大多数普通市民喝茶都是用大搪瓷缸子泡一大壶普通茶叶,如此泡出来的茶水又苦又涩,以至于大家认为不苦不涩不叫茶。所以刘秋萍初次饮茶感觉截然不同。可以说,她的父亲是最早启蒙刘秋萍茶道的。他告诉刘秋萍好茶就是甘甜。如果苦涩,要么是农民茶叶种植过程不到位,要么就是泡茶程序不当,温度不足或者水质不佳,否则好茶一定是给人感觉干净和甘醇的。

1969 年,刘秋萍初中毕业,正值全国知识青年下乡,她和她的许多同学去了遥远的云南景洪军垦农场。在云南,她与当地农民一起战天斗地,开垦农田,也了解了上海之外的饮食和饮茶习惯,知道了一方水土一方饮食一方茶的道理。

云南古有彩云之南之誉,极具地理生态特点。说起来是云贵高原,但实际上云南与贵州差别很大。因为阳光充足,云南中午一般在阳光直射下达到摄氏 50 度,完全没有贵州的潮湿。所以当地号称云南十八怪。人们习惯早盖棉衣午穿纱,围着火炉吃西瓜。动植物也有特点,三个蚊子一盘菜,一只蚂蟥当腰带。云南饮食的特点就是爆辣,就是小米椒驱寒。当时人们还没有普及云南普洱茶,当地人主要是喝普洱茶的原料——大叶种茶。

大叶种茶树可以说是云南特殊生态环境条件下生长繁衍出来的特有品种,属山茶种(Camellia sinensis)。它分为滇西和滇南两种,景洪属于滇南茶区,同时也是普洱茶产地,大叶种茶经过加工就是闻名遐迩的普洱茶。大叶种茶特点鲜明,叶形椭圆为主,叶尖聚尖或渐尖,叶面隆起,叶色绿有光泽,叶片厚而柔软,叶身背卷或稍内折。它营养成分丰富,包含了茶多酚、氨基酸和咖啡碱含量。当时,刘秋萍每年从微薄收入中抠出几块钱，向当地傣族老乡那里购买一芽一叶的大叶种茶。不同于她在上海喝的碧螺春龙井等绿茶，清淡香逸，大叶种茶香味浓烈，可谓浓醇甘爽。不仅如此，大叶种茶耐泡，可连续泡三次以上，当地流传的话就是一道两道没味道，三道四道有点味，五道六道茶刚刚好，七道八道有余韵。一开始口感可能略微苦涩，然后就感觉浓厚饱满和绵柔顺滑，最后回甘生津等。大叶种茶的耐泡性，锻炼出刘秋萍的泡茶功夫，日积月累，以至于到后来可以泡得茶叶一根根竖起来，可谓“亭亭玉立在杯中”。泡茶不仅练就刘秋萍茶艺，还帮助她体悟人生。每次泡茶，她看着茶杯中大而肥厚的茶叶飘转沉浮，叶子舒展柔顺，仿佛复活了生命力，泡出来的茶水红褐明亮，香气悠长，她不由得联想到茶叶如人生，同样从苦变甜，青年时多吃苦，中年才有甜美生活，老年就能回味人生。

云南的经历加深了刘秋萍对茶功用的理解。一方水土养一方茶。一方茶却又不同用处。在云南，她发现茶的用处不止泡茶，还常常被制成美味佳肴。当地少数民族老乡采用炒、蒸、炖、煮、炸的方法，把茶香和茶韵融入菜肴，比如，布朗族老乡独创了制作晒青毛茶和酸茶的方法，形成了“腌酸茶”，既可上得了厅堂，成为餐桌上的凉菜，也可用开水冲泡作饮料，味道鲜美而且有助消化。傣族同胞则发明了“腌茶炒肉丝”。

1979 年，刘秋萍从云南回到家乡上海，埋头从事餐饮行业。她从洗碗、切菜开始，埋头苦干，勤学各种餐饮技巧，与不同顾客沟通，捕捉他们的需求，并用各种办法满足客户需求，短短三年她就脱颖而出，先做服务员，再做副经理、经理，管理不同的部门。在餐饮系统内建立了相当的口碑。

20 世纪 80 年代，上海餐饮业重新红火，繁花似锦，在乍浦路、黄河路等美食街上，饭馆鳞次栉比，街上五光十色的霓虹灯照耀着沪江两岸不夜星空。生猛海鲜、山珍野味、重庆火锅乃至各种各样大排档的油烟和喧嚣，让深受茶文化底蕴熏陶的刘秋萍思考着：这能代表中国饮食文化的主流吗？为什么不能以茶文化的底蕴在继承传统的基础上创造出富有新特色的茶菜，使之既增加菜肴的健康营养含量，又兼有高层次文化品位的享受？她决心从自己管理的饭店开始这一探索。许多好心人奉劝她:你经营的饭店已很有起色了,别冒砸锅失败的风险吧!刘秋萍却不改初心,依然心心念念着茶叶,寻找机会切入茶饮。功夫不负有心人。1992年,上海举办国际茶文化节,当时缺少配茶的各类点心。刘秋萍闻讯,利用自己饭店的点心部和茶文化主办方合作,推陈出新,设计和制作各类配茶的点心。效果显著。

茶与点心的成功鼓舞刘秋萍进一步思考,为什么不能再跨出一步,制作以茶为基础的餐饮?至少可以做成药膳,让客户接受。因此,她在饭店里尝试了一些用茶叶来做的菜品,受到了欢迎。但是,刘秋萍的锐意改革多少有点偏离传统饮食行业的做法,因此,有关她不务正业的说法逐渐流传。面对压力,她在饭店里也内心挣扎,在进一步创新和退回主业两者中艰难衡量。

二、中国第九菜系:不怕巷子深的茶宴

当时,愚园路上一家天天旺餐厅,由于并非门街面房,而且股东较多,各有想法,所以经营不善,亏损严重,因此股东们商量决定,愿意交给经验丰富的专业人士经营。刘秋萍考察了天天旺餐厅,觉得虽然地处新式里弄中间,而且仅一个楼面,但是在周围闹市中却是难得雅静之地,只要在餐饮市场中找到差异化特色,就不怕巷子深。因此,刘秋萍果断接下了餐厅。她先和原来的股东约法三章。她获得经营权,其他股东一概不能干涉日常营业。股东按照出资比例有分红权。债务问题,之前亏损的,由刘秋萍经营盈利后逐步偿还,接手后亏损的由刘秋萍一人负责。在清理完各类进货渠道后,刘秋萍专心致志于开发茶宴。她考察了诸多人气旺盛的茶馆(宴),颇为失望地发现当代茶馆品茗之外的重点在于精美糕饼点心,再辅之以家常菜。换言之,茶馆或者茶宴内提供的大多数菜肴与茶无关,整个餐饮过程未能充分展示、教化茶文化,长此以往,茶馆茶宴日益沦为高档大排档。那么究竟什么是茶宴?茶在宴会中起什么角色?是像知青云南时成为少数民族的主菜,还是以其他形式融入菜肴?

怀抱着这些问题,刘秋萍跑遍沪上图书馆查找相关资料,四处请益名厨,了解到茶宴在中国古已有之,它源于南北朝,发力于唐,而极盛于

宋，至今余韵留存，留下了杭州龙井虾仁、四川樟茶鸭等脍炙人口的名菜。通过研究传统茶菜，她体悟到古人如何巧夺天工地制作茶菜。茶叶形状小、叶嫩微苦，一经烹、煮、熘、炸，很难保持原形原味，所以不宜随意入肴。除了大叶种茶可以按照云南少数民族做法，经开水烫过，加拌油盐制成可口凉菜之外，在茶宴中，茶一般充当配料和调料。进而言之，在她看来，茶宴顾名思义就是融茶入宴。中国六大茶类中，无论绿茶、红茶、青茶，还是黄茶、白茶、黑茶，在茶宴中各有妙用，中式菜肴中，无论是冷盘、热菜、汤菜，还是点心，道道无不含茶。茶宴中，茶就是一位不喧宾夺主的君子：成人之美，和而不同。茶之色、茶之香、茶之味、茶之形、茶之韵、茶之性、茶之魂的七彩斑斓、千姿百态，通过秋萍茶宴转化出一道道精美绝伦的艺术菜肴。

传统宴席上鱼肉一类大菜需要料酒、五香、八角、花椒、桂皮等五花八门调料去除各种腥膻，相比之下，茶作为调料，不但同样能够去腥、去膻、去臊味、去杂味，还能增添茶香，与主菜相得益彰。遵照以茶配菜的原则，刘秋萍开发各种菜肴，使得茶能入味，与菜融为一体。有些菜品比较容易，但是更多的菜肴并无先例可循，完全是她自己独创，所花时间和精力，难以计算。比如她的招牌菜“红茶牛肉”是用云南凤庆红茶、陈皮、牛肉一块卤出，不含酱油，全靠茶汁颜色。刘氏红茶牛肉鲜嫩可口，一口咬下去，满嘴浓浓的红茶与牛肉香味，而且肉质紧致，不会嵌入牙缝，可谓老少皆爱。但是，谁能想到美味的背后是无数次失败。刘秋萍先后采用不同类型、不同剂量的红茶和绿茶，用不同火候温煨牛肉块，她甚至彻夜守候，求得最佳温煨时间。

经过她长期的摸索，以西湖十景为名，研制出了茶宴十道名菜。这些菜原来大多是名菜，刘秋萍用不同茶叶去腥增味，变成色香味俱全的新菜。第一道菜叫“柳浪闻莺”。它有一个典故，宋时这里为御花园，春天繁花满枝，灿若云霞，沿湖垂柳，似碧浪翻空。园中有柳浪桥，黄莺时而鸣叫，行人驻足而看。此景美不胜收，故而有柳浪闻莺之说。刘秋萍配制冷菜而成拼盘，其中有鲜嫩的虾、酸甜的番茄、柠檬鸭爪、观音豆腐和乌龙顺风等。她精心选用不同类型茶叶中和腥膻味道。比如，乌龙茶去除虾的腥味，柠檬鸭爪由红茶去腥，卤味十足，观音豆腐配用观音茶汤浸之，乌龙顺风则是乌龙茶汁和猪耳朵一块浸制，吃的时候蘸一下醋，口味更佳，毫无油腻之感。“苏堤春晓”也是茶宴名菜。主料是冬瓜、西兰花、火腿片、青菜、豆腐等，将冬瓜先在绿茶水里煮开，使冬瓜色泽变成白中透绿，后用高汤煨。这道菜的特殊之处在于不加味精，食其自然的菜鲜和茶香。“雷峰夕照”，用胡萝卜雕成雷峰塔，塔底以草虾围之，茶汁加水、加盐后，将草虾烫熟，入口鲜香而无腥味。“童子敬观音”菜名就有深意。童子者，指的是童子鸡，观音者，铁观音茶，敬者，浸也，顾名思义，就是用铁观音茶浸泡童子鸡做成。该菜貌似简单，却做得费时费力。厨师得用两斤不到的童子鸡浸泡在茶汤中浸泡焖煮浸泡十二个小时方才大功告成。茶汁渗透进鸡肉，不仅去除了油腻，而且满口淡淡茶香。花港观鱼取自于著名的糖醋鱼。但是，经过她改良，加入了柠檬汁和红茶，去除了油腻味道，而清香酸甜，更令食客满意。茶宴不仅美味，而且秀色。正如一位著名新闻工作者丁锡满所言：“许多菜都可以说是工艺美术品。”比如，“老丈烹茶”，厨师采用三条细长的硬面包搭成一个看似木质的三脚架，架下吊着一把袖珍紫砂小茶壶，茶壶下是红烧的鳝丝加上红辣椒扮成柴火，一个老翁手摇蒲扇在煽火。当菜上桌，食客一下子都全神贯注欣赏这个立体雕塑，全然忘了它还是美食！又比如另一个茶宴系列“经典古诗宴”中，选用李白的“飞流直下三千尺”，在刘秋萍手里真的是“脍炙人口”。她先用有丝丝药香的白茶去掉鱼肉的腥味，然后将鱼打成鱼面，挂在西瓜雕刻成的“悬崖”上，“飞瀑”就赫然眼前了。再用绿茶的茶汁，泼在鱼面周围，成为一池“碧潭”。因此，这道菜的食材在形态上符合诗句里的景物，视觉上也富有冲击力，勾画了气势恢宏的诗境。

刘秋萍的茶菜独树一帜，一开始并未引起关注。在她主掌天天旺之后半年，营业情况依然不温不火，甚至出现了亏损。即便如此，刘秋萍还是坚持茶菜路线，不断完善，终于获得了沪上美食家沈嘉禄等一众好评，打开了局面。沈嘉禄是《新民周刊》主笔和高级记者，上海滩大名鼎鼎的老饕，笔下的《上海老味道》写出老上海风味小吃、平民菜和创新菜。他初闻茶宴，颇觉好奇，便来天天旺探店。品尝之后赞不绝口，在大报上撰文不吝赞美刘秋萍的茶菜在“烹饪上初具系统，是对中国悠久的饮食文化的一个贡献”，结果沈先生的“粉丝”纷纷来天天旺打卡。食客中不乏文人骚客，因此更多的茶宴报道见之于各大媒体，《解放日报》

《文汇报》《新民晚报》《新闻报》和《中国商报》等各类知名媒体都相继采访极具特色的天天旺茶宴馆，有人甚至赞誉茶宴为“可以吃的文化中国第九大菜系”，连千里之外的香港《文汇报》都刊文介绍天天旺的美食。盛名之下，1995 年的中央电视台拍摄的 52 集《话说中国茶文化》栏目主持陈铎都专程来上海采访，把茶宴列为“中国一绝”。2002 年日本朝日电视台跟踪秋萍茶宴馆，做了为期一周的直播报道，将“茶宴馆”推向世界。接着，德国电视台、韩国电视台、日本 NHK 等国外知名电视台都纷纷作了报道，从此，不仅浦江两岸的市民熟悉茶宴馆，而且全国乃至全世界爱茶者记住了刘秋萍。这些无偿的广告带来了更多的人流，以至于地理位置并非完美的天天旺茶香不怕巷子深，每天都是食客盈门，饭店很快扭亏为盈。

三、海纳百川：海派茶道的前世今生

刘秋萍的茶宴为中国填补了茶文化中一个空白。在商业和文化领域的成功，并没有使得刘秋萍醉心于她的成果，反而更加激励她探索茶道。她发现一方面，茶文化博大精深，是中国文化的有机部分，无论中国南北，城乡各地，受到各个社会阶层喜爱，另外一方面，各地来茶宴馆的茶客们爱好截然不同，泡茶工艺也相去甚远，为什么会出现这种情况？如果茶道和茶艺各地差异巨大，如何才能在上海推出适合市民口味的茶道？这些问题激发了她进一步深入探究茶道。

1999 年，上海教育电视台计划拍摄《中国茶道》的纪录片，以中国六大类茶中历史名茶原产地为背景，从纵深的人文视角，用 30 集专题片来为爱茶人讲述中国经典历史名茶前世今生的故事。导演久闻刘秋萍大名，登门请她出山，担任茶道顾问和总策划。刘秋萍原本可以安坐帐内，幕后策划，但是为了记录并剖析历史名茶背后鲜为人知的传统制茶工艺，以及在制茶过程中所折射出的人文智慧和茶人精神，她带着摄制组实地走遍全国 17 个大省。

当时的中国内地，许多地方尚未开通公路，许多名贵茶叶种植和生产在崇山峻岭之中，要考察它们，必须跋山涉水。尤其是采访湘西著名的古丈毛尖的时候。古丈坐落在湘西，虽然是湖南最小的县，境内却溪河纵横，峰峦起伏，整日云山雾罩，故人诗曰“蛇马之间日始月，晴天也有七分阴”。这种特殊气候和地形土壤固然产出了闻名遐迩的古丈毛尖，却也使得外人不易进入。进入古丈，不仅要蹚过湍急的溪水，还要小心翼翼走过十里羊肠栈道。对于年过五十的刘秋萍来说，无疑比较危险，许多人纷纷劝她留在城市宾馆，等待年轻力壮的摄制组成员探路。但是，刘秋萍还是坚持和大家一起踩着悬崖的峭壁上钢钎，走完全程。最危险的一次在安徽，当时他们考察祁门红茶，在陡峭的山路上，刘秋萍一脚踏空，从山顶上滚下来，千钧一发之际，她恰好看到前面有一个树桩，立即用脚顶住树桩，否则后果不堪设想。

虽然刘秋萍带领的纪录片摄制组历经艰险，但是正如王安石在《游褒禅山记》中所写：“险以远，则至者少。而世之奇伟、瑰怪，非常之观，常在于险远，而人之所罕至焉，故非有志者不能至也。”刘秋萍带领团队的拍摄过程无异于一场当代西天取经，让她打开眼界，看到了各地不同的茶艺、制茶工序和茶俗，触及了茶道的真经。取经过程中，许多六大类茶的茶师尽管制作方法风格不同，但是面对千里之外上海茶道同仁和知音的深入山区和虚心求教，都深受感动。他们把穷尽毕生思索和经验和盘托出，让刘秋萍学到了很多课本上学不到的东西。比如杀青是茶叶形状和品质形成的关键工序。各地杀青方式不尽相同，有的采用炒青，有的蒸青，还有的泡青等。虽然茶界都知道“高温杀青、先高后低；老叶嫩杀、嫩叶老杀；抛闷结合、多抛少闷”的原则，但是具体杀青杀透的程度却没有统一标准，都是各说各话，也很难把握，可谓“杀青之妙，在乎一心”。在采访中，茶师们亲手给刘秋萍展示了杀青传统上简单而有效的秘诀。他们会抓把茶叶捏成团，捏不成团就是杀青不到位。再比如，制作乌龙茶在摇青的时候，茶师抓把乌龙茶，细心告诉刘秋萍如何通过茶叶香味鉴别茶的质量和可能泡出的茶香。

我国名优茶叶种类繁多，遍布天南海北，各地在长期历史中摸索出不同制茶工艺和泡茶艺术，大大丰富了茶艺。各地茶艺的差异并无高下之分，只是千百年来自身禀赋和特点进化的结果，最为适合当地体质和资源。比如，在新疆和内蒙古等边疆地区，他们喜欢喝浓茶和黑茶等而不是绿茶和铁观音。这是因为他们生活在草原上，日常食物中大量的牛羊肉，较为油腻，需要黑茶和红茶等调理中和。如果他们改为绿茶等细茶，身体反而不舒服了。刘秋萍到西藏，就入乡随俗，每天和当地人一样喝浓烈的酥油茶。许多同伴奇怪她为何能够迅速调整口味，甘之如饴。刘秋萍说，酥油茶不同于内地绿茶、红茶，它内含的营养有助于增加氧含量，克服高原反应，提升人的身体素质。

茶道既反映了当地环境，也是中国文化天地人相通的符号。刘秋萍通过考察蒙顶贡茶，深入理解茶在中国文化中的重要意义。在古代，茶不仅通人性，也通天地。在宋代，蒙顶山茶就被选为皇家贡茶，每年采茶前都要焚香沐浴，寺庙长老采摘的茶装进代表日月的两个银瓶，黄缣封好，加盖官印，供皇帝拜天祭祖之用。中国茶叶种类繁多，为什么要选蒙顶茶来拜天祭地，成为天地人的媒介？这与其特性有关。蒙山位于成都平原和川西交界的名山县境内，海拔 1 500 米左右，在蒙顶五峰和菱角湾一带，雨量充沛，终年云雾缭绕，让茶叶吸天地精华，茶叶含矿物质极高，熬出茶汤，可以治病，以至于用汉宣帝刘询年号“甘露”命名。最关键的是，它是黄茶，色泽如稻谷一般黄，象征皇家，而且泡出的黄茶与众不同，茶芽在合适水温中，每一根都站在杯子当中，随波逐流，如同翩翩起舞，茶上面一层，下面一层，唯独中间是空的，分别代表人敬畏天地，所以，蒙顶黄茶就脱颖而出，成为皇家专用贡茶。

无数次的访谈和演示，刘秋萍逐渐把各地茶叶大师和非物质遗产继承人的经验与知识融合在一起，提升成了刘秋萍的茶道认识。在此基础上，她改良了传统功夫茶的泡茶工艺，根据上海的社会文化和生活特点，创造出了海派功夫茶，提升了上海都市人的品茗文化。

众所周知，功夫茶起源于广东潮州等地，当地乡土社会文化重情重义，功夫茶是重要的社会生活交往媒介，所以当地人喜欢花上大半天，浓茶冲泡，茶汤色泽深沉，茶味略带苦涩。而上海则是都市社会，生活节奏快，人们追求泡茶工序简单明快、茶叶适量而健康的茶道。

刘秋萍大师把传统功夫茶二十一道工艺精炼成七个步骤，分别是茶具准备、茶叶选择、投茶、醒茶、分茶、品饮等。每个环节都注重细节和技巧。比如，茶具包括茶壶、茶盅、茶海、滤网、茶盘、茶托、茶夹、茶船、茶针等，茶盘方寸之间，一应俱全。泡茶的铁观音要以色泽乌润、砂绿明显和卷曲紧结的茶叶为佳。在冲泡中，茶叶只占据茶壶三分之一空间，比传统功夫茶投茶量要少一半，这样泡出的茶，一方面允许茶叶芽叶尽可能舒展,充分释放茶香和茶韵,另外一方面避免了浓茶可能对健康的潜在影响。泡出的茶口感上,海派功夫茶的汤色更为清新明亮,味道清香而不失浓醇,给人留下悠长的回味,与传统功夫茶的酱油色和苦涩口感形成鲜明对比,更符合现代人对茶饮的审美和追求。

总之,海派功夫茶讲究简洁,更注重品饮的实质而非形式,这使得它更易于接受,尤其是对于年轻人群体。而在泡茶的过程,就像熨平烦恼,让人在忙碌中找到平静。因此,海派功夫茶以其清淡怡人、简洁实用的特点,成功地在传统与现代之间找到了平衡,为茶文化爱好者提供了新的享受方式。

四、弘道与茶谊

刘秋萍的贡献和专业水平获得了业界的高度认可。她先后被选为中国茶道专业委员会常务理事、上海茶馆专业委员会主任、上海市茶叶学会常务理事兼副秘书长。这些行业职务对她来说,不仅仅是荣誉,也是一种责任。她把茶道当作文化,搭建起跨越大洋、种族和国界、连接城乡、上海和内地以及外国的友谊之桥。

早在20世纪90年代天天旺茶宴馆时候,中外宾客慕名而来。他们不仅前来品尝佳肴,也是为了欣赏茶宴馆的茶艺演示和交流切磋茶道。面对外国宾客,刘秋萍总是安排让每一位走进茶宴馆的外国人观赏中国茶的泡茶技术,从中加深对中国传统文化的理解。有一次,一批来自法国的游客慕名来秋萍茶宴馆品茗进餐。这些来自西方美食大国的法国客人一方面对于造型精美、色彩鲜明的“太极碧螺春”的太极图案感到震惊与赞叹,视之为可以入口的工艺品,另一方面又困惑于茶宴造型和制作的文化背景。刘秋萍耐心地给他们解释茶宴体现了中国传统文化和哲理。“太极碧螺春”中的“太极两仪图”指的是“太极生两仪,两仪生四象,四象生八卦,八卦又演成八八六十四卦,所以它寓意宇宙形成之初,刚刚分出‘阴与阳’或者说是‘天与地’对立两极之时的天体现象”。听了刘秋萍的解释,法国客人无不叹服中国美食文化的精深。对于日本客人,刘秋萍则和他们平等交流切磋茶道。比如,有一次数位精通茶道的日本客人兴冲冲来到“秋萍茶宴馆”。他们看到中国茶艺小姐直接把绿茶放在茶杯而不是像日本那样用过滤器泡绿茶，面露不屑之色。刘秋萍则心平气和地解释中日茶道的不同。她说："中国文化强调整体之美，好茶讲究色香味形状俱全，只有泡在透明容器中，才能观赏它们的美。所以，在中国一般不会泡碎茶，如果泡碎茶，那才会使用过滤器。只有形状和色泽不佳的茶才会加工成为袋茶供人泡喝。"日本客人听完长久思考。他们进一步询问："中日茶道，谁优谁劣？"刘秋萍答之以"茶本无优劣，只原各地殊"。她说："日本四面环海，纬度又高，所以茶叶生长条件不如中国。中国茶道已经上千年历史，而日本才四百多年，互相交流借鉴地方很多。"刘秋萍的话，让日本客人深为折服，在离开茶宴馆时候，对她致以深深鞠躬。之后，越来越多的日本爱茶客知晓了秋萍茶宴，名声之大，以至于日本 NHK 电视台专程赴上海拍摄秋萍茶宴，誉为中国第九菜系，而法国领事馆的外交官们则积极推荐欧洲来华游客在游览外滩后一定要来秋萍茶宴馆打卡。

茶宴馆的茶道不但联通外国友人，也深入内地，挖掘出品质极佳却埋没深山的名茶。1997 年，安溪县茶客王先生特地拜访刘秋萍，展示了他们安溪西坪镇的铁观音，刘秋萍试泡后当即认定"此物只应神仙有，为了宝叶发西坪"。她与西坪镇的党委书记陈木根合作，以茶宴馆为基地，在上海推广安溪乌龙茶，并在此基础上改良了功夫茶。昔日默默无闻的西坪乌龙茶名噪一时，沪上茶客纷纷购买品茗，茶叶也是洛阳纸贵，顶级的西坪铁观音茶要 17 万元人民币一斤，一般的也价格不菲。2000 年刘秋萍借着和上海教育电视台的潘伟平编导拍摄"中国茶道"机会，历时 6 年到江苏、云南、浙江、安徽、四川等六大类茶叶名茶的生产地，在拜访茶艺名师的同时，她发现许多茶农虽然尽心尽力，采用古法生产和制作茶叶，但是他们缺少市场营销能力，以至于坐守名茶，安贫乐(茶)道。因此，刘秋萍效仿当年推广安溪西坪乌龙茶的方法，在茶宴馆推广过安徽霍山黄芽、浙江安吉白茶、江山绿牡丹、云南普洱茶、湖南古丈毛尖和安化黑茶等。刘秋萍的推广不仅让上海的大都市茶客品尝到了山中神仙茶，也帮助山区茶农解决了销售问题，增加了收入。每次刘秋萍下乡探访茶叶，都有茶农前来感谢。

面对越来越多的爱茶客，2013 年，刘秋萍创办了"国茶研习院"，旨在打造茶艺资质师的培训平台，让学员们达到"识茶性、顺茶性、驭茶性”的境界,弘扬中国茶文化。秉持有教无类的原则,“国茶研习院”针对不同层次人士的需求,开设“九五至尊大师班”“茶企特邀班”等课程。不论是已经具备一定茶艺技能的学员还是零基础的学员,都能通过课程学习都能提升自己的茶艺技能和茶道认识。在研习院,陈列着刘秋萍几十年来的茶叶珍藏,摆放着她自创的数款茶席。数百种中国名茶中,有几十种国内罕见的绝版茶,包括100多年的清代茶膏、60年的普洱、带有凤凰标志的米茶砖。除了名茶,还陈设了不少体现中国文化的珍品:百年普洱茶柱、宜兴大师名壶、端砚、灵璧墨石、紫檀佛雕,可谓琳琅满目。学员们可以在橱窗里观赏难得一见的茶叶珍品,领略中国茶文化的精髓。

国茶研习院每一期最多五十名学员,教授学员辨识中国上千个茶叶品种的特点,了解相关茶艺,思考茶企经营之道。不仅上海许多大公司老总,一些外地茶企经理甚至千里迢迢打“飞的”来上海上培训课。福建一位大茶商听完课后恍然大悟,说刘秋萍的课程帮他“找到茶的主心骨了。茶需要文化推广,茶是当水卖,还是当文化卖,两者性质完全不同”。为了传播茶道,刘秋萍每周精心备课,费时费力,许多茶馆经营人觉得不解,研习院不仅占据刘秋萍相当多的精力,还不如开办更多分店,获得更多盈利,而且传授的茶艺茶道可能培养更多的竞争对手。为什么要做吃力不讨好的事情呢?刘秋萍对此不以为然。她认为人生日短,不可能同时完成许多事情。作为茶人,最大使命是传播茶道,而不是尽可能赚钱,要创造更多的社会价值而非个人财富。她笃信“士不可以不弘毅,任重而道远”,因此坚持开办研习班,耐心培养茶艺师培训,帮助更多茶企提高经营理念,协助茶友搭建茶道平台,通过授课交流,用专业知识和技术传播中国博大精深的茶文化,让更多人喝到好茶、会喝好茶,感受到好茶带来的好处。

总之,在过去三十多年中,刘秋萍一方面深入各地,学习传承中华茶道精髓,另一方面又在传统基础上,结合海派文化和社会生活特点,守正创新,打造出被国内外友人誉为中国第九菜系的“茶宴”和海派茶道,为新时代传扬茶道文化作出了重要贡献。

智库动态

清洁能源创新与制药业产业趋势

李新华*

一、彼得森国际经济研究所研究报告：《推动清洁能源创新体系建设》

从以化石燃料为基础的经济向绿色能源的转变，是历史上最重大的社会经济变革之一。绿色转型给社会经济带来新的机遇和挑战。在逐步淘汰基于化石燃料的产品、活动和就业机会的同时，新的绿色产品、活动和就业机会也正在被创造出来。据国际能源署（IEA）估计，如果世界各国全面履行其宣布的2030年能源和气候承诺，清洁能源关键生产技术的全球市场规模将增加两倍。到2030年，清洁能源制造业的就业岗位将从目前的600万增加到近1 400万。全球所有主要经济体都认识到清洁能源转型带来的机遇和挑战，并高度重视清洁能源产业政策的制定，以争夺清洁能源带来的全球经济机会，协调其“脱碳”和社会经济转型目标。

彼得森国际经济研究所（PIIE）的研究报告《推动清洁能源创新体系建设》，主要从创新视角来探讨绿色产业政策的设计，认为创新体系必须充分发挥作用，为清洁能源转型提供新的技术改进解决方案。成

---

* 李新华，上海市现代管理研究中心助理研究员。

立于 1981 年的彼得森国际经济研究所,是美国影响力较大的两大非营利性无党派智库之一。该智库致力于国际经济问题和政策的研究,通过专家分析和实用的政策解决方案,来推动全球经济的繁荣和人类福祉。这篇研究报告的作者赖因希尔德·弗格勒斯是彼得森国际经济研究所非常驻高级研究员,同时也是比利时鲁汶大学管理、战略与创新系正教授,以及布鲁盖尔研究所的高级研究员。

在全球经济正在发生广泛而急剧的范式变革的背景下,创新是成功实现向清洁能源转型的基石。这份研究报告对目前的全球清洁能源创新和清洁能源政策制定情况进行分析,并重点关注美国的《通胀削减法案》和欧盟的《净零工业法案》。分析表明,创新体系在清洁能源转型过程中尚未充分发挥潜力,目前的清洁能源政策制定和国际政策协调仍有很大的改进空间。有鉴于此,需要通过产业政策设计对清洁能源创新体系建设进行引导。

这份报告指出,在将创新作为清洁能源产业政策的基石之前,首先需要正确看待有关清洁能源创新的三个谬误。第一个谬误来自“去增长”理论的支持者。他们认为即使有新的解决方案,经济也会超过生态极限,使不可持续的生活方式和社会不公永久化。他们拒绝“技术乐观主义带来的便利”,强调要从文化转变角度来改变消费模式,而不是寻找更清洁的生产方式。这种观点的谬误在于,没有认识到消费模式的转变和更清洁生产方式的应用是相辅相成的关系。新的清洁能源解决方案的成功应用需要消费模式的改变,而具有创新性的新清洁能源解决方案,也有助于使消费模式的改变更容易,成本更低,更有可能被接纳。

第二个经常听到的谬误,是认为必要的技术已经存在,没有必要进一步投资开发和寻找新技术。然而,国际能源署的研究表明,现有技术并不足以实现到 2050 年实现“零排放”的目标。据国际能源署 2020 年的评估,就 2050 年“零排放”目标所需减排量而言,成熟技术的贡献仅占 25%。在其 2023 年的最新分析中,目前仍在开发中的技术在所需减排量中的贡献也仅为 35%。因此,创新工作还没有完成,进一步研究和开发新技术将是实现“零排放”目标的关键。一些尚未成形的想法可能是未来的技术突破点。

第三个谬误是认为清洁能源创新体系将在现有模式下发挥作用,

只要等待它产生新的或经过改进的更清洁的技术即可。然而,对环境危机的应对不能依赖等待更清洁技术的出现,而是需要设计政府干预措施,以解决技术变革不同阶段的各种市场失灵。政策推动不仅需要依靠标准的无导向性创新政策工具来加速一般意义上的创新,而且还需要引导技术变革的方向:清洁技术必须得到改进,不仅是在绝对意义上,而且是相对于更具污染的技术而言。

这份报告强调,在构建具有竞争力和弹性的清洁能源供应方面,创新能力发挥着重要作用。基于技术创新的清洁能源产品,更有可能巩固其在世界市场上的竞争地位,从而提供长期且可持续的就业机会。这是因为这些产品是源于独特的、不易复制的创新能力,并可以通过法律或战略保护机制来获得回报。此外,创新还可以在建立有弹性的清洁能源供应、缓解清洁技术供应链瓶颈问题上发挥关键作用。

与此同时,这份报告还指出维护"技术主权"固然重要,但创新体系本身还需要具有弹性和开放性。在专门技术知识的传播有了正式和非正式机制(如专利制度)之后,维护"技术主权"的关键条件更可能是吸收能力,而不是可获得性。反对使用外国先进技术,着力在国内建立研发能力的措施,可以确保技术和产品在国内的开发和生产。但是,放弃使用其他地方更为先进或成熟的技术所造成的短期效益低下,可能会使在当地研发所能产生的长期动态效益变低。支持进一步发展对现有最佳前沿技术的吸收能力,可能是建立具有弹性的创新体系的更好政策途径。

就以创新为基石的清洁能源产业政策的制定而言,这份报告从丹尼·罗德里克倡导的多维度、多工具、多参与者的新产业政策视角出发,将产业政策制定视为制度化的公—私合作与对话过程,而不是自上而下将资金分配给少数赢家:

(1) 公—私伙伴关系是基于创新的清洁能源战略的核心。通过这种公—私伙伴关系,来调动公共研究部门和私营部门的创新能力、信息和资源,以开发和部署新的清洁能源解决方案。相关产业政策成功与否的最终定义是,它能否成功地释放私营部门的创新投资,以具有全球竞争力的方式实现社会的"净零"目标。

(2) 组合使用多种政策工具,以应对多维度的市场失灵。其中包括以补贴或税收抵免为代表的传统创新政策工具，和以碳定价和环境法规为重要工具的环境政策工具。相关研究模型分析表明，与组合使用碳定价和补贴工具相比，如果单独使用其中一种政策工具，前5年的碳价格要高出约15倍，前10年的补贴要平均高出115倍。

(3) 相关产业政策应更具导向性。鉴于气候变化问题的紧迫性，必须对创新进行适当引导。以环境为导向的创新政策不可能是中立的，它需要事先在“清洁”技术和“肮脏”技术之间做出选择，确定哪些技术是清洁的并为其提供额外支持，以克服阻碍清洁技术市场潜力的外部环境，以及对于“肮脏技术”的路径依赖。此外，它还必须在众多清洁技术和项目之间做出具有导向性的选择，并考虑到任何选择对未被选中的清洁技术的路径依赖和外部影响。

(4) 勇于承担风险。未来技术前景的不确定性，凸显出清洁能源创新所面临的高风险。但气候变化挑战的规模、复杂性和紧迫性，不允许我们只追求低风险的“已知”解决方案。相关产业政策必须勇于承担风险，对一些全新的想法给予支持。即使这些想法具有高风险，但也可能会产生关键的高增益突破，不应该因回避风险而错过。为控制由此产生的高风险，需要采用组合投资方法，并允许一些新方案在探索过程中失败。

(5) 强有力的治理是基于创新的清洁能源产业政策取得成功的必要条件。绿色产业政策面临比通常情况下更大的政府失灵风险。首先，更具导向性的产业政策，要求政策制定者必须具备相应的信息能力，以将资源合理分配给有前景的技术和项目，而不会造成比试图要解决的市场失灵更多的政府失灵。其次，绿色产业政策的制定需要具有长远眼光，但政治家的动机通常是寻求短期成功，因而需要一个从长远出发的政策目标和路径，以激励长期的清洁技术私人投资和社会转型。此外，不同类型的利益相关者、政策治理领域、工具和项目之间的协调，以及对绿色产业政策目标进展情况的监测和评估，都需要强有力的治理，如此绿色产业政策才能取得成功。

这份报告在最后部分着重指出全球合作的重要性。全球合作可以通过知识互补和协同效应，带来成本和风险分担的优势以及更高的创新效率。但最近的一个趋势是，各国越来越重视战略自主和供应安全，竞相将其作为制定清洁技术政策的目标，进而强调相关技术和产品的本土研发和生产。全球政策协调与合作的缺失，使全球清洁能源创新体系处于低速运转状态，并很容易使这种竞争变成“零和”甚至是“负和”博弈。尽管如此，全球清洁能源创新合作仍有广阔的双赢空间。关于清洁能源创新政策的国际合作，应在合作与竞争之间找到良好的平衡，减少危及实现全球“脱碳”目标的全球投资不足问题。

二、安卓集团产业研究报告：《制药业产业趋势》

在大规模生产新冠疫苗的推动下，全球制药业产出在 2021 年和 2022 年实现 17.3%和 6.8%的高速增长。2023 年，全球制药业产出增长放缓，仅为 0.5%。全球制药业面临下行压力，但其增长仍具备一定优势和动力。预计 2024 年，主要受亚太地区的推动，全球制药业的产出和销售额将分别增长 4.6%和 5.1%。作为世界三大信用保险公司之一，安卓集团(Atradius)推出的产业研究报告《制药业产业趋势》，从增长趋势、制约因素、增长动力和主要细分市场状况等角度出发，对全球制药业的产业增长进行了简要分析。

这份报告指出，一些制约因素可能会给全球制药业带来下行风险：(1)即将到来的“专利悬崖”(指一个专利保护到期后，依靠专利保护获取销售额和利润的企业就会一落千丈)的影响。排名前 15 位的重磅专利将在未来十年内到期。品牌药生产商在寻求开发新专利的过程中，可能要增加研发支出。如果它们不能降低成本或引入替代产品来增加毛利润，其利润就可能会下降。(2)来自公共卫生开支方面的影响。包括欧盟、美国和英国在内的一些政府，正在实施新的或修订后的药品定价法规，以试图控制或削减公共医疗成本，减少财政赤字和政府债务水平。鉴于开发新药的高成本，这种价格压力可能会影响相关研发投资。(3)环保方面的压力。一些制药企业可能面临来自环保人士越来越大的压力，这些环保人士突出强调了诸如药物残留污染水和土壤等问题。

即使面临上述不利因素，全球制药业的增长仍具备一定优势和动力：(1)制药业本身的结构韧性。药品是一种必不可少的产品，与其他更具周期性的产业相比，制药业受经济衰退的影响通常较小。(2)人口老龄化带来的市场机遇。随着发达市场和中国的人口老龄化，对非处方药、仿制药和慢性病相关药物的需求在增长，相关药品生产商将在老龄化人口中找到增长机会。(3)新兴市场改善本国医疗卫生状况创造出的新增长空间。医疗卫生体系的改善和家庭可支配收入的增长会推动相关需求的增长，仿制药和非处方药生产商将率先从中受益。(4)数字技术为药品研发赋能。人工智能和大数据分析正在提高药品开发、临床试验和患者护理的效率。(5)良好的财务状况和融资环境。总体而言，制药业拥有稳健的资产净值、偿付能力和流动性。大多数制药和生物技术企业，都能够很好地通过持续获得外部融资，来维持较高的研发支出。这份报告还对全球主要细分市场的制药业增长状况进行了展望。

(1) 美国：**销售放缓、药品定价监管和责任诉讼给美国制药业增长带来影响。**2023 年，美国制药业的产出和销售额分别增长 7%和 7.7%。随着经济走弱，预计 2024 年其增速将放缓至 1.4%。由于家庭收入减少、劳动力市场疲软和贷款条件收紧，消费者在非处方药等非必需药品上的支出将放缓。政府降低消费者药品成本的努力也给制药业增长带来压力。《通膨削减法案》授权医疗保险与制药商进行价格谈判，并已选定 10 种药品进行降价，未来四年还将选出另外 50 种药品。一些业内人士反对药品价格监管，认为这可能会影响投资并减少创新。美国制药业面临的另一个问题是产品责任风险。相关诉讼可能会给制造商、分销商和零售商带来影响，尤其是在最近的阿片类药物滥用等领域。

尽管面临挑战，但美国制药的业绩前景仍然良好。强劲的流动性、人口老龄化和新产品给制药业增长带来机遇。品牌药的利润率很高，这给相关企业带来强劲的现金流和良好的资金信用。许多美国制药公司看起来都拥有充足的资金实力或能够在金融市场上获得充足的流动性来源。人口老龄化也会推动相关药品需求的增长，从而带动美国制药业未来的持续增长。随着年龄的增长，“婴儿潮”一代(现在 59—77 岁)将更加依赖药物。对减肥药需求的激增也将使一些主要的美国制药商受益，预计减肥药到 2030 年的增长将超过 750 亿美元。出于知识产权方面的担忧，美国制药企业更倾向于将增值产品的生产留在美国，而不是海外的低成本生产中心。拜登政府也希望加强供应链，回流生产，减少对进口活性药物成分（API，即原料药）的依赖，这也可能会给美国制药业带来额外增长。但制药业生产回流并不简单。监管问题以及在海外保留大型原料药工厂的持续成本优势，正在抑制进行这类变革的意愿。

（2）中国：**政府的支持是推动中国制药业增长的动力。**在 2023 年收缩 4.8%之后，预计中国的制药业产出在 2024 年和 2025 年将分别反弹 11.5%和 8.8%。中国约占全球活性药物成分产出的 40%。虽然一些西方国家已宣布希望将活性药物成分的生产迁回本国，但中国的成本优势在未来几年仍可能会支持海外需求的持续增长。中国在全球制药业产出中的占比预计将从 2023 年的 21%，增长到 2030 年的 27%。中国制药业增长的动力，是中国政府为提升医疗服务的可及性和支持创新，以及支持本国制药业从生产仿制药转向生产高质量药物而采取的举措。此外，能够负担得起高附加值药品的日益壮大的中产阶层以及人口的老龄化，也将提振相关药品需求的增长。

（3）印度：**印度的制药业将出现强劲扩张。**在 2023 年增长 12.5%之后，预计印度的制药业产出在 2024 年和 2025 年将分别增长 3.2%和 9.8%。大多数印度制药企业都有稳健的资产负债表和良好的银行融资渠道。为与中国竞争，印度政府推出一项大规模的激励计划，以提高当地活性药物成分的产量。此外，美国和欧洲的一些制药商计划使用印度承包商，以降低对中国的依赖。随着人口的增长和中产阶层的崛起，未来十年印度可能会成为世界上最大的制药商之一。不过，由于质量标准问题和药物被污染事件，印度的制药业也存在下行风险。

（4）日本：**人口老龄化将推动日本国内的药品销售。**在 2023 年增长 1.7%之后，预计日本的制药业产出在 2024 年和 2025 年将分别增长 2.5%和 4.3%。日本制药企业财力雄厚。由于日本是世界上老年人口最多的国家之一（到 2030 年，65 岁以上人口的占比预计将增加到 32%），预计未来几年其国内对慢性病相关药物的需求将会强劲增长。然而，日本的药品定价机制降低了在国内进行大量研发投资的吸引力。增加从低成本生产中心进口仿制药有助于降低医疗成本，但可能会抑制日本国内的药品生产。

(5) 欧元区和英国:**制药业将重拾增长,但监管问题仍旧存在。**在2023年小幅增长0.1%之后,预计欧洲的制药业产出在2024年和2025年都将增长3.3%。随着通胀持续缓解,未来几个月家庭收入应该会反弹,这将支持对非处方药需求的增长。然而,持续的高能源价格所造成的燃料成本的上升,以及活性药物成分生产成本的上涨,都会直接或间接影响欧洲制药业的增长。

欧洲的大多数国家的市场都受到严格监管,许多监管措施可能会影响制药企业的利润。例如,各个国家的卫生当局长期施加压力,要求降低药品价格。为增加所有成员国对药品的可及性,欧盟委员会提议将市场独占的最低期限从10年减少到8年。一些制药公司认为,这可能会阻碍对研发的投资。欧洲药品管理局(EMA)公布了一份列有260种治疗药物的清单,这些药物需要在欧盟储存或生产,以避免进一步短缺。旨在提高欧洲药品自给自足能力的提议,还包括鼓励在欧盟内投资新的制药设施。此外,欧盟委员会还宣布一项提高供应链弹性和将活性药物成分生产迁回欧洲的计划,但具体措施尚未达成一致。

总体而言,欧洲制药业的财务指标较为稳健,但部分中小企业可能面临融资挑战。这是由于高昂的研发成本、来自印度和中国的竞争,以及难以以具有竞争力的利率获得融资。欧洲制药业的中长期前景都较为稳健。这是因为药品是必需品,而且欧洲地区拥有完善的生产设施、安全的供应链和较高的生产标准。欧洲的药品生产商和批发商将从该地区的人口老龄化中受益,因为老龄化将推动对治疗慢性病和其他老龄化相关疾病药品需求的增长。

算法驱动经济的潜力与隐忧

——解读《算法的陷阱》*

钱青帝**

从搜索引擎的使用到购物平台的推荐、再到各大 App 的新闻订阅，数字化平台已经渗透到了我们生活的方方面面，涵盖了社交媒体、健康和医疗、出行和导航等，可谓无所不包。在大数据时代，只要有人使用互联网，个人数据就难免被利用，有时算法甚至会比使用者更清楚其需求。那么，大数据及其算法究竟对我们的生活乃至市场经济产生什么样的影响？出现了哪些问题？我们究竟如何应对呢？阿里尔·扎拉奇（Ariel Ezrachi）和莫里斯·E. 斯图克（Maurice E. Stucke）撰写的《算法的陷阱：超级平台、算法垄断与场景欺骗》探讨了上述问题。阿里尔·扎拉奇是牛津大学竞争法教授，长期从事竞争法与反垄断政策研究，而莫里斯·E. 斯图克则横跨学术界和企业界，一方面是田纳西大学终身法学教授，另外还担任库伦咨集团咨询公司联合创始人，对于业界情况了如指掌。因此，两位作者能够以翔实的案例分析和理论探讨，深入剖析了算法在优化商业决策、提升经济效率方面的作用，虽然部分肯定了数字经济的积极意义，但是更多的是深刻反思当前大数据系统

* 阿里尔·扎拉奇、莫里斯·E. 斯图克：《算法的陷阱》，余潇译，中信出版社 2018 年版。

** 钱青帝，上海市现代管理研究中心信息情报研究所科研人员。

的隐患，比如算法如何滥用消费者隐私、引发价格歧视和市场垄断等问题，并对未来经济的发展方向作出警示。

《算法的陷阱》开篇详述了算法和大数据在现代经济中的迅速崛起。在数字化时代，数据是数字经济的核心资源，是一种新石油，不停驱动数字化平台发展。企业先是借助各种渠道收集用户数据，如浏览记录、购买历史、社交媒体互动等。然后通过特定算法来分析所得的海量数据，深入了解消费者的需求和偏好，从而制定更有针对性的营销策略和产品设计。以亚马逊为例，其推荐系统通过分析用户的购买行为和浏览记录，能够精准推荐用户可能感兴趣的产品。这不仅提高了消费者忠诚度，也提升了商业效率。但是，算法和大数据会有利于消费者福利吗？作者经过考察，发现未必如此。由于数据驱动的算法可以做到实时监测市场中竞争对手的价格变动，所以会不断据此调整商品或者服务定价，因此在很多情况下反而不利于消费者。例如，优步打车软件根据消费者数据和供求变化差别定价，若是在暴风雪天里，纽约市的优步价格甚至要高出平日八倍。如此一来，基于大数据产生的价格歧视就把完全竞争市场的消费者剩余剥夺得干干净净，都转化成了企业的利润。

算法和大数据的广泛应用看似提高了个别企业的商业效率，实际上产生了危险的“默许共谋”现象。作者认为互联网和信息技术并非中性，实际上极大地偏向了盈利可观、资金充裕的企业。只有亚马逊这一类巨头企业可以打造数据平台，借助新兴技术获取海量信息。这些互联网巨头们通过数据驱动的算法可以做到实时监测市场中竞争对手的价格变动，所以会不断调整定价，从而操纵了价格。进一步来说，掌握互联网超级平台就拥有了支配用户个人数据的权力，由此决定市场赢家，并且排斥新的竞争者，造成事实上的垄断。由此看来，数字化的手也和传统的市场“看不见的手”一样可以支配市场。更为严峻的是，算法比起传统市场上寡头企业更加的不透明和复杂，造成严重的信息不对称，不要说消费者难以理解其运行机制，就是打击垄断的监管人员往往也对算法不得要领。

既然数字化时代数字化平台的市场地位和商业模式与传统产业有所不同，其产生的垄断自然超越了传统的反垄断法和监管框架。为了应对大数据和算法带来的竞争挑战,作者提出了一系列政策建议。首先是加强反垄断监管,特别是针对超级平台的垄断行为。监管机构应制定更加积极和有效的措施,确保市场公平竞争。例如,禁止平台企业在搜索结果中优待自己的产品,防止其通过并购等方式进一步巩固垄断地位。在互联网行业反垄断和保护隐私方面,欧盟的监管比较及时和有效。2016年,欧盟在商讨修订了四年后,最终通过了《一般数据保护法案》,为用户数据的保护提供了法律武器。其次,为了防止企业利用算法进行反竞争行为,作者建议提高算法的透明度,建立独立的算法审计机制。例如,要求平台企业公开其算法的基本原理和运行机制,并定期接受独立机构的审计。比如,商家有责任告诉消费者价格是个性化定价,而非市场的统一价格。这不仅有助于监管,也能增强消费者对算法的信任。再次,作者主张制定更严格的隐私保护法规,确保消费者的数据权利不被侵害。例如,要求企业在收集和使用消费者数据时,必须获得消费者的明确同意,并确保数据的使用仅限于特定目的。此外,建立有效的数据使用监管机制,防止企业滥用消费者数据,也是必要的措施。

总的来说,《算法的陷阱》是一部深刻而富有洞见的著作,作者在理论上分析了“大数据垄断”“默许共谋”“价格歧视”等现象,为我们理解数字经济中的竞争问题提供了新的视角。不仅如此,作者在书中还提出一系列政策建议,旨在进一步推动数字经济的健康发展。这些建议进一步引导读者思考如何在技术创新与市场公平之间取得平衡。

征稿启事

《现代管理》是由上海市现代管理研究中心主办的刊物，读者对象为政府部门、高等院校、科研院所、企事业单位管理者、研究人员及其他专业人士等。本刊突出实用性、前瞻性、学术性、可读性及本土化。

上海市现代管理研究中心隶属于上海市科学技术委员会。《现代管理》以习近平新时代中国特色社会主义思想为指导，以研究中国式现代化和高质量发展为重点，宣传贯彻党和国家关于科技进步、管理创新、区域一体化、社会发展等方面的路线、方针、政策，开展科技政策、社会治理、企业管理、区域经济一体化、社会治理、地方文化发展、国际政治经济等方面研究，反映新时代改革实践，促进科技和产业创新，推动区域社会文化健康发展。

本刊每年正式出版两辑，设前沿聚焦、理论探索、海国图志、调查报告、人物访谈、文史漫谈、思想动态等栏目。本刊来稿要求具体如下：

1.《现代管理》重点研究重大社会经济问题，发表反映时代精神和具有现实意义的政策性和理论性论文。本刊热忱欢迎国内外专家学者投稿，所有来稿实行“三审一读”定稿制度，在三周内通知是否送交初审，通过初审后，投稿将交由相关领域专家匿名评审。

2. 学术论文一般以 1.5 万字左右为宜；其他文章一般不超过 1 万字，文稿应资料可靠、数据准确、具有创造性、科学性、实用性。应立论新颖、论据充分、数据可靠、文字精练。

3. 本刊所发文章须为作者本人的研究成果，严禁抄袭，文责由作者自负，不代表本编辑部意见。来稿必须未经正式出版，不得一稿多投。凡涉及国内外版权问题，均遵照《中华人民共和国著作权法》和有关国际法规执行。

4. 本刊实行匿名审稿制，对采用的稿件有删改权，不同意删改者，请在来稿中声明。

5. 有关论文体例格式，请参考已出版的《现代管理》，投稿请联系本刊编辑部。

本刊编辑部地址：上海市长宁区幸福路 66 号《现代管理》编辑部

电子邮箱：xdglmmc@163.com

联系电话：8621-62830066 转 3702

图书在版编目(CIP)数据

现代管理. 第4辑 / 上海市现代管理研究中心主编.
上海 : 上海人民出版社, 2025. -- ISBN 978-7-208
-19527-1

Ⅰ. C93-53

中国国家版本馆 CIP 数据核字第 2025CN8649 号

责任编辑 王 琪
封面设计 路 静

现代管理(第四辑)
上海市现代管理研究中心 主编

出 版 上海人民出版社
(201101 上海市闵行区号景路 159 弄 C 座)
发 行 上海人民出版社发行中心
印 刷 上海新华印刷有限公司
开 本 787×1092 1/16
印 张 20.5
插 页 1
字 数 299,000
版 次 2025 年 5 月第 1 版
印 次 2025 年 5 月第 1 次印刷
ISBN 978-7-208-19527-1/C·741
定 价 92.00 元